Marketing Digital Para leigos

Não importa a indústria, todos os negócios podem se beneficiar do marketing digital — de empresas de software B2B (de negócio para negócio) a lojas online de roupas, e de megacorporações reconhecidas até lojas familiares, sejam exclusivamente online ou não.

Mas o mundo do marketing digital está em constante mudança. Enquanto esse campo evolui rapidamente, muitos de seus fundamentos permanecem iguais. Esta Folha de Cola examina e explica muitos desses princípios do marketing digital.

USE O MARKETING DE CONTEÚDO PARA TRANSFORMAR CLIENTES EM POTENCIAL EM CLIENTES REAIS

Para que clientes em potencial que nunca ouviram falar de sua marca ou não conhecem seus produtos e serviços se tornem seus clientes, precisam passar pelos estágios de conscientização, avaliação e conversão, e você precisa criar conteúdo que facilite sua movimentação por esses estágios.

- **Consciência:** Clientes em potencial precisam, primeiro, perceber que têm um problema *e* que você oferece a solução. Se as pessoas não sabem que têm um problema, não buscam uma solução. Para criar consciência, defina claramente qual problema seus produtos ou serviços resolvem e, então, crie conteúdo, como postagens de blog e vídeos do YouTube, para conscientizar as pessoas do problema e da solução que você fornece. Esse conteúdo leva seu cliente em potencial para o próximo estágio.

- **Avaliação:** Neste estágio, as pessoas avaliam as várias opções disponíveis, que podem incluir fazer uma compra com você, comprar a solução do seu concorrente ou não fazer nada para resolver o problema naquele momento ou no futuro. Para fazer as pessoas superarem este estágio, crie conteúdo que as ajude a tomar decisões, como demonstrações de produtos que exibam seu produto em ação e comparações de produtos que contrastem seus benefícios em relação ao do concorrente.

- **Conversão:** Agora os clientes em potencial estão no momento da verdade: a compra. Para este estágio, crie conteúdo que supere qualquer hesitação que as pessoas tenham sobre comprar de você. Por exemplo, crie conteúdo que defina claramente sua política de devolução, faça páginas com detalhes que transmitam as esquemáticas do seu produto ou serviço e inclua depoimentos de clientes que falem de seu sucesso e qualidade.

Marketing Digital Para leigos

- Consciência
- Avaliação
- Conversão

Conteúdos que cumprem essas etapas têm muitas formas e incluem:

- Blogs
- Vídeos do YouTube
- Webinars
- Eventos
- Demonstrações de produtos
- Comparações de produtos
- Depoimentos de clientes
- Páginas de detalhes do produto

Marketing Digital

Para leigos

Marketing Digital

Para leigos

Ryan Deiss e Russ Henneberry

ALTA BOOKS
EDITORA
Rio de Janeiro, 2019

Marketing Digital Para Leigos®
Copyright © 2019 da Starlin Alta Editora e Consultoria Eireli. ISBN: 978-85-508-0880-2

Translated from original Digital Marketing For Dummies®, Copyright © 2017 by John Wiley & Sons, Inc. ISBN 978-1-119-23559-0. This translation is published and sold by permission of John Wiley & Sons, Inc., the owner of all rights to publish and sell the same. PORTUGUESE language edition published by Starlin Alta Editora e Consultoria Eireli, Copyright © 2019 by Starlin Alta Editora e Consultoria Eireli.

Todos os direitos estão reservados e protegidos por Lei. Nenhuma parte deste livro, sem autorização prévia por escrito da editora, poderá ser reproduzida ou transmitida. A violação dos Direitos Autorais é crime estabelecido na Lei nº 9.610/98 e com punição de acordo com o artigo 184 do Código Penal.

A editora não se responsabiliza pelo conteúdo da obra, formulada exclusivamente pelo(s) autor(es).

Marcas Registradas: Todos os termos mencionados e reconhecidos como Marca Registrada e/ou Comercial são de responsabilidade de seus proprietários. A editora informa não estar associada a nenhum produto e/ou fornecedor apresentado no livro.

Impresso no Brasil — 1ª Edição, 2019 — Edição revisada conforme o Acordo Ortográfico da Língua Portuguesa de 2009.

Obra disponível para venda corporativa e/ou personalizada. Para mais informações, fale com projetos@altabooks.com.br

Produção Editorial	**Produtor Editorial**	**Marketing Editorial**	**Vendas Atacado e Varejo**	**Ouvidoria**
Editora Alta Books	Thiê Alves	marketing@altabooks.com.br	Daniele Fonseca Viviane Paiva	ouvidoria@altabooks.com.br
Gerência Editorial		**Editor de Aquisição**	comercial@altabooks.com.br	
Anderson Vieira		José Rugeri j.rugeri@altabooks.com.br		
Equipe Editorial	Adriano Barros Bianca Teodoro Ian Verçosa	Illysabelle Trajano Juliana de Oliveira Keyciane Botelho	Kelry Oliveira Maria de Lourdes Borges Paulo Gomes	Thales Silva Thauan Gomes
Tradução	**Copidesque**	**Revisão Gramatical**	**Revisão Técnica**	**Diagramação**
Samantha Batista	Carolina Gaio	Wendy Campos Thamiris Leiroza	Tiago Dupim Jornalista e Especialista em Marketing Digital	Joyce Matos

Erratas e arquivos de apoio: No site da editora relatamos, com a devida correção, qualquer erro encontrado em nossos livros, bem como disponibilizamos arquivos de apoio se aplicáveis à obra em questão.
Acesse o site www.altabooks.com.br e procure pelo título do livro desejado para ter acesso às erratas, aos arquivos de apoio e/ou a outros conteúdos aplicáveis à obra.

Suporte Técnico: A obra é comercializada na forma em que está, sem direito a suporte técnico ou orientação pessoal/exclusiva ao leitor.
A editora não se responsabiliza pela manutenção, atualização e idioma dos sites referidos pelos autores nesta obra.

Dados Internacionais de Catalogação na Publicação (CIP) de acordo com ISBD

D325m	Deiss, Ryan
	Marketing Digital Para Leigos / Ryan Deiss, Russ Henneberry; traduzido por Samantha Batista. - Rio de Janeiro : Alta Books, 2019. 352 p. : il. ; 17cm x 24cm. – (Para Leigos)
	Tradução de: Digital Marketing For Dummies Inclui índice. ISBN: 978-85-508-0880-2
	1. Marketing. 2. Marketing digital. I. Henneberry, Russ. II. Batista, Samantha. III. Título. IV. Série.
2019-542	CDD 658.8 CDU 658.8:004.738.5

Elaborado por Odilio Hilario Moreira Junior - CRB-8/9949

ALTA BOOKS EDITORA
Rua Viúva Cláudio, 291 — Bairro Industrial do Jacaré
CEP: 20.970-031 – Rio de Janeiro (RJ)
Tels.: (21) 3278-8069 / 3278-8419
www.altabooks.com.br — altabooks@altabooks.com.br
www.facebook.com/altabooks — www.instagram.com/altabooks

ASSOCIADO
CBL Câmara Brasileira do Livro

Sobre os Autores

Ryan Deiss (pronuncia-se "dais") é cofundador e CEO da DigitalMarketer.com, fornecedora líder em treinamento e certificações de marketing digital para pequenas e médias empresas. Ryan também é fundador e organizador da Traffic & Conversion Summit, a maior conferência de conversão de marketing digital da América do Norte, e criador da metodologia "Customer Value Optimization" ["Otimização do Valor do Cliente", em tradução livre].

Os empreendimentos online de Ryan começaram quando ele tinha 19 anos e lançou seu primeiro site a partir de seu quarto do dormitório de calouros, para que pudesse ganhar um dinheiro extra e assim comprar um anel de noivado para sua namorada. E funcionou! Ela não só disse "Sim", mas seu pequeno site se transformou em mais de 500 sites, e um hobby virou um negócio de verdade.

Hoje, seu grupo de mídia digital e e-commerce, a NativeCommerce.com, possui e opera centenas de propriedades, incluindo DIYReady.com, MakeupTutorials.com, DIYProjects.com, SurvivalLife.com e Sewing.com (para citar alguns), e, de acordo com a estrela de *Shark Tank*, Daymond John: "Suas empresas são praticamente donas na internet." Ele também é autor best-seller e considerado um dos palestrantes mais dinâmicos sobre marketing digital moderno.

Mais importante, Ryan é pai orgulhoso de quatro crianças maravilhosas, Jonathan, Joyce, Ruth e Timothy, e marido de Emily... a moça que disse "Sim" e inspirou tudo isso.

Russ Henneberry é diretor editorial da DigitalMarketer. Antes de juntar-se à DigitalMarketer, Russ estava na equipe de marketing de conteúdo da Salesforce.com. Também ajudou a lançar um blog para uma SaaS de marketing bem conhecida, passando de zero para 120 mil visitantes por mês em menos de um ano.

Russ começou com otimização de mecanismos de busca e marketing pay-per-click [pago por clique], gerenciando 20 desenvolvedores e mais de 600 projetos de marketing para pequenas e médias empresas. Foi na Salesforce que Russ começou a dominar a arte do marketing de conteúdo em todos os estágios do funil de vendas e do marketing para criar valor para uma empresa.

Em seu tempo na DigitalMarketer, o tráfego front-end para o conteúdo da DigitalMarketer aumentou em 1.125%. A equipe de marketing de conteúdo, sob a gestão de Russ, gerou milhares de leads e vendas front-end por mês desenvolvendo e executando um verdadeiro "funil total" de estratégia de marketing de conteúdo. Conecte-se com Russ no Twitter: @RussHenneberry.

Russ mora em St. Louis, Missouri, com sua maravilhosa esposa Sarah, seus dois filhos incríveis, Thomas e Mary Grace, e um cachorro extremamente entusiasmado, chamado Buck.

Dedicatória

De Ryan: Primeiro, à maravilhosa equipe da DigitalMarketer. Muito obrigado por me permitirem levar o crédito por todas as suas ótimas ideias. Este livro é, na verdade, de vocês. E também à Emily: muito obrigado por ser minha inspiração, tanto antes quanto agora.

De Russ: Para minha maravilhosa esposa, Sarah, que sempre me amou, apoiou e acreditou em mim incondicionalmente.

Agradecimentos

Somos profundamente gratos primeiro a toda a equipe da DigitalMarketer. Este livro é um compêndio do incrível talento e conhecimento de Richard Lindner, Molly Pittman, Justin Rondeau, John Grimshaw, Lindsay Marder, Suzi Nelson e Ezra Firestone. Os gráficos e imagens que ilustram as informações deste livro são trabalho dos talentosos Britney Arkin e Taylor Nelson.

E à nossa editora, Susan Christophersen, por garantir clareza neste livro e polir as arestas da nossa escrita em algo que deixaria orgulhosa até a professora de redação mais detalhista.

Por último, mas não menos importante, a Matt Douglas, cujas força de vontade e determinação levaram este projeto até a linha de chegada. Este livro simplesmente não existiria sem você.

Sumário Resumido

Introdução 1

Parte 1: Começando 5
CAPÍTULO 1: Entendendo a Jornada do Cliente. 7
CAPÍTULO 2: Escolhendo a Campanha de Marketing Certa 25
CAPÍTULO 3: Criando Ofertas Vencedoras 37

Parte 2: Usando Conteúdo para Gerar Fãs, Seguidores e Clientes ... 59
CAPÍTULO 4: Buscando a Perfeição do Marketing de Conteúdo 61
CAPÍTULO 5: Blog para Negócios 83
CAPÍTULO 6: Avaliando 57 Ideias de Posts em Blogs 103

Parte 3: Gerando Tráfego no Site 127
CAPÍTULO 7: Criando Landing Pages de Alta Conversão 129
CAPÍTULO 8: Capturando Tráfego com Marketing de Busca 147
CAPÍTULO 9: Aproveitando as Redes Sociais 173
CAPÍTULO 10: Aproveitando o Tráfego Pago 197
CAPÍTULO 11: Acompanhando com E-mail Marketing 223

Parte 4: Medindo, Analisando e Otimizando Campanhas 251
CAPÍTULO 12: Processando Números: Gerindo Negócios Dirigidos por Dados ... 253
CAPÍTULO 13: Otimizando Suas Campanhas para o Máximo ROI 275

Parte 5: A Parte dos Dez 289
CAPÍTULO 14: Os Dez Erros Mais Comuns de Marketing Digital 291
CAPÍTULO 15: Dez Habilidades Populares de Marketing Digital para Colocar no Currículo 297
CAPÍTULO 16: Dez Ferramentas Essenciais para o Sucesso no Marketing Digital 311

Índice 323

Sumário

INTRODUÇÃO 1
    Sobre Este Livro 1
    Penso que... 2
    Ícones Usados Neste Livro 3
    Além Deste Livro 3
    De Lá para Cá, Daqui para Lá 4

PARTE 1: COMEÇANDO 5

CAPÍTULO 1: Entendendo a Jornada do Cliente 7
    Criando um Avatar do Cliente 8
        O que incluir no seu avatar do cliente 9
        Apresentando o Eric da Agência: Um exemplo de
          avatar do cliente 10
        Sendo claro sobre objetivos e valores 11
        Encontrando fontes de informação e entretenimento 12
        Aperfeiçoando dados demográficos 12
        Adicionando desafios e dificuldades 13
        Preparando-se para objeções 14
    Sendo Claro sobre o Valor que Fornece 14
    Conhecendo os Estágios da Jornada do Cliente 16
        Estágio 1: Gerando consciência 16
        Estágio 2: Impulsionando o engajamento 17
        Estágio 3: Criando assinantes 18
        Estágio 4: Aumentando as conversões 19
        Estágio 5: Criando expectativas 20
        Estágio 6: Fazendo a oferta central de venda e mais 21
        Estágio 7: Desenvolvendo defensores da marca 22
        Estágio 8: Criando promotores da marca 22
    Preparando Seu Mapa da Jornada do Cliente 23

CAPÍTULO 2: Escolhendo a Campanha de Marketing Certa 25
    Estabelecendo Objetivos de Marketing 26
    Definindo uma Campanha de Marketing Digital 27
    Entendendo os Três Principais Tipos de Campanhas 30
        Campanhas que geram leads e clientes novos 30
        Campanhas que monetizam leads e clientes existentes 32
        Campanhas que criam engajamento 33
    Equilibrando Seu Calendário de Campanhas de Marketing 35
    Escolhendo a Campanha de que Precisa Agora 35
    Analisando Seu Marketing Digital Através das Campanhas 36

CAPÍTULO 3: Criando Ofertas Vencedoras ... 37
Oferecendo Valor Antecipadamente ... 38
Projetando uma Oferta Aberta ... 39
Projetando uma Oferta Fechada ... 40
    Focando o que interessa ... 41
    Fazendo uma promessa específica ... 42
    Dando um exemplo específico ... 42
    Oferecendo um atalho específico ... 43
    Respondendo a uma pergunta específica ... 43
    Entregando um desconto específico ... 43
    Gerando leads com conteúdo educacional ... 43
    Gerando leads com ferramentas ... 46
    Preenchendo o checklist de oferta fechada ... 48
Criando Ofertas com Descontos Altos ... 50
    Usando prêmios físicos ... 51
    Usando um livro ... 51
    Aproveitando o webinar ... 52
    Vendendo software ... 52
    Dividindo um serviço ... 52
    Pensando em "pequenas vitórias" para oferecer a seus leads ... 53
    Preenchendo o checklist de oferta de desconto alto ... 54
    Descobrindo sua oferta de desconto alto ... 55
Maximizando os Lucros ... 56
    Faça uma oferta upsell ou cross-sell ... 56
    Criando pacotes e kits ... 57
    Usando um ajustador ... 58
    Cobrança recorrente ... 58

PARTE 2: USANDO CONTEÚDO PARA GERAR FÃS, SEGUIDORES E CLIENTES ... 59

CAPÍTULO 4: Buscando a Perfeição do Marketing de Conteúdo ... 61
Conhecendo a Dinâmica do Marketing de Conteúdo ... 62
Encontrando Seu Caminho para o Marketing de Conteúdo Perfeito ... 63
    Entendendo o funil de marketing ... 64
    Explorando a intenção do cliente em potencial ... 73
    Fornecendo um caminho para o próximo passo ... 74
    Segmentando seu mercado com conteúdo ... 75
    Aparecendo em todos os lugares que seu cliente espera ... 76
    Customizando seu conteúdo ... 77
Implementando o Marketing de Conteúdo Perfeito ... 77
    Passo 1: Escolha avatares ... 78
    Passo 2: Pense em recursos de conteúdos ... 78
    Passo 3: Escolha o veículo e o canal ... 79
    Passo 4: Planeje a ascensão ... 79

Distribuindo o Conteúdo para Atrair o Público 79
    Marketing por e-mail 80
    Capturando leads com marketing de busca 80
    Usando mídias sociais para direcionar tráfego para seu site . . . 81
    Pagando por tráfego. 82

CAPÍTULO 5: Blog para Negócios 83

Estabelecendo um Processo de Publicação de Blog 84
    Pensando em ideias de posts de blog 84
    Estabelecendo segmentos de conteúdo 87
    Trabalhando com criadores de conteúdo 88
    Editando o primeiro esboço 92
    Copidescando o post 93
Aplicando Fórmulas de Manchete de Blog. 93
    Tocando no interesse pessoal 93
    Despertando a curiosidade. 94
    Empregando urgência ou escassez. 94
    Emitindo um aviso. 95
    Emprestando autoridade 95
    Revelando o novo 95
Auditando um Post de Blog. 96
    Apresente uma manchete excepcional. 96
    Inclua uma introdução forte 97
    Ofereça conteúdo fácil de consumir 97
    Satisfaça seu objetivo. 99
    Inclua mídia de qualidade 99
    Forneça uma conclusão atraente 100
    Use otimização de mecanismo de busca 101
    Categorize seus assuntos 101
    Cumpra completamente a promessa 101
    Mantenha a consistência profissional. 102

CAPÍTULO 6: Avaliando 57 Ideias de Posts em Blogs 103

Derrotando o Bloqueio de Escritor 104
    Escrevendo conteúdo útil 104
    Sendo generoso 109
    Entretendo as massas 112
    Capitalizando o oportuno 113
    Mostrando sua humanidade. 114
    Tornando-se promocional. 116
    Botando lenha na fogueira 117
    Envolvendo o público. 119
    Multiplicando suas ideias de blog 120
Criando Conteúdo Excelente sem Todo o Alvoroço 121
    Fazendo curadoria e agregando conteúdo 121
    Reagindo a conteúdo popular 123
    Conteúdo colaborativo. 125

PARTE 3: GERANDO TRÁFEGO NO SITE 127

CAPÍTULO 7: Criando Landing Pages de Alta Conversão 129
Explorando os Tipos de Landing Pages. 130
Criando uma Página de Captura de Leads. 132
Criando uma Página de Vendas 132
    Escrevendo uma carta de vendas 135
    Entendendo os elementos de uma página
    de detalhe de produto. 142
Avaliando uma Landing Page 145

CAPÍTULO 8: Capturando Tráfego com Marketing de Busca 147
Conhecendo os Três Principais Agentes do Marketing de Busca. . 148
    Entendendo as necessidades dos pesquisadores 148
    Sabendo o que o mecanismo de busca quer 149
Selecionando Consultas de Pesquisas 150
    Definindo uma consulta de pesquisa 152
    Escolhendo as consultas certas para selecionar. 153
    Satisfazendo pesquisadores. 156
Otimizando Seus Recursos para Canais Específicos. 158
    Otimizando para o Google 158
    Otimizando para o YouTube. 161
    Otimizando para o Pinterest. 163
    Otimizando para a Amazon. 165
    Otimizando para o iTunes 167
    Otimizando para sites de avaliações 168
    Otimizando para robôs de mecanismos de busca 169
Ganhando Links. 169
    Passo 1: Faça cruzamento de links no próprio conteúdo 170
    Passo 2: Estude os links do seu concorrente. 170
    Passo 3: Crie conteúdo generoso 170
    Passo 4: Crie conteúdo merecedor de um link 171
    Passo 5: Publique pesquisa primária. 171
    Passo 6: Acompanhe as notícias 171

CAPÍTULO 9: Aproveitando as Redes Sociais 173
O Ciclo de Sucesso Social 174
Escutando nas Redes Sociais 176
    Escolhendo uma ferramenta de escuta social. 177
    Planejando escutar. 178
    Escutando sem ferramentas pagas 179
    Utilizando o loop de feedback 180
    Tratando de problemas de atendimento ao cliente. 183
Influenciando e Criando Autoridade de Marca 184
    Aumentando seus seguidores 185
    Alavancando seguidores 186
    Mantendo seu conteúdo interessante 186

Socializando conteúdo de blog 187
Networking que Transforma......................................191
　Aproveitando a mídia de nicho................................192
　Alcançando a mídia de nicho 192
　Fazendo networking por assunto..............................192
　Criando uma "seleção" de mídia social.....................193
　Virando o script sobre alcance de mídia...................194
　Ficando em conformidade com a lei........................194
Vendendo em Canais Sociais....................................194
　Começando com valor..195
　Projetando ofertas "valor primeiro"..........................195
Evitando Erros de Redes Sociais.................................196
Sabendo Quando Automatizar...................................196

CAPÍTULO 10: Aproveitando o Tráfego Pago 197
Visitando a Loja de Tráfego......................................198
Entendendo a Temperatura do Tráfego......................198
Escolhendo a Plataforma de Tráfego Certa..................200
　Apresentando as seis principais plataformas de tráfego......201
Configurando um Tráfego Bumerangue......................217
　Definindo redirecionamento de anúncios..................217
　Configurando cookies e pixels................................218
　Segmentando com conteúdo.................................218
Resolvendo Problemas de Campanhas de Tráfego Pago 219
　Fortalecendo sua oferta..220
　Ajustando seu direcionamento 220
　Examinando detalhadamente o texto
　　e a parte criativa do seu anúncio.........................221
　Verificando a congruência de uma campanha 221

CAPÍTULO 11: Acompanhando com E-mail Marketing.........223
Entendendo E-mails Marketing..................................224
　E-mails promocionais..224
　E-mails relacionais..225
　E-mails transacionais 225
Enviando E-mails de Transmissão e Disparados................227
　E-mails de transmissão 227
　E-mails disparados 227
Criando um Calendário Promocional............................228
　Catalogando seus produtos e serviços.....................228
　Criando um plano promocional anual......................230
　Desenvolvendo um plano de marketing...................231
　Criando um calendário de 30 dias..........................232
　Criando um calendário rotativo de 90 dias 233
Criando Campanhas de E-mails 234
　Campanhas de instruções....................................234
　Campanhas de engajamento 236
　Campanhas de ascensão......................................237

Campanhas de segmentação 237
Campanhas de reengajamento 238
Escrevendo e Preparando E-mails Eficazes 239
Separando textos de e-mail comprovados 240
Respondendo a quatro perguntas........................240
Sabendo por que as pessoas compram...................240
Escrevendo assuntos de e-mail eficazes. 241
Escrevendo o corpo do texto 242
Dê a Deixa do Clique....................................243
Obtendo Mais Cliques e Aberturas 244
Garantindo que Seus E-mails Sejam Entregues........................247
Monitorando sua reputação..............................247
Provando o engajamento do assinante 248

PARTE 4: MEDINDO, ANALISANDO E OTIMIZANDO CAMPANHAS 251

CAPÍTULO 12: Processando Números: Gerindo Negócios Dirigidos por Dados 253

Aproveitando os Cinco Conjuntos
 de Relatórios de Análise do Google........................254
Entendendo de Onde Vem Seu Tráfego 256
Rastreando a Origem dos Visitantes do Site 257
Origem da campanha (utm_origem)....................257
Meio da campanha (utm_meio) 258
Conteúdo da campanha (utm_conteúdo)................258
Nome da campanha (utm_campanha)..................258
Dissecando um UTM 259
Criando parâmetros UTM para suas URLs...............259
Criando Objetivos para Ver Quem Está Agindo 260
Segmentando Seu Público com o Google Analytics 263
Criando segmentos de públicos.........................263
Refinando Seu Público 266
Aprofundando-se em dados demográficos...............267
Aprofundando-se em dados de interesse 269
Juntando Tudo 273

CAPÍTULO 13: Otimizando Suas Campanhas para o Máximo ROI...............275

Entendendo o Teste Split....................................276
Obtendo as ferramentas de que
 precisa para executar testes split 276
Seguindo as orientações de um teste split 278
Selecionando Elementos de Página para Otimizar.............280
Considerando dados qualitativos........................281
Usando ferramentas qualitativas.........................282
Preparando-se para Testar 283
Desenvolvendo uma hipótese de otimização 283

Escolhendo quais métricas rastrear 283
Calculando sua linha do tempo de teste 284
Preparando-se para Lançar. 284
Definindo objetivos no Google Analytics. 284
Verificando se sua página é renderizada
corretamente em todos os navegadores. 285
Garantindo que não haja conflitos de teste. 285
Verificando links 285
Mantendo os tempos de carregamento de
variantes similares ou idênticos. 285
Finalizando um Teste 286
Sabendo como Foi o Desempenho de um Teste 286
Analisando o Teste 287

PARTE 5: A PARTE DOS DEZ 289

CAPÍTULO 14: Os Dez Erros Mais Comuns de Marketing Digital 291

Focar Olhos em vez de Ofertas. 292
Falhar ao Falar sobre Seus Clientes (e os Problemas Deles). 292
Pedir Demais, Rápido Demais, aos Clientes em Potencial. 293
Não Querer Pagar por Tráfego. 293
Ser Centrado em Produto 294
Rastrear as Métricas Erradas 294
Criar Recursos na Terra dos Outros 295
Focar a Quantidade do Seu Conteúdo em vez da Qualidade. . . . 295
Não Alinhar os Objetivos de Marketing com os de Vendas. 296
Permitir que "Coisas Brilhantes" o Distraiam 296

CAPÍTULO 15: Dez Habilidades Populares de Marketing Digital para Colocar no Currículo 297

Marketing de Conteúdo 298
Jornalista de marca 298
Editor-chefe 299
Gerente de marketing de conteúdo 299
Compra de Mídia e Aquisição de Tráfego 299
Marketing de Busca. 300
Marketing de Mídia Social 301
Gerente de Comunidade 302
Marketing e Produção de Vídeo 303
Especialista em produção de vídeo 304
Gerente de marketing de vídeo 304
Design e Desenvolvimento Web 304
Desenvolvedor front-end 305
Desenvolvedor back-end 305
E-mail Marketing 305
Produtor de conteúdo de resposta direta 306
Analista de e-mail marketing 306

Análise de Dados..306
    Analista de dados....................................307
    Engenheiro de dados.................................307
    Cientista de dados...................................308
Teste e Otimização..308

CAPÍTULO 16: Dez Ferramentas Essenciais para o Sucesso no Marketing Digital.................311

Criando um Site...312
    WordPress.org.......................................312
    Shopify...313
Hospedando um Site......................................313
    WP Engine..313
    Rackspace..314
Escolhendo um Software de E-mail Marketing................314
    Maropost...315
    AWeber...315
    Klaviyo..315
Considerando um Software de Gestão de Relacionamento com o Cliente (CRM)....................................315
    Infusionsoft...316
    Salesforce..316
Adicionando uma Solução de Pagamento....................316
    Stripe..317
    Square...317
Usando Software de Landing Page..........................317
    Instapage..318
    Unbounce..318
Obtendo e Editando Imagens..............................318
    Canva...319
    SnagIt...319
    Pixlr Express.......................................319
Gerenciando Mídias Sociais................................319
    Hootsuite Pro......................................320
    Edgar...320
    Mention...320
Medindo Seu Desempenho: Dados e Análises................320
    Google Analytics...................................321
    Google Data Studio................................321
    Google Tag Manager..............................321
Otimizando Seu Marketing................................321
    Visual Website Optimizer...........................322
    TruConversion....................................322

ÍNDICE..323

Introdução

Parabéns! Ao comprar este livro, você deu um grande passo em direção à criação de engajamento, leads e vendas para sua empresa utilizando o marketing digital.

Este livro está cheio de insights e dicas de estratégia para qualquer um começando um novo negócio ou esperando assumir um negócio online existente. No entanto, se você só procura aprimorar suas habilidades de marketing digital e se atualizar sobre as últimas estratégias e recursos do marketing digital, este livro também é para você.

O cenário do marketing online se move com rapidez, sem dúvidas. As ferramentas e os aplicativos surgem (e somem) todos os meses. Blogs declaram uma tática de marketing como um sucesso em uma semana e morta na seguinte. Então, como um livro sobre marketing digital evitará ficar ultrapassado antes de a tinta secar? Simples. Hoje, o marketing digital é menos sobre o *digital* e mais sobre o *marketing*.

É claro que a internet incomodou todos os setores, do varejista aos serviços de táxi — mas, com o tempo, disciplinas fundamentais surgiram como princípios do marketing de qualquer organização em um mundo digital. Como verá neste livro, essas bases atemporais do marketing digital permanecem pertinentes, independente de ferramenta, tática ou aplicação.

Sobre Este Livro

Não há nada mágico ou complexo sobre o marketing digital adequadamente executado, e você não precisa ser excessivamente técnico para ter sucesso. Se oferece um produto ou serviço que o mercado deseja, pode encontrar sucesso online aplicando as técnicas que aprenderá neste livro.

Marketing Digital Para Leigos não apresenta uma propaganda sensacionalista das últimas táticas chamativas de marketing, digital ou não. Em vez disso, o livro trata das disciplinas fundamentais, como marketing de conteúdo, marketing de mídia social e e-mail marketing, sempre no contexto dos objetivos importantes para os negócios. Esses objetivos incluem gerar novos leads e clientes, monetizar os que já tem e criar comunidades de defensores e promotores da marca.

Para ajudá-lo a absorver os conceitos, este livro usa as seguintes convenções:

» O texto que deve digitar exatamente como aparece no livro está em **negrito**.

» Se fornecermos um exemplo de como dizer algo, usamos *itálico* para indicar um marcador de posição, como em *o nome de sua empresa*, que significa que você precisa substituir o itálico com sua própria informação.

» Também usamos *itálico* para termos que definimos.

» Endereços da web aparecem em `monofont`.

Penso que...

Fizemos algumas suposições sobre você enquanto escrevíamos este livro:

» **Você tem um ótimo produto:** Lembre-se de que até mesmo o negociante mais brilhante não consegue vender um produto ou serviço ruim por muito tempo. Esse aviso é particularmente verdadeiro em um cenário digital, em que o boca a boca se espalha para os quatro cantos do mundo em um piscar de olhos.

» **Você não é excessivamente técnico:** O marketing digital pode ser tão técnico quanto você quiser. Se quiser aprender como um servidor web funciona ou como escrever em código PHP, sinta-se à vontade. Contudo, para ter sucesso no campo do marketing, você precisa entender de marketing, não de programação. Sinta-se à vontade para deixar o lado técnico para alguém que entenda de código, mas não de marketing.

» **Você está disposto a implementar e melhorar:** Para obter resultados, você precisa agir sobre o conhecimento que adquire. Em contraste ao marketing impresso, televisivo e de rádio, o digital vai da ideia à execução em questão de minutos. E como suas campanhas de marketing existem em formato digital, você pode mudar praticamente tudo o que faz na hora.

Ícones Usados Neste Livro

Este livro não seria um *Para Leigos* sem os ícones familiares em sua margem. Fique atento a estes ícones o alertando sobre informações importantes:

DICA
O ícone Dica marca dicas (óbvio!) e atalhos que o colocarão no caminho mais rápido para o sucesso no marketing digital.

LEMBRE-SE
Este ícone sinaliza os fundamentos do marketing digital. Se estiver procurando os princípios fundamentais, busque este ícone em cada capítulo.

CUIDADO
Evite estes erros de marketing digital para ficar no caminho do sucesso na área.

Além Deste Livro

Visite www.altabooks.com.br e encontre:

» **Planilha de Jornada do Cliente:**

Faça o download e complete a planilha de jornada do cliente para esclarecer o caminho que seus clientes seguirão ao moverem-se da total falta de consciência de seu negócio até serem promotores ávidos de sua marca, produtos e serviços.

» **Folha de Cola Online:**

Você pode acessar a Folha de Cola Online no site da editora Alta Books (www.altabooks.com.br). Procure pelo título do livro. Faça o download da Folha de Cola completa, bem como de erratas e possíveis arquivos de apoio.

De Lá para Cá, Daqui para Lá

De modo verdadeiramente *Para Leigos*, você não precisa começar este livro no Capítulo 1 e lê-lo todo em ordem. Cada parte do livro é autônoma, então mantenha-o a seu alcance e use-o como referência sempre que implementar suas campanhas de marketing digital. No entanto, se tiver tempo, adoraríamos que o lesse do início ao fim.

Se estiver lutando para obter resultados de seus esforços de marketing digital, ou se for iniciante, use a Parte 1 para garantir que as táticas de marketing que usar tenham um impacto positivo em seus objetivos de negócios. Na Parte 2, exploramos o marketing de conteúdo, uma disciplina fundamental que afeta todas as campanhas de marketing digital que implementa. Se procura gerar mais tráfego no site, vá para a Parte 3 para insights sobre marketing de busca e social, e-mail marketing e propaganda digital. Na Parte 4, você aprende a enfrentar métricas e otimização de suas campanhas de marketing digital. Na Parte 5, lhe mostramos como evitar os dez erros mais comuns no marketing digital para que se mantenha no caminho para o sucesso. Você também aprende sobre as melhores habilidades em marketing digital e as ferramentas de que precisa para executar campanhas.

Se tem um problema específico, localize no Sumário e no Índice a seção que pode resolvê-lo.

Um brinde a seu sucesso no marketing digital!

1
Começando

NESTA PARTE...

Familiarize-se com o papel do marketing digital e esclareça o valor que você leva ao mercado. Preste muita atenção em quem são seus clientes e nos estágios que percorrem no processo conhecido como jornada do cliente.

Aprenda os seis objetivos comuns do marketing digital e como empregar seus três tipos mais importantes de campanha.

Descubra os tipos de ofertas que pode fazer para clientes em potencial, novos clientes e clientes recorrentes, bem como a sequência adequada para apresentar essas ofertas.

> **NESTE CAPÍTULO**
>
> » **Esclarecendo quem é seu cliente ideal**
>
> » **Entendendo o valor que você leva ao mercado**
>
> » **Aprendendo a levar um cliente em potencial da consciência à fidelização**

Capítulo **1**

Entendendo a Jornada do Cliente

Pense sobre a última compra importante que fez. Talvez tenha comprado um carro, contratado uma babá ou trocado de fornecedor de café em seu escritório. É provável que tenha consultado a internet para ler críticas, obtido recomendações de amigos e familiares em redes sociais como o Facebook e pesquisado recursos, opções e preços do produto ou serviço antes de fazer sua escolha. Hoje, compras e decisões de compra são cada vez mais feitas online. Portanto, independente do que vender, é necessário ter presença online para capitalizar essa tendência.

Esse novo cenário digital impacta as empresas muito além dos seus departamentos de criação de leads e vendas. Empresas experientes usam a internet para impulsionar a consciência e o interesse no que oferecem, mas também para converter compradores casuais em defensores de marca que compram mais e encorajam membros de sua rede a fazerem o mesmo.

De muitas maneiras, nada mudou no marketing. Ele ainda se trata de desenvolver um relacionamento benéfico mútuo com clientes em potencial, leads e clientes. Chamamos esse processo de jornada do cliente. Neste capítulo você aprende a criar uma jornada do cliente para sua organização e o papel que o marketing digital tem nela. O restante do livro o ajuda a criar e implementar ofertas e campanhas de marketing que movem intencionalmente os clientes pelos estágios da jornada do cliente.

LEMBRE-SE O papel do seu marketing digital é ajudar a mover um cliente em potencial, lead ou cliente de um estágio da jornada do cliente para o seguinte.

Criando um Avatar do Cliente

Como o papel do seu marketing é mover pessoas pela série de estágios de clientes em potencial para fãs ardorosos e promotores, deve primeiro ter claras as características de seus clientes ideais. Seja preciso sobre seus objetivos, desafios que encaram para satisfazê-los e onde passam seu tempo consumindo informação e entretenimento. Criar um avatar do cliente lhe dará essa exatidão. Outros termos para *avatar do cliente* são *persona compradora*, *persona do marketing* e *público-alvo*, mas *avatar do cliente* é o termo que usamos ao longo deste livro.

Um *avatar do cliente* é a representação fictícia generalizada do seu cliente ideal. Realisticamente, a não ser que seu produto ou serviço se encaixe em um nicho limitado, você terá vários avatares de clientes para cada campanha. As pessoas são muito mais do que suas idades, gêneros, etnias, religião, profissão, e assim por diante. Elas não cabem perfeitamente em caixas, e é por isso que campanhas de marketing amplas e genéricas geralmente não convertem bem; não ressoam em seu público. É absolutamente crucial que entenda e faça seu avatar do cliente o mais específico possível, para que possa criar conteúdo, ofertas e campanhas de marketing personalizadas que interessem a membros de seu público ou resolva seus problemas. Na verdade, o exercício de criar um avatar do cliente impacta em praticamente todos os aspectos do seu marketing, incluindo:

» **Marketing de conteúdo:** Que postagens de blog, vídeos, podcasts etc. você deveria criar para atrair e converter seu avatar?

» **Marketing de busca:** Por que soluções seu avatar procura em mecanismos de busca, como Google, YouTube (sim, o YouTube é um mecanismo de busca) e Bing?

» **Marketing de mídia social:** Em que sites de mídia social seu avatar passa o tempo? Quais assuntos gosta de discutir?

» **E-mail marketing:** Que avatar deveria receber uma campanha específica de e-mail marketing?

» **Tráfego pago:** De quais plataformas de anúncios você deveria comprar tráfego e como atingirá seu avatar?

> » **Criação de produto:** Que problema seu avatar tenta resolver?
>
> » **Copywriting:** Como você deveria descrever ofertas em seu e-mail marketing, anúncios e cartas de vendas de maneira que seu avatar seja atraído a comprar?

Qualquer parte do processo de marketing e vendas que toque o cliente (o que é praticamente tudo) melhora quando você tem seu avatar do cliente esclarecido. Afinal de contas, você objetiva atingir uma pessoa real — alguém que compra seus produtos e serviços. Vale a pena esclarecer as características dessa pessoa para que você encontre e apresente a ela uma mensagem que a mova para a ação.

O que incluir no seu avatar do cliente

O avatar do cliente possui cinco componentes principais:

> » **Objetivos e valores:** Determine o que o avatar está tentando alcançar. Que valores preza?
>
> » **Fontes de informação:** Descubra que livros, revistas, blogs, estações de notícias e outros recursos o avatar procura para obter informações.
>
> » **Estatísticas demográficas:** Estabeleça idade, gênero, estado civil, etnia, renda, situação empregatícia, nacionalidade e preferência política do avatar.
>
> » **Desafios e dificuldades:** O que impede que o avatar atinja seus objetivos?
>
> » **Objeções:** Por que o avatar escolheria não comprar seu produto ou serviço?

Em alguns casos, você precisa questionar ou conversar com clientes existentes para detalhar precisamente seu avatar do cliente. Em outros, pode já ser intimamente familiarizado com as características do seu cliente ideal. Em qualquer caso, siga em frente. Não espere que questionários ou entrevistas sejam conduzidas para criar o primeiro esboço do seu avatar. Em vez disso, faça suposições mesmo sem ter dados ou feedback, e coloque em sua lista de afazeres de curto prazo o item completar pesquisa. Enquanto isso, você pode começar a se beneficiar do avatar que criou.

DICA Dar um nome real ao avatar do cliente ajuda a dar vida a esse personagem fictício. Além disso, os membros de sua equipe têm uma maneira para se referir, entre eles, a cada um dos avatares.

Usando os cinco elementos descritos nesta seção, criamos uma planilha que preenchemos sempre que criamos um novo avatar do cliente. A planilha o ajuda a aprimorar o cliente ideal e combiná-lo com a mensagem certa. Nas seções seguintes, entraremos em detalhes sobre esta planilha para que possa usá-la em seu próprio negócio.

Apresentando o Eric da Agência: Um exemplo de avatar do cliente

Em abril de 2015, a DigitalMarketer apresentou uma nova oferta. Começamos a vender um novo tipo de produto de treinamento em marketing digital: aulas de certificação. Esses novos treinamentos incluem exames, certificados e emblemas, e atraem um novo cliente ideal. É claro, ter um novo cliente ideal significa que um novo avatar do cliente deve ser criado.

Como resultado, definimos quatro personas compradoras distintas que se interessariam em certificações e treinamentos de nossa empresa:

- **O freelancer de marketing:** Quer diferenciar-se de outros freelancers com quem compete no mercado de trabalho.
- **O dono de agência de marketing:** Quer incrementar os serviços que oferece a seus clientes e aperfeiçoar as habilidades de marketing de seus empregados.
- **O empregado:** Quer diferenciar-se em seu local de trabalho ou garantir um novo emprego ou promoção dentro de seu trabalho atual.
- **O empresário:** Quer aprimorar suas habilidades de marketing e as dos membros de sua equipe interna de marketing.

A partir das personas compradoras, nasceram quatro novos avatares dos clientes. Chamamos um desses avatares, retratado na Figura 1-1, de Eric da Agência.

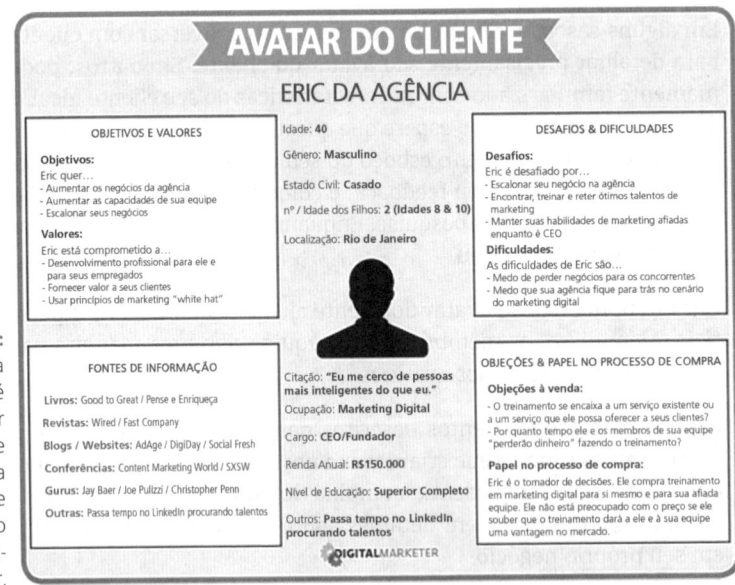

FIGURA 1-1: Eric da Agência é um avatar do cliente que compra produtos de certificação da DigitalMarketer.

AVATAR DO CLIENTE
ERIC DA AGÊNCIA

OBJETIVOS E VALORES

Objetivos:
Eric quer...
- Aumentar os negócios da agência
- Aumentar as capacidades de sua equipe
- Escalonar seus negócios

Valores:
Eric está comprometido a...
- Desenvolvimento profissional para ele e para seus empregados
- Fornecer valor a seus clientes
- Usar princípios de marketing "white hat"

Idade: **40**
Gênero: **Masculino**
Estado Civil: **Casado**
nº / Idade dos Filhos: **2 (Idades 8 & 10)**
Localização: **Rio de Janeiro**

DESAFIOS & DIFICULDADES

Desafios:
Eric é desafiado por...
- Escalonar seu negócio na agência
- Encontrar, treinar e reter ótimos talentos de marketing
- Manter suas habilidades de marketing afiadas enquanto é CEO

Dificuldades:
As dificuldades de Eric são...
- Medo de perder negócios para os concorrentes
- Medo que sua agência fique para trás no cenário do marketing digital

FONTES DE INFORMAÇÃO

Livros: Good to Great / Pense e Enriqueça
Revistas: Wired / Fast Company
Blogs / Websites: AdAge / DigiDay / Social Fresh
Conferências: Content Marketing World / SXSW
Gurus: Jay Baer / Joe Pulizzi / Christopher Penn
Outras: Passa tempo no LinkedIn procurando talentos

Citação: "Eu me cerco de pessoas mais inteligentes do que eu."
Ocupação: **Marketing Digital**
Cargo: **CEO/Fundador**
Renda Anual: **R$150.000**
Nível de Educação: **Superior Completo**
Outros: **Passa tempo no LinkedIn procurando talentos**

OBJEÇÕES & PAPEL NO PROCESSO DE COMPRA

Objeções à venda:
- O treinamento se encaixa a um serviço existente ou a um serviço que ele possa oferecer a seus clientes?
- Por quanto tempo ele e os membros de sua equipe "perderão dinheiro" fazendo o treinamento?

Papel no processo de compra:
Eric é o tomador de decisões. Ele compra treinamento em marketing digital para si mesmo e para sua afiada equipe. Ele não está preocupado com o preço se ele souber que o treinamento dará a trás no ele e à sua equipe uma vantagem no mercado.

DIGITALMARKETER

A próxima seção descreve a abordagem para preencher cada seção da planilha do avatar do cliente para que defina seus avatares de clientes.

Sendo claro sobre objetivos e valores

O processo de criação do avatar do cliente começa com a identificação de objetivos e valores de um dos seus clientes ideais. Tome nota dos objetivos e valores relevantes para os produtos e serviços que oferece.

Ficar ciente dos objetivos e valores do seu avatar do cliente impulsiona as decisões que toma sobre:

- » **Criação de produtos:** Que produtos ou serviços você pode desenvolver para ajudar o avatar a alcançar seus objetivos?
- » **Propaganda:** Como descreve essas ofertas em seus anúncios e copy de vendas?
- » **Marketing de conteúdo:** A que postagens de blog, podcasts, informativos e outros veículos de conteúdo seu avatar responde?
- » **E-mail marketing:** Como você cria linhas de assunto e corpo do texto de e-mails sob medida para ser consistente com os objetivos do avatar?

Na DigitalMarketer, nosso avatar Eric da Agência possui uma agência de marketing digital e gerencia uma equipe de publicitários que fornecem serviços a clientes. Um dos objetivos do Eric da Agência (mostrado na Figura 1-2) é aumentar as habilidades de sua equipe. Eric da Agência sabe que uma equipe mais apta resultará em clientes satisfeitos.

OBJETIVOS E VALORES

Objetivos:
Eric quer...
- Aumentar os negócios da agência
- Aumentar as capacidades de sua equipe
- Escalonar seus negócios

Valores:
Eric está comprometido a...
- Desenvolvimento profissional para ele e para seus empregados
- Fornecer valor a seus clientes
- Usar princípios de marketing "white hat"

FIGURA 1-2: É importante entender os objetivos e valores do seu avatar.

Como Eric da Agência tem esse objetivo, provavelmente abrirá e responderá a um e-mail que promove a certificação de marketing de conteúdo de nossa empresa, com o seguinte assunto:

Precisa de treinamento em Marketing de Conteúdo?

Encontrando fontes de informação e entretenimento

Esta seção da planilha do avatar do cliente é crucial para determinar onde seu avatar do cliente passa seu tempo online e offline. Que livros lê? Quais celebridades segue? Que blogs acompanha? Essas informações são vitais ao considerar onde você fará anúncios e como os direcionará. Tratamos de publicidade digital e direcionamento de anúncios no Capítulo 10 deste livro.

DICA O segredo para realmente entender onde seu cliente obtém informações e entretenimento está em identificar fontes de nicho. Identificá-las é razoavelmente simples usando o truque "mas ninguém mais faria". Para usá-lo, complete frases como:

» Meu cliente ideal leria [*livro*], mas ninguém mais leria.
» Meu cliente ideal assinaria [*revista*], mas ninguém mais assinaria.
» Meu cliente ideal iria à [*conferência*], mas ninguém mais iria.

A ideia é encontrar livros, revistas, blogs, conferências, celebridades e outros interesses de nicho em que seu cliente ideal teria interesse — mas ninguém mais teria. Por exemplo, se vende produtos de golfe, você não definiria Tiger Woods como uma celebridade. Tiger Woods é uma celebridade que seu avatar do cliente seguiria, mas uma grande porcentagem das pessoas interessadas em Tiger Woods não joga golfe e provavelmente não compraria produtos de golfe.

Em vez disso, escolher um jogador de golfe mais de nicho, como Rory McIlroy, possibilita que aprimore seu cliente ideal e exclua pessoas que não encontrariam valor no seu produto. Se encontrar esses nichos ao comprar tráfego de plataformas de anúncios, como o Facebook (tratado no Capítulo 10), poderá acertar em cheio em seu público-alvo focando clientes em potencial que têm esses interesses de nicho, ao mesmo tempo excluindo clientes em potencial menos ideais.

Aperfeiçoando dados demográficos

Aplicar informações demográficas dá vida a seu avatar do cliente. Nesta seção, você adiciona informações para o seu avatar, como idade, gênero, estado civil e localização.

DICA

Embora os dados demográficos usuais sejam cruciais, o exercício de preencher o campo "Citação" (mostrado na Figura 1-3) é particularmente útil para pensar como o seu cliente ideal. O campo "Citação" indica como esse avatar define a si mesmo em uma frase, ou qual o lema que segue na vida. Por exemplo, nossa citação para Eric da Agência é: "Eu me cerco de pessoas mais inteligentes que eu." Essa frase diz muito sobre o caráter e a motivação desse avatar para comprar nossos produtos de treinamento de marketing. Faça um brainstorming para colher ideias para a citação do seu avatar com sua equipe ou com alguém que conheça bem seu negócio.

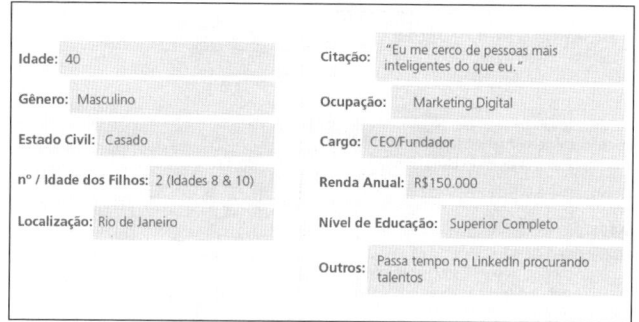

Idade: 40	Citação: "Eu me cerco de pessoas mais inteligentes do que eu."
Gênero: Masculino	Ocupação: Marketing Digital
Estado Civil: Casado	Cargo: CEO/Fundador
nº / Idade dos Filhos: 2 (Idades 8 & 10)	Renda Anual: R$150.000
Localização: Rio de Janeiro	Nível de Educação: Superior Completo
	Outros: Passa tempo no LinkedIn procurando talentos

FIGURA 1-3: Dados demográficos dão vida ao avatar do cliente.

As informações demográficas para seu avatar do cliente também são úteis para escolher opções de alvo em plataformas de anúncios como o Facebook. Dê "vida" a seu avatar o máximo possível, até mesmo visualizando a pessoa, se puder, porque quando estiver escrevendo conteúdo, e-mails ou copy de vendas, é bom escrever como se seu avatar estivesse sentado em uma cadeira à sua frente. Informações demográficas como idade, gênero e localização dão aparência e sentimento à sua persona.

Adicionando desafios e dificuldades

Esta seção da planilha ajuda a impulsionar o desenvolvimento de um novo produto ou serviço. Também inspira o copy ou ad creative (criativo) que usará para atrair seu cliente ideal para a ação. *Copy* é qualquer palavra escrita que forma seu anúncio, e-mail, página, postagem de mídia social ou de blog. *Ad creative* é um objeto que comunica informação de forma visual, como uma imagem, GIF (graphics interchange format), vídeo, infográfico, meme ou outra forma de arte que use para transmitir sua mensagem. Você usa copy e ad creative para chamar a atenção do seu público, capturar a atenção das pessoas e abordar como seu produto ou serviço adiciona valor para suas vidas resolvendo uma dificuldade ou um desafio que enfrentam.

Ao vender certificações para o Eric da Agência, por exemplo, seria bom nossa empresa construir soluções para seus desafios e dificuldades e usar linguagem que os aborde em nossas mensagens de marketing. Por exemplo, esse avatar responderia a um copy de vendas como o seguinte:

Está cansado de perder propostas simplesmente porque não oferece serviços de marketing de conteúdo para seus clientes? Certifique sua equipe com o Curso e Certificação de Domínio de Marketing de Conteúdo da DigitalMarketer.

Um copy como esse recebe uma resposta do Eric da Agência porque é específico para uma de suas dificuldades, o medo de perder negócios para a concorrência (veja a Figura 1-4).

FIGURA 1-4: Entender desafios e dificuldades do seu cliente lhe indica seus esforços de marketing.

DESAFIOS & DIFICULDADES

Desafios:
Eric é desafiado por...
- Escalonar seu negócio na agência
- Encontrar, treinar e reter ótimos talentos de marketing
- Manter suas habilidades de marketing afiadas enquanto é CEO

Dificuldades:
As dificuldades de Eric são...
- Medo de perder negócios para os concorrentes
- Medo que sua agência fique para trás no cenário do marketing digital

Preparando-se para objeções

Na última seção da planilha de avatar do cliente, responda por que seu avatar recusaria a oferta de adquirir seu produto ou serviço. As razões que usa para não comprar são chamadas de objeções, e você deve abordá-las no seu marketing. Por exemplo, se sabemos que Eric da Agência está preocupado com a quantidade de tempo que os membros de sua equipe ficarão fora do escritório ou incapazes de trabalhar enquanto são treinados, podemos enviar um e-mail que supere essa objeção com um assunto como este:

Obtenha um certificado de marketing de conteúdo (em um dia útil).

Sendo Claro sobre o Valor que Fornece

Uma parte importante de se planejar para o sucesso do marketing digital é entender o valor que sua organização leva ao mercado. O valor que sua empresa oferece é muito maior que os produtos ou serviços que vende. Na verdade, as pessoas não compram produtos ou serviços; mas resultados.

Imagine um grupo de pessoas descontentes por alguma razão. Esse grupo está no que chamamos de estado "antes" (veja a Figura 1-5). Não importa o que vender, você tenta alcançar um grupo de clientes em potencial que estão em um estado "antes". Para ter ideias, escreva os adjetivos que descrevem seu cliente em potencial antes de ter experimentado seu produto ou serviço. Ele está triste? Fora de forma? Entediado?

FIGURA 1-5: Negócios fornecem valor ao mover clientes em potencial de um estado "antes" para um "depois".

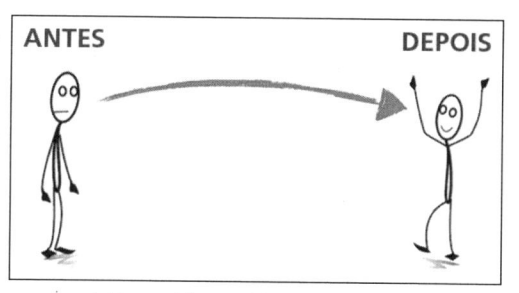

Fonte: https://www.digitalmarketer.com/customer-value-optimization/

Agora dê um salto para o futuro, para o ponto após seu cliente em potencial ter experimentado seu produto ou serviço. Qual é seu estado "depois"? Como ele mudou? No mesmo lugar em que tomou nota sobre seu estado "antes", descreva seu estado "depois". Está mais feliz? Mais saudável? Mais animado?

A mudança do estado "antes" para o "depois" é o que seu cliente compra. Essa mudança (ou resultado) é o valor que seu negócio leva para o mercado. Além do mais, o papel do seu marketing é articular esse movimento do estado "antes" para o "depois".

A compreensão dessa transição de "antes" para "depois" é o que possibilita que você crie o que é chamado de declaração de valor. Ela é importante porque resume o valor do seu produto ou serviço. Para criar sua declaração de valor, simplesmente preencha as lacunas na frase exibida na Figura 1-6.

FIGURA 1-6: Preencha as lacunas de sua declaração de valor.

Fonte: http://www.digitalmarketer.com/launching-a-business/

LEMBRE-SE: O papel do seu marketing é ajudar a mover um cliente em potencial, lead ou cliente atual de um estágio da jornada do cliente para o próximo. No começo dessa jornada, seu cliente está no estado "antes". No final, você o terá conduzido pela jornada até aquele estado "depois" ideal do cliente.

Conhecendo os Estágios da Jornada do Cliente

Se seu negócio adquiriu até mesmo um único cliente, algum tipo de jornada do cliente está acontecendo. Talvez ela não tenha sido criada intencionalmente, mas existe. Ou talvez você a chame de outro jeito em sua organização, como um pipeline de marketing ou vendas.

Independente de como a chame, ter intenção do movimento de clientes em potencial, leads e clientes existentes pelos estágios dessa jornada é o propósito do seu marketing. Quando tiver traçado adequadamente sua jornada ideal do cliente, rapidamente encontrará os gargalos que restringem o fluxo de cliente em potencial para lead, lead para cliente e cliente para fã ardoroso.

LEMBRE-SE: Não podemos exagerar sobre a importância da sequência no marketing e, particularmente, no digital. Mover clientes em potencial de um estágio da jornada para o próximo deve ser algo contínuo e sutil. Você provavelmente não converterá um estranho completo para um defensor da marca da noite para o dia. Mas pode mover gradualmente o cliente em potencial de um estágio de relacionamento para o próximo. Para mover pessoas pelos estágios da jornada do cliente, passe pelos oito estágios a seguir. Uma planilha, a Figura 1-12, que exibe esses estágios, é fornecida na última seção deste capítulo.

Estágio 1: Gerando consciência

Cada cliente fiel e fã ardoroso de seu negócio um dia já foi um completo estranho à sua empresa. Ele não tinha ideia de qual problema você resolve, que produtos vende ou o que sua marca defende. O primeiro estágio de sua jornada de cliente em potencial a fã ardoroso é a consciência. Entramos em mais detalhes sobre as táticas mais adiante no livro, mas se a consciência é o seu problema, você deveria empregar as seguintes táticas de marketing digital:

» **Propaganda:** A propaganda, online e offline, é um método confiável e eficaz de conscientização.

» **Marketing de mídia social:** Bilhões de pessoas acessam redes sociais, como Facebook, Twitter e LinkedIn, todos os dias. O marketing de mídia social é um método barato de conscientização.

> **Marketing de busca:** Bilhões de pesquisas em sites como Google e Bing são processadas todos os dias. Técnicas básicas de marketing de busca direcionam algum tráfego para seu site.

A Figura 1-7 mostra uma campanha de conscientização da TransferWise, uma empresa que foi criada pelas mesmas pessoas que criaram o Skype. A TransferWise é uma empresa relativamente nova no negócio de transferência de dinheiro, e usa a plataforma de propaganda do Facebook para aumentar a conscientização do serviço. Note como a linguagem usada neste anúncio se concentra em ensinar o que é a TransferWise e como você se beneficia ao usar o serviço.

FIGURA 1-7: Uma propaganda do Facebook focada no objetivo da conscientização.

Fonte: http://www.digitalmarketer.com/launching-a-business/

Estágio 2: Impulsionando o engajamento

Não é suficiente simplesmente conscientizar um cliente em potencial sobre o seu negócio, produtos e marca. Você deve projetar seu marketing para capturar a atenção do seu cliente em potencial e engajá-lo. Para um comerciante digital, esse engajamento quase sempre tem a forma de um conteúdo valioso disponibilizado gratuitamente sob a forma de:

- Posts de blogs
- Podcasts
- Vídeos online

Por exemplo, a mercearia Whole Foods se orgulha de vender alimentos orgânicos frescos em suas centenas de lojas físicas. A estratégia online da rede de supermercados inclui seu blog Whole Story, que envolve seu cliente ideal com conteúdo relevante sobre os produtos que vende. Artigos do blog com títulos como "9 Refreshing Summer Drinks You Need To Try Right Now" ["9 Bebidas Refrescantes de Verão que Precisa Experimentar Agora", em tradução livre] (veja a Figura 1-8) mostra a clientes existentes e em potencial como usar os produtos vendidos pela Whole Foods.

FIGURA 1-8:
Uma postagem chamativa do blog da Whole Foods.

Fonte: https://www.wholefoodsmarket.com/blog/9-refreshing-summer-drinks-you-need-try-right-now

LEMBRE-SE

Um cliente em potencial, um lead ou um cliente pode passar de alguns minutos a anos em qualquer um dos estágios da jornada do cliente. Por exemplo, um cliente em potencial pode conhecer seu blog e envolver-se com ele por um ano ou mais antes de passar para a próxima fase. Outros passarão correndo pelos vários estágios da jornada no espaço de alguns minutos. Um negócio saudável tem grupos de pessoas em todos os estágios o tempo todo.

Estágio 3: Criando assinantes

O próximo estágio na jornada do cliente é levar um cliente em potencial do estágio "meramente consciente e engajado" para o de ser um assinante ou lead. Um assinante é qualquer um que tenha lhe dado permissão para conversar com ele. Comerciantes digitais hábeis criam listas de assinantes ao criar conexões de mídias sociais em sites como Facebook e Twitter, atraindo assinantes de podcasts em serviços como iTunes e Stitcher, ou gerando assinantes de registros em webinars [seminários via web].

Empresas offline podem criar assinaturas online ao oferecer a clientes em potencial conscientes e engajados a habilidade de receber uma carta física ou requerer uma ligação de vendas ou demonstração de produto.

Mas o pulo do gato da geração de leads no reino do marketing digital é a assinatura de e-mail. O e-mail é, de longe, o método mais barato e de maior conversão para mover um cliente em potencial pelo restante dos estágios da jornada. Falamos mais sobre e-mail marketing no Capítulo 11, mas por enquanto dê uma olhada no exemplo de uma campanha eficaz de e-mail marketing de uma nas maiores varejistas de móveis do mundo, a IKEA.

A IKEA cria assinantes de mídia social no Facebook, Twitter, Pinterest e outros, mas adquirir assinantes de e-mail é claramente o foco dos esforços de marketing digital da IKEA. Ao visitar seu site, você é requisitado a assinar a lista de e-mails da IKEA em vários locais. A Figura 1-9 mostra um formulário de inscrição no site.

FIGURA 1-9: Uma oferta de assinatura de e-mail na varejista de móveis IKEA.

Fonte: http://www.ikea.com/us/en/

Estágio 4: Aumentando as conversões

Nesse estágio, o objetivo é aumentar o nível de comprometimento do cliente em potencial ao pedir que lhe dê uma pequena quantidade de tempo ou dinheiro. Produtos ou serviços baratos, webinars e demonstrações de produtos são boas ofertas para fazer durante esse estágio.

Até agora, o relacionamento com esse cliente em potencial ao longo dos três primeiros estágios da jornada do cliente foi passivo. O objetivo do Estágio 4 não é o lucro, mas sim um nível maior de conexão entre o cliente em potencial e o seu negócio. Uma empresa que alcança essa grande conexão é a GoDaddy, que permite que você, entre outras coisas, registre um nome de domínio para um site, bem como hospede e crie um para seu negócio. A GoDaddy usa a oferta barata de registro de domínio com uma compra de dois anos (veja a Figura 1-10) para adquirir clientes e elevar o nível de comprometimento.

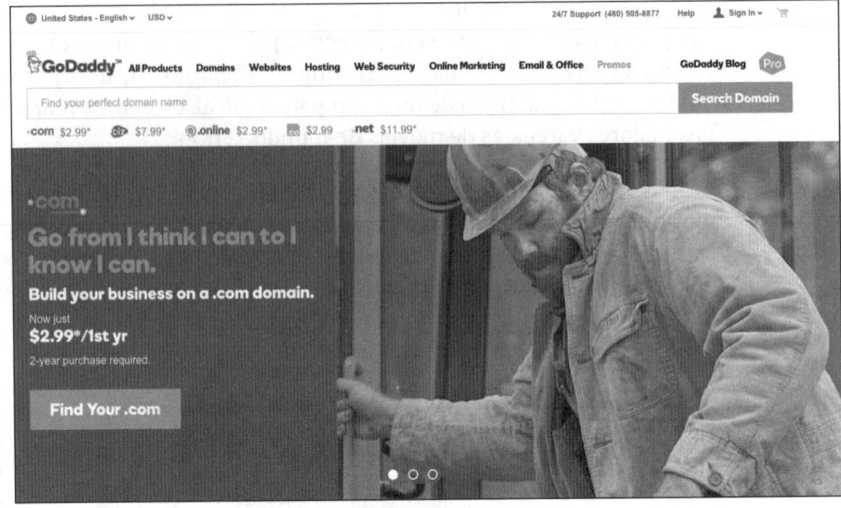

FIGURA 1-10: Uma oferta barata da empresa de registro de domínio GoDaddy.

Fonte: https://www.godaddy.com/?isc=gofd2001sa&ci=

Estágio 5: Criando expectativas

Seu marketing deve encorajar intencionalmente seu cliente a usar a oferta que seu lead ou cliente aceitou no Estágio 4. A expressão de negócios usada para levar seu cliente em potencial a aproveitar uma oferta é *ativação de clientes*. Independente se a conversão no Estágio 4 foi um comprometimento de tempo ou dinheiro, o relacionamento com esse cliente ou cliente em potencial tem uma chance muito maior de sucesso se ele receber valor dessa transação.

Na DigitalMarketer, temos uma comunidade chamada DigitalMarketer Lab formada por milhares de empreendedores, freelancers e donos de pequenos negócios. Cada novo membro da DigitalMarketer Lab recebe um pacote de ativação (veja a Figura 1-11) de nossa empresa através do correio que ensina os membros do Lab a obter o máximo de sua nova compra. Esse pacote cria expectativa ao explicar todos os benefícios de ser um membro, e mostra aos membros exatamente como começar a recebê-los. Ao criar expectativa e ensinar nossos clientes a terem sucesso, vimos taxas de cancelamento drasticamente mais baixas.

LEMBRE-SE

O valor das ofertas que faz devem superar em muito o preço pago pelo seu cliente. Entregue ótimos produtos e serviços e crie campanhas de marketing que encorajem seu uso. Afinal, seus clientes provavelmente não continuarão

20 PARTE 1 **Começando**

comprando ou promovendo sua marca para os outros se não estiverem eles mesmos usando o produto ou serviço.

FIGURA 1-11: Este pacote de ativação cria expectativa e ensina o cliente a ter sucesso com nosso produto.

Estágio 6: Fazendo a oferta central de venda e mais

Neste estágio, os clientes em potencial desenvolveram um relacionamento com sua marca. Eles podem ter investido um pouco de tempo ou dinheiro em você. As pessoas que desenvolveram essa conexão com sua empresa são muito mais propensas a comprar um produto ou serviço mais complexo, caro ou arriscado. Chamamos esse salto do cliente em potencial passivo para comprador de *ascensão*.

Infelizmente, é aqui que a maioria dos negócios começa e termina seu marketing. Alguns pedem a clientes em potencial que façam investimentos arriscados de tempo e dinheiro com uma empresa da qual não conhecem nada. Isso é equivalente a pedir alguém em casamento no primeiro encontro: a taxa de sucesso é baixa. Outras marcas param o marketing para um cliente depois que um cliente em particular foi convertido (fez uma compra) em vez de continuar em contato com ele e convertê-lo a um comprador frequente.

No estágio de ascensão, os clientes ou clientes em potencial compram produtos ou serviços de preço alto, fazem assinaturas pagas mensalmente ou se tornam compradores frequentes e leais. Supondo que tenha feito o trabalho árduo dos

Estágios 1-5 da jornada do cliente, você deve descobrir que alguns de seus leads e clientes estão prontos para comprar mais e repetidamente. Isso porque você construiu um relacionamento com eles e comunicou eficazmente o valor que pode levar para suas vidas. Quando você comercializa para seus clientes nessa sequência, eles estão no caminho para se tornar defensores e promotores da marca (veja as próximas seções sobre os Estágios 7 e 8). Discutimos diferentes estratégias para vender mais para seus clientes existentes no Capítulo 3, quando tratamos de maximizadores de lucros.

Estágio 7: Desenvolvendo defensores da marca

Defensores da marca lhe dão depoimentos sobre a experiência fabulosa que tiveram com sua marca. Eles são fãs de sua empresa e defendem sua marca nos canais de mídia social e, se requisitados, deixam ótimas críticas para seus produtos ou serviços em sites de compras.

Sua habilidade de criar defensores da marca depende do relacionamento que tem com esses leads e compradores. Quando chegar a esse estágio, seu cliente e sua empresa são como bons amigos, no sentido que desenvolver o relacionamento a esse nível requisitou tempo e esforço, e mantê-lo — o que é mutuamente benéfico — continuará exigindo.

Você constrói esse relacionamento ao adicionar valor, entregar o que seu produto promete (significando que ele realmente faz o que você diz que faz) e com um serviço de atendimento ao cliente responsivo. Ao entregar consistentemente produtos e serviços de qualidade, você transforma pessoas em defensores da marca e, por fim, as move para o estágio final: promover a marca.

Estágio 8: Criando promotores da marca

Promotores da marca vão além da defesa e fazem de tudo, de tatuar seu logotipo no peito (pense na Harley Davidson) até dedicar horas de seu tempo livre fazendo postagens em blogs e usando mídias sociais para espalhar online seu amor por sua marca. A diferença entre um defensor (Estágio 7) e um promotor da marca é que o promotor divulga ativamente seu negócio, enquanto o defensor é mais passivo.

Para promotores da marca, sua empresa tornou-se parte de suas vidas. Eles sabem que sua marca é uma em que podem confiar e com a qual podem contar. Promotores da marca acreditam em você, porque sua marca e seus produtos entregaram valor excepcional repetidamente. Eles não comprometeram só seu dinheiro, mas também seu tempo com você.

Preparando Seu Mapa da Jornada do Cliente

Para negócios de sucesso, a jornada do cliente não acontece por acidente. Comerciantes digitais inteligentes projetam campanhas de marketing que movem intencionalmente clientes em potencial, leads e clientes de um estágio para o seguinte. Depois que fica consciente de sua jornada do cliente ideal, as táticas (ensinadas nos capítulos restantes deste livro) que devem ser empregadas ficam claras.

Por exemplo, se você determina que tem um problema para conseguir assinantes (Estágio 3 da jornada do cliente), você quer empregar estratégias que gerem leads de e-mail (tratadas nos Capítulos 3 e 11) e conexões de mídia social (discutidas no Capítulo 9) para mover os clientes por essa parte da jornada.

Criar um mapa da jornada do cliente que esboce claramente os oito estágios que tratamos nas seções anteriores deste capítulo (veja a Figura 1-12 para o mapa) é uma maneira fantástica de planejar e visualizar o caminho que um cliente ideal percorrerá de cliente em potencial a promotor da marca. Reúna os investidores em sua empresa e complete um mapa da jornada do cliente para pelo menos um dos principais produtos ou serviços. Faça um brainstorming de quais campanhas e ofertas (tratadas nos Capítulos 2 e 3) usar em cada estágio da jornada do cliente para conscientizar as pessoas do seu produto e movê-las da conscientização para seu estado "depois" desejado para o caminho de um promotor da marca.

FIGURA 1-12: Crie um mapa da jornada do cliente para pelo menos uma de suas ofertas centrais.

DICA Você pode criar seu próprio mapa da jornada do cliente. O download do mapa está disponível no site da editora (www.altabooks.com.br — procure pelo nome do livro ou ISBN).

> **NESTE CAPÍTULO**
>
> » Definindo os objetivos do seu marketing digital
>
> » Utilizando as três principais campanhas de marketing digital
>
> » Aprendendo quais campanhas de marketing digital empregar e quando

Capítulo **2**

Escolhendo a Campanha de Marketing Certa

arketing digital é um termo amplo que pode significar qualquer coisa, desde postar uma imagem do seu produto no Facebook até criar um assunto de e-mail para otimizar uma postagem de blog para o tráfego dos mecanismos de busca. O marketing digital envolve muitas estratégias aparentemente desconexas, e é isso que torna este capítulo tão importante.

Este capítulo o ajuda a entender o que é uma campanha de marketing. Explicamos os três tipos diferentes de campanhas, como e quando implementá-las para usá-las de maneira eficaz em suas estratégias de marketing digital.

Todo negócio está interessado em gerar leads, fazer vendas, reter os clientes que têm e vender mais a eles os produtos ou serviços da empresa. No entanto, alcançar cada um desses objetivos requer uma abordagem diferente. Neste capítulo, nós o ajudamos a decidir o que deseja que seu marketing digital realize ao identificar seus objetivos de negócios, porque são eles que ditam as campanhas que cria e, por fim, as táticas que emprega.

Estabelecendo Objetivos de Marketing

Antes de começar um blog, abrir uma conta no Pinterest ou reunir endereços de e-mail, você precisa escolher seus objetivos de negócios. Quando souber o que quer realizar, será capaz de direcionar sua energia para as campanhas certas e empregar táticas de marketing que melhorem as métricas dos negócios.

Aqui estão seis objetivos comuns para sua estratégia de marketing digital:

» **Consciência cada vez maior de problema e solução:** Seu marketing online ajuda clientes em potencial a ficarem conscientes de algo que precisam, um efeito chamado de *consciência do problema*. Seu marketing também conscientiza clientes em potencial de que sua empresa fornece uma solução para um problema — chamado de *consciência da solução*. Seu objetivo é fazer com que as pessoas percebam que você pode levá-las do estado "antes", no qual têm um problema, para o desejado "depois", no qual obterão uma solução positiva. (Tratamos dessa ideia com mais detalhes no Capítulo 1.)

» **Adquirir leads e clientes novos:** Ganhar mais leads e clientes é o objetivo primário da maioria dos negócios. Sem gerar novos leads e conquistar mais clientes, seu negócio nunca crescerá além do que é agora. Você precisa levar sangue-novo para escalonar seu negócio.

» **Ativar leads e clientes:** Se estiver fazendo negócios há mais de alguns meses, provavelmente tem leads e clientes que ainda precisam comprar ou não compram há algum tempo. Você pode usar suas campanhas de marketing digital para encorajar pessoas a comprarem de você pela primeira vez, bem como para lembrar a clientes antigos que não compraram com você ultimamente do valor que traz e por que deveriam comprar de você novamente. Suas campanhas de marketing digital podem ativar esses leads e clientes inativos e ajudar a manter seu negócio em suas mentes.

» **Monetizar leads e clientes existentes:** Adquirir novos leads e clientes é caro e exige tempo. Não se esqueça de criar campanhas digitais direcionadas a vender mais produtos e serviços para aqueles leads e clientes novos. Campanhas de monetização fazem upsell, cross-sell e outros tipos de oferta venderem mais para seus melhores leads e clientes.

» **Ativar leads e clientes novos:** Leads e clientes novos merecem tratamento especial simplesmente porque são novos. Precisam ser ensinados sobre quem você é e como ter sucesso com o que compraram. Para alcançar esse objetivo, crie conteúdo como e-mails ou pacotes de boas-vindas que digam às pessoas como usar seu produto ou serviço, o que podem esperar e onde podem ir se precisarem de ajuda com sua compra.

» **Criando comunidade e defesa:** Para mover clientes em potencial, leads e clientes além de um relacionamento transacional superficial, você precisa criar campanhas que formem comunidades de defensores e promotores da marca. Uma das maneiras mais eficazes de alcançar essa defesa é por meio da mídia social, como um grupo do Facebook ou uma página do Twitter. Aqui, as pessoas podem contatá-lo se tiverem um elogio ou perguntas sobre seu produto ou serviço. Ao criar um canal, você ajuda a cultivar um senso de comunidade para sua base de clientes, o que leva a uma satisfação e lealdade maiores. Descubra mais sobre táticas de mídia social no Capítulo 9.

Definindo uma Campanha de Marketing Digital

Satisfazer seus objetivos de negócios e mover um cliente pela jornada do cliente (discutida no Capítulo 1) de cliente em potencial a fã ardoroso requer ações. Essas ações, se coordenadas adequadamente, são chamadas de *campanhas*. Campanhas de marketing digital, como definidas neste livro, têm um conjunto de características específicas. Elas são:

» **Baseadas em objetivos:** Campanhas de marketing digital são ações coordenadas com a intenção de alcançar um objetivo de negócios específico.

» **De várias partes:** Toda campanha de marketing digital requer recursos como conteúdo e landing pages, bem como ferramentas como software de e-mail ou formulários web. Mas esses recursos não são suficientes para garantir o sucesso de sua campanha; você precisa de habilidade para tornar esses recursos visíveis. Em outras palavras, precisa de tráfego. Outra parte de toda campanha são as métricas adotadas para determinar como está se saindo.

» **Contínuas e sutis:** Vale a pena apontar que essas campanhas de vários passos e partes têm mais sucesso se você direcionar o cliente em potencial gradualmente pela jornada do cliente (para saber mais sobre a jornada do cliente, veja o Capítulo 1). Para mover pessoas pela jornada do cliente, você precisa incluir em sua campanha uma chamada para ação [CTA — do inglês, *call to action*]. Uma CTA é uma instrução para o seu público projetada para provocar uma resposta imediata. Normalmente, uma CTA inclui um verbo imperativo para transmitir urgência, como "compre agora", "clique aqui", "compre hoje", "assista a este vídeo", "ligue para nós" ou "visite uma loja perto de você". Além disso, uma campanha de marketing bem conduzida remove o ruído entre o cliente em potencial e a ação que você espera que ele execute. Um exemplo extremo é pedir a um cliente em potencial para comprar um produto ou serviço de R$10 mil. Tal tática não seria nem contínua nem sutil. Nos próximos capítulos, você descobrirá como estruturar suas campanhas de maneira que movam seus clientes em potencial para tornarem-se compradores frequentes de itens de preço alto.

» **Em fluxo:** A palavra *campanha* frequentemente se refere a uma iniciativa com um período de vida curto; mas, como definida neste livro, pode ser algo que seu negócio implemente por poucos dias ou vários anos. A vantagem das campanhas digitais sobre as físicas (como campanhas por correspondência) é que pequenos ajustes e até mesmo rotações de atacado são mais simples em um ambiente digital. Como resultado, você otimiza as campanhas de marketing digital na hora para alcançar resultados melhores.

A ideia mais importante desta seção é que uma campanha é um processo, não um único evento formado por vários passos e partes. Campanhas de marketing digital podem parecer complicadas para você agora, mas tenha certeza de que podem ser extremamente simples. Neste livro nós tratamos de tudo, desde a criação de recursos ao tráfego e métricas.

CRIANDO UMA BOA CAMPANHA DE MARKETING DIGITAL

Considere a campanha de marketing digital de uma empresa como a LasikPlus, que oferece a cirurgia corretiva para a visão Lasik. Como a maioria das empresas, a LasikPlus está interessada em adquirir novos leads e clientes para o procedimento.

Na campanha de marketing dessa empresa, um cliente em potencial encontra primeiro um anúncio, como o banner exibido na figura a seguir.

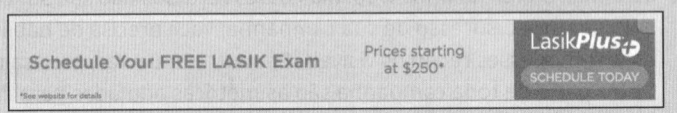

Fonte: http://www.menshealth.com/sex-women/boyfriend-voice?utm_source=t.co&utm_medium=Social&utm_term=593110700&utm_campaign=Men%27s%20Health

Ao clicar no anúncio mostrado na primeira figura, o cliente em potencial é levado a uma landing page, exibida na próxima figura, que explica os benefícios de fazer negócio com a LasikPlus, e é chamado para a ação de agendar uma consulta.

Fonte: http://www.lasikplus.com/lasik-affordable-250_quiz

Ao selecionar a chamada para a ação de agendar uma consulta, o cliente em potencial é levado a uma página em que escolhe o local da LasikPlus mais conveniente para sua consulta. Depois que o local é escolhido, ele é levado a uma página de calendário, em que uma hora para a consulta pode ser escolhida, como mostrado na última figura deste box. O último passo para agendar a consulta é inserir nome, e-mail, número de telefone e data de nascimento para confirmá-la.

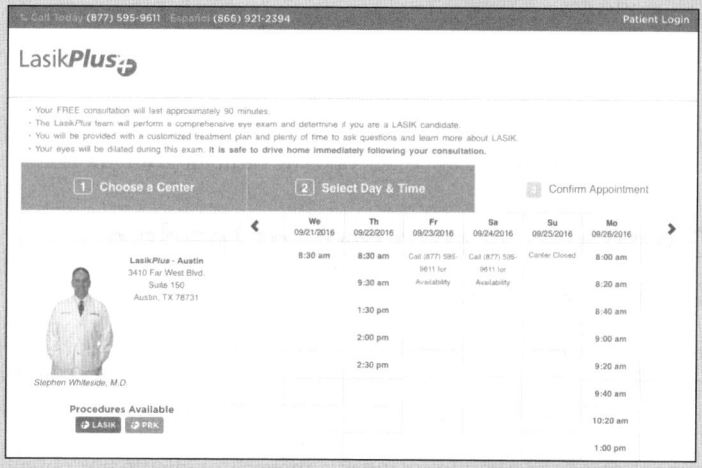

Fonte: https://www.lasikplus.com/am/#/Austin/schedule?latitude=30.352204&longitude=-97.7504

(continua)

(continuação)

> Mas não acaba aqui. A campanha da LasikPlus continua via e-mail. E-mails separados são enviados para confirmar a consulta, informar um pouco sobre o procedimento ao candidato Lasik e lembrar ao cliente em potencial de sua consulta. Note também que a LasikPlus forma o cliente em potencial de zero conhecedor a paciente em vez de pedir que pague pelo procedimento imediatamente depois de exibir o anúncio. Essa campanha move o cliente em potencial contínua e sutilmente em direção à conversão.

Entendendo os Três Principais Tipos de Campanhas

Embora possa haver vários objetivos de negócios que queira atingir por meio do seu marketing digital, você descobrirá que alcança a maioria dos objetivos com três categorias amplas de campanhas de marketing digital: aquisição, monetização e engajamento.

Cada um desses tipos de campanha de marketing digital tem um papel bem específico em seu negócio, da seguinte forma:

» Campanhas de aquisição adquirem novos clientes e clientes em potencial.

» Campanhas de monetização geram renda a partir de leads e clientes existentes.

» Campanhas de engajamento criam comunidades de defensores e promotores de marca.

As seções a seguir explicam esses tipos de campanha em muito mais detalhes.

Campanhas que geram leads e clientes novos

Se seu objetivo é criar conscientização sobre os problemas que resolve ou as soluções que fornece, ou se estiver só procurando adquirir leads e clientes novos, você precisa de uma campanha de aquisição.

LEMBRE-SE

O papel do seu marketing é ajudar a mover um cliente em potencial, lead ou cliente do estágio de conscientização da jornada do cliente para promotor da marca. Você implementa campanhas de aquisição para fazer o trabalho de front-end dessa jornada, passando o cliente em potencial de consciente para convertido (veja a Figura 2-1).

FIGURA 2-1: Campanhas de aquisição movem clientes em potencial do estágio consciente para o convertido.

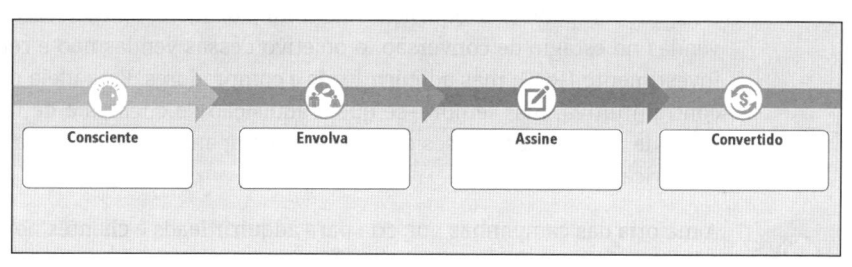

[Figura: fluxo Consciente → Envolva → Assine → Convertido]

Os estágios da jornada do cliente que as campanhas de aquisição preenchem são os seguintes:

» **Conscientizar:** Para angariar leads e clientes novos, você precisa atingir o equivalente a estranhos completos. Você deve estruturar campanhas de aquisição para alcançar clientes em potencial completamente inconscientes do problema que resolve ou das soluções que fornece.

» **Envolver:** O movimento de conscientizar para envolver é muitas vezes realizado ao fornecer valor ao cliente em potencial, normalmente na forma de entretenimento, inspiração ou conteúdo educacional, antes de pedir que compre algo ou comprometa uma quantidade significativa de tempo. Isso é conhecido como *marketing de conteúdo*, um método estratégico de marketing focado em criar e distribuir material valioso, relevante e consistente projetado para atrair, reter, encantar e, por fim, direcionar um cliente a uma ação lucrativa. O marketing de conteúdo consiste em um amplo espectro de atividades e tipos de conteúdo, incluindo postagens em blog, vídeos, atualização de mídia social, imagens e mais. Tratamos do marketing de conteúdo com mais detalhes no Capítulo 4.

» **Assinar:** Neste estágio, o cliente em potencial lhe deu permissão de vender para ele. No mínimo, se conectou com você em canais sociais (Facebook, LinkedIn e outros) ou, idealmente, tornou-se um assinante de e-mail. O estágio assinar é crucial a se chegar no relacionamento, porque você agora continua a conversa com mais conteúdo e ofertas.

» **Converter:** A transformação de um cliente em potencial de estar meramente interessado e ser assinante para convertido é o estágio final de uma campanha de aquisição. Neste ponto, o cliente em potencial confiou em sua organização, lhe dando dinheiro ou uma quantidade significativa do seu tempo. Não se esqueça de que seu marketing deve ser gradual e contínuo, particularmente online, onde você mais frequentemente constrói confiança com alguém que nunca conheceu de verdade. Se esse estágio final de sua campanha de aquisição envolver uma venda, ela não deve ser uma compra arriscada (dispendiosa nem complexa). O objetivo aqui é simplesmente transformar o relacionamento de cliente em potencial para cliente.

Note que campanhas de aquisição não tratam de lucro. Embora você possa fazer vendas no estágio de conversão, o objetivo dessas vendas não é retorno sobre investimento (ROI), mas adquirir leads e compradores. Essa ideia pode parecer contraintuitiva, mas lembre-se que a aquisição de clientes e de leads é diferente de monetização. Esses dois tipos de campanha têm objetivos, estratégias e métricas diferentes.

DICA

A maioria das campanhas que cria para adquirir leads e clientes novos também funciona para ativar leads e compradores que nunca fizeram compras com você, ou não compram há algum tempo. Nos referimos a elas como *campanhas de ativação*. Um negócio saudável tem um grande número de compradores recentes e, se aplicável, frequentes. Implementar campanhas para ativar assinantes e compradores inativos é um bom uso de tempo e esforço. Falamos mais sobre os tipos de ofertas que ativam esses leads e compradores no Capítulo 3.

Campanhas que monetizam leads e clientes existentes

Se seu objetivo de negócios é vender mais para os clientes que já tem ou vender produtos e serviços mais caros e complexos e maximizadores de lucros (como descritos no Capítulo 3), você precisa de uma campanha de monetização. Resumindo, o objetivo de uma campanha de monetização é fazer ofertas de vendas lucrativas para os leads e clientes que você adquiriu com suas campanhas de aquisição.

CUIDADO

Não crie primeiro uma campanha de monetização se seu negócio não tiver leads, assinantes ou clientes existentes. Campanhas de monetização servem para vender mais, ou com mais frequência, para quem você já conhece, gosta e confia no seu negócio.

Os estágios da jornada do cliente preenchidos pelas campanhas de monetização, e exibidos na Figura 2-2, são os seguintes:

» **Empolgar:** Você direciona campanhas de monetização para clientes que já passaram tempo aprendendo algo com você ou já compraram alguma coisa do seu negócio. Comerciantes digitais hábeis criam campanhas que encorajam clientes em potencial ou existentes a obter valor das interações que já tiveram com o seu negócio.

» **Fazer clientes ascenderem:** Para cada grupo de pessoas que compra algo, uma porcentagem delas teria comprado mais, ou com mais frequência, se tivesse chance. Por exemplo, para cada comprador de um relógio Rolex, uma porcentagem compraria um segundo (terceiro ou quarto!) relógio, ou compraria o Rolex mais caro se recebesse a oportunidade. Esse conceito é crucial não só no marketing digital, mas também em seus objetivos de negócios. Suas campanhas de monetização devem capitalizar esse conceito ao fazerem ofertas que aumentam o valor de seus leads e clientes existentes.

FIGURA 2-2: Campanhas de monetização criam empolgação e fazem com que leads e clientes existentes ascendam a um nível mais alto de compra.

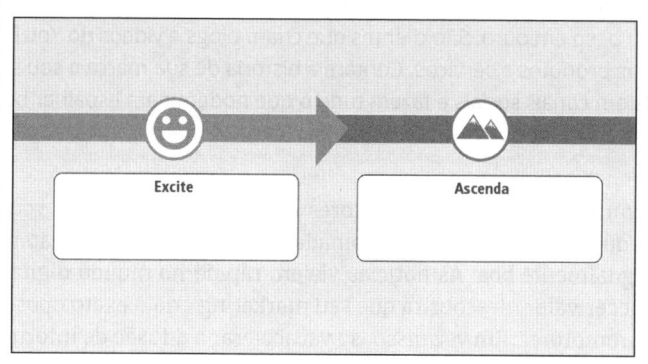

[Figura 2-2: Excite → Ascenda]

Campanhas que criam engajamento

Se seu objetivo de negócio é ter sucesso em conseguir novos clientes ativos e mover leads e clientes novos a fãs de sua marca, ou criar uma comunidade em torno de sua empresa, marca ou ofertas, você precisa de uma campanha de engajamento. As empresas mais amadas criam oportunidades online para clientes e clientes em potencial interagirem uns com os outros e com a marca. Empresas que criam envolvimento em seu marketing aproveitam os benefícios da interação com os clientes, que vai além da simples transação de comprar bens e serviços.

Os estágios da jornada do cliente preenchidos pelas campanhas de engajamento, e exibidos na Figura 2-3, são os seguintes:

FIGURA 2-3: Campanhas de engajamento criam defensores e promotores da marca.

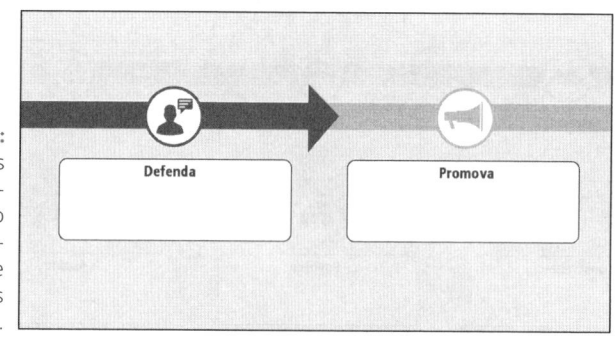

[Figura 2-3: Defenda → Promova]

» **Defender:** Você pode criar campanhas de marketing para dar a seus melhores clientes a capacidade de recomendar seu negócio através de depoimentos e suas histórias. Esses defensores apoiam sua marca em mídias sociais e recomendam seus produtos e serviços para seus amigos e familiares, quando solicitados.

» **Promover:** Clientes que buscam promover ativamente seu negócio valem seu peso em ouro. São clientes que criam blogs e vídeos do YouTube sobre seus produtos e serviços. Contam a história de sua marca e seu sucesso com ela em canais sociais e fazem tudo o que podem para espalhar boas coisas sobre o valor que fornece. Essas pessoas são promotoras de sua marca.

CUIDADO

A criação de defensores e promotores da marca começa com você tendo um produto ou serviço superior, combinado a uma experiência de atendimento ao cliente igualmente boa. As notícias viajam rápido no mundo digital, e, se você não fornecer valor, descobrirá que seu marketing cria o exato oposto de defensores e promotores. Em vez disso, só vai acelerar a difusão de informações sobre as experiências ruins que seus clientes tiveram. Antes de tentar criar engajamento e uma comunidade, otimize o valor que leva para seu cliente.

Quando feitas corretamente, as campanhas de aquisição, monetização e engajamento avançam continuamente pela jornada do cliente. Essas três estratégias ajudam as pessoas a irem de seu estado "antes", em que têm um problema, para o desejado "depois" de terem recebido um resultado positivo através do seu produto ou serviço. (Discutimos a jornada do cliente em mais detalhes no Capítulo 1.) A Figura 2-4 mostra todos os estágios pelos quais uma pessoa passa, idealmente, na jornada do cliente. Use as táticas de aquisição, monetização e engajamento discutidas neste capítulo para mover as pessoas por esse caminho.

FIGURA 2-4: Use campanhas de aquisição, monetização e engajamento para mover as pessoas pela jornada do cliente.

Equilibrando Seu Calendário de Campanhas de Marketing

Você pode estar pensando: "Qual campanha deveria usar no meu negócio?" Mas essa é a pergunta errada. A pergunta certa é: "Qual campanha eu deveria usar no meu negócio agora?" Cada negócio deve implementar cada tipo de campanha em épocas diferentes para pessoas distintas. Então considere algumas questões:

- » Você quer mais leads e clientes para o seu negócio?
- » Quer vender mais aos clientes que tem ou ativar clientes e leads que não fazem compras há algum tempo?
- » Quer transformar clientes em fãs ardorosos dispostos a comprar qualquer coisa que oferecer e lhe dar depoimentos e referências?

A resposta, é claro, é sim para todas elas.

Mas é crucial entender este ponto: uma campanha não substitui ou faz o trabalho de outra. Uma campanha de aquisição não faz o trabalho de uma de monetização. Do mesmo modo, uma campanha de monetização não pode fazer o trabalho de uma de engajamento. Cada campanha se destaca em satisfazer um objetivo específico. Para manter um negócio saudável e sustentável, você precisa alocar tempo no seu calendário para todos os três tipos principais de campanha.

Se só fizer campanhas de aquisição e mais nada, nunca terá lucros. Se fizer apenas campanhas de monetização, nunca adicionará novos leads e clientes, e, como resultado, não crescerá. Se fizer apenas campanhas de engajamento, terá um público leal, mas nunca o converterá em clientes.

DICA Se você não tem vendas, mas tem seguidores massivos em mídias sociais, um blog popular ou um podcast com vários assinantes ou downloads, dominou a arte de criar campanhas de engajamento. A boa notícia é que você realizou uma das tarefas mais difíceis do marketing digital: criar um público. Ao adicionar campanhas de aquisição e monetização para seu mix de marketing, pode transformar esse público em um negócio lucrativo.

Escolhendo a Campanha de que Precisa Agora

Neste capítulo, pontuamos que seu negócio precisa dos três tipos de campanhas: aquisição, monetização e engajamento. Para gerir um negócio sustentável e saudável, você precisa adquirir novos leads e clientes, monetizá-los e envolver os clientes que defendem e promovem sua marca. Dito isso, se for iniciante em criar campanhas de marketing digital, deve focar criar uma única campanha primeiro:

> » Se estiver começando um negócio novo ou ainda não tem leads ou assinantes, crie uma campanha de aquisição.
>
> » Se tem leads e clientes, mas eles não compram tanto quanto gostaria, crie uma campanha de monetização.
>
> » Se estiver feliz com a quantidade de leads e assinantes e com sua monetização, crie uma campanha de engajamento.

Se simplesmente não sabe por onde começar, crie uma campanha de aquisição, porque todo negócio precisa entender como adquirir leads novos e converter compradores. Nos próximos capítulos deste livro, oferecemos várias maneiras de conscientizar sobre sua marca, produtos e serviços e converter essa consciência em leads e clientes.

Analisando Seu Marketing Digital Através das Campanhas

A partir daqui, planeje sua estratégia e táticas de marketing digital alinhando-as com os objetivos dos três tipos principais de campanhas: aquisição, monetização e engajamento. Você nunca mais decidirá começar uma nova conta de mídia social sem saber o objetivo principal por trás dela. A maioria dos empreendedores e comerciantes frustrados com o marketing digital não vê o quadro geral.

Comerciantes digitais frustrados não entendem, por exemplo, que fazer um blog é uma tática extraordinária para aumentar a consciência, mas completamente inútil para monetização. Não percebem que postar e se comunicar com clientes em uma página de negócios do Facebook cria uma comunidade engajada, mas que existem maneiras melhores e eficazes disponíveis para gerar leads e clientes.

Conforme tratarmos de táticas de marketing digital específicas ao longo do restante deste livro, frequentemente voltaremos à ideia de não esquecer dos seus objetivos de negócios e das campanhas que os atingem. À medida que continua em sua jornada para dominar a arte e a ciência do marketing digital, mantenha-se focado no que realmente interessa: expandir seu negócio.

> **NESTE CAPÍTULO**
>
> » Ganhando mais leads implementando a oferta fechada
>
> » Transformando leads em clientes
>
> » Preenchendo checklists para garantir participações e conversões
>
> » Aumentando seu saldo final

Capítulo **3**

Criando Ofertas Vencedoras

Esteja você pedindo que as pessoas comprem algo, lhe deem suas informações de contato ou passem tempo lendo seu blog, está fazendo uma oferta. A maneira pela qual faz ofertas — e, talvez mais importante, a sequência em que as faz — o levará a ter sucesso ou fracassar online.

Você deveria pensar em criar e nutrir relacionamentos com clientes da mesma maneira que faz com seus amigos e familiares. Sua empresa pode vender de negócio para negócio (B2B) ou de negócio para consumidor (B2C), mas todos os negócios vendem de ser humano para humano (H2H). Indivíduos reais que compram seus produtos e serviços.

Considere como completos estranhos se tornam um casal. A proposta de casamento é uma oferta feita depois de uma sequência de outras feitas e consideradas bem-sucedidas por ambas as partes. Claro, a proposta de casamento ocasional no primeiro encontro acontece, mas a maioria dos relacionamentos começa com uma série de interações positivas ao longo de um período de tempo.

Embora a maioria das pessoas não seja propensa a propor casamento no primeiro encontro, muitos negócios fazem o equivalente a isso com seus clientes em potencial. Pedem que comprem produtos e serviços caros, complexos e até arriscados antes que o relacionamento esteja pronto para isso. Por outro lado, um cliente que recebeu um valor extraordinário de sua empresa por um período de tempo é muito mais propenso a fazer uma compra cara, complexa e arriscada.

Neste capítulo, desmembramos os diferentes tipos de ofertas que pode fazer, seus objetivos e a ordem na qual deveria apresentá-las a seus clientes em potencial, novos e leais. As ofertas explicadas neste capítulo focam campanhas de aquisição e monetização (discutidas no Capítulo 2).

Oferecendo Valor Antecipadamente

Fazer negócios online é diferente de fazê-los pessoalmente ou até mesmo por telefone. Em muitos casos, o cliente em potencial não tem mais informações sobre seu negócio além do que lhe é apresentado online. Para adquirir novos leads e clientes, você precisa criar confiança e *começar oferecendo valor* para construir um relacionamento com seus clientes existentes ou em potencial.

Um relacionamento de sucesso é uma via de mão dupla. Ambos os lados devem beneficiar-se dele, e como sua empresa quer começar esse novo relacionamento com um cliente em potencial, faz sentido fornecer o valor primeiro. Clientes em potencial não se tornarão clientes leais se não fornecer primeiro algum valor que crie confiança antes de pedir que comprem. A boa notícia é que você pode fornecer esse valor com algo tão simples quanto uma postagem de blog informativa e perspicaz ou um podcast que os ajude a resolver um problema. Você oferece esse valor de graça e sem compromisso para começar um relacionamento mutuamente benéfico.

Nós chamamos as ofertas de aquisição que começam com valor de *ofertas de ponto de entrada*, ou EPOs [do inglês, entry point offers]. Uma EPO em relacionamentos amorosos se iguala a se oferecer para comprar um café para alguém. Essa oferta de café, que começou muitos relacionamentos amorosos saudáveis, é uma proposta relativamente sem riscos que fornece valor antecipadamente. Quando seu objetivo é adquirir um cliente (e não um companheiro), a EPO é uma maneira de possibilitar que grandes quantidades de clientes em potencial conheçam, gostem e confiem em seu negócio sem muito risco.

Existem três tipos de EPOs:

» **Aberta:** Normalmente a apresenta na forma de postagem de blog, vídeo ou podcast, e não requer informação de contato ou compra para obter valor.

» **Fechada:** Uma oferta fechada exige informação de contato (nome, endereço de e-mail e assim por diante) para obter valor.

» **Grande desconto:** Essa oferta requer uma compra, mas com um alto desconto, normalmente de 50% ou mais.

DICA — Vale a pena fornecer um valor extraordinário para seus clientes em potencial quando estiver tentando ganhar sua confiança. Essa ideia pode parecer contraintuitiva para algumas pessoas, porque não veem retorno imediato nesse investimento.

LEMBRE-SE — O objetivo do seu marketing é transformar pessoas de completamente inconscientes sobre seus produtos ou serviços em fãs ardorosos que promovem seus produtos e serviços para qualquer um que queira escutá-las. A base dos relacionamentos criados com seus clientes é construída sobre ofertas que fornecem valor antes da compra.

Projetando uma Oferta Aberta

Ofertas que não exigem risco da parte dos clientes em potencial são a maneira mais poderosa de cultivar relacionamentos fortes com clientes. Uma *oferta aberta*, como um artigo informativo, vídeo ou podcast, oferece valor sem pedir informação de contato ou uma compra. No entanto, ainda são ofertas. Você oferece valor a clientes em potencial em troca de seu tempo. E, para muitas pessoas, nenhum outro recurso é mais precioso do que o tempo.

O valor fornecido pelo negócio geralmente é disponibilizado para clientes em potencial usando conteúdo como postagens de blog, atualizações de mídia social ou vídeos. Comerciantes digitais de sucesso disponibilizam conteúdo gratuito que fornece um dos seguintes valores:

» **Entretenimento:** As pessoas pagam muito dinheiro para serem entretidas, e conteúdos que as fazem rir é um tipo que provavelmente é lembrado. É por isso que comerciais tentam fazer você rir (pense nos Limões da Pepsi ou no Tio da Sukita); eles têm apenas de 30 a 60 segundos para chamar sua atenção e fazê-lo se lembrar de seu produto ou serviço. Os comerciais dos sachês da Whiskas e as campanhas "Ouse Ser Brasileiro", da Nike, são os principais exemplos de comerciantes fornecendo conteúdo de entretenimento que transmite sua mensagem.

» **Inspiração:** As pessoas são altamente movidas por conteúdos que as façam sentir algo. A indústria esportiva e fitness usa esse sentimento com slogans como "Just do it", da Nike, ou campanhas da Fitbit mostrando pessoas comuns (em vez de celebridades e atletas) alcançando seus objetivos usando o Fitbit. Negócios de perda de peso também usam conteúdo inspirador com depoimentos do sucesso de clientes e imagens de "antes" e "depois".

» **Educação:** Você já foi ao YouTube para assistir a um vídeo ensinando como fazer alguma coisa? De projetos "faça você mesmo" a como reconstruir o motor de um carro, você pode encontrar conteúdo educacional online facilmente. As pessoas querem conhecimento, e fornecê-lo cria confiança.

> Blogs, sites, canais do YouTube e negócios inteiros são construídos acerca de educar pessoas para terem muito sucesso. É por isso que a Wikipédia recebe aproximadamente 16 bilhões de visualizações de página por mês.

As duas primeiras propostas de valor (entretenimento e inspiração) podem ser difíceis de implementar. Mas a terceira está ao alcance de todas as empresas. Nos Capítulos 4 e 5, entramos em mais detalhes sobre a forma e a função de vários tipos de conteúdo aberto que pode ser produzido.

LEMBRE-SE A produção de conteúdo pelas marcas está em alta. Uma abundância de conteúdo é produzida em blogs, canais do YouTube e sites de mídia social todos os dias. Porém, ainda existe uma demanda insaciável por bom conteúdo aberto. Não cometa o erro de pensar que como esse conteúdo é grátis, não merece o tempo e a energia de suas outras ofertas. Uma oferta aberta é, em muitos casos, a primeira transação que um cliente em potencial fará com sua empresa, e você deve fazê-la ter sucesso.

Projetando uma Oferta Fechada

Para passar alguém do estágio de cliente em potencial a lead, você precisa de uma oferta fechada que exija que esse cliente em potencial insira suas informações de contato para receber valor. Uma *oferta fechada* fornece um pouco de valor para um problema *específico* para um mercado *específico* e é oferecida em troca das informações de contato do cliente em potencial. Essa informação de contato é, no mínimo, o endereço de e-mail. Voltando à analogia anterior do relacionamento amoroso, uma oferta fechada é o equivalente ao primeiro encontro. Uma oferta fechada pode ter o formato de um relatório branco [white paper], um caso de estudos ou um webinar. Por exemplo, a Figura 3-1 mostra como a OpenMarket disponibiliza informações valiosas no formato de um relatório branco que exige as informações de contato.

LEMBRE-SE Uma oferta fechada é uma troca de valor. O dinheiro não muda de mão; em vez disso, você fornece a seu novo lead algo de valor em troca do direito de entrar em contato com ele no futuro. Ofertas fechadas são gratuitas, e uma noção comum entre os comerciantes digitais é que, por serem de graça, o produto ou serviço não precisa ter uma qualidade alta. Isso é um erro. Grátis não significa baixa qualidade. Quando alguém troca sua informação de contato e lhe dá permissão de voltar a entrar em contato, lhe dá valor, e uma transação foi efetuada. Esse cliente em potencial lhe deu algo que normalmente é privado, bem como parte de seu tempo e atenção. Você precisa retornar esse valor se quiser construir o relacionamento que é exigido para clientes de longa data. O objetivo final de uma oferta fechada é conseguir leads para que possa cuidar até virarem clientes com o tempo.

FIGURA 3-1: A OpenMarket pede informações de contato em troca deste relatório branco.

Fonte: http://www.openmarket.com/download/idc-mobile-security/

Reveja a definição de oferta fechada ("Uma *oferta fechada* fornece um pouco de valor para um problema *específico* para um mercado *específico* e é oferecida em troca das informações de contato do cliente em potencial.") — e preste atenção às partes que dizem "específico". A especificidade é a chave para uma oferta fechada de sucesso, porque a torna relevante para seu público. Um formulário de lead que só diz "Inscreva-se em nossa newsletter" não é uma oferta fechada que lhe dará muitas conversões, porque não resolve um problema específico. Na próxima seção deste capítulo, discutimos como fazer com que suas ofertas fechadas convertam clientes em potencial ao torná-las específicas em termos de resolução de problemas, o que as tornará relevantes para seu público.

Focando o que interessa

Na seção anterior, estabelecemos a ideia de que uma oferta fechada específica e relevante funciona melhor para gerar autorizações de contato. Mas o que é preciso para tornar uma oferta específica e relevante? Ofertas fechadas de alta conversão incluem um, ou uma combinação, dos aspectos a seguir, de forma específica:

» Uma promessa

» Um exemplo

» Um atalho

» Uma solução

» Um desconto

CAPÍTULO 3 **Criando Ofertas Vencedoras** 41

Incluir pelo menos um dos cinco itens o ajudará com suas taxas de conversão. As próximas seções passarão por todos esses itens.

Fazendo uma promessa específica

Uma promessa específica é uma das coisas mais simples que pode fazer para aumentar o número de leads que recebe de uma oferta fechada. Observe a oferta que entrega e pense sobre como deixar seu benefício mais evidente. Considere como abordar o resultado final específico desejado pelo seu cliente em potencial.

Crie uma promessa clara e certifique-se de que esteja no título de sua oferta fechada. Títulos genéricos ou complexos diminuem a conversão. Muitos comerciantes são acusados de criar títulos mais fofinhos ou usar jargões técnicos que seu público pode não entender. No título de sua oferta fechada, fale menos sobre seu produto e mais sobre seu público-alvo. Comunique especificamente, no título da oferta fechada, o benefício que ela fornecerá para seu público-alvo. Dialogue com a mente do seu cliente, não com sua mesa do escritório. Pergunte-se quais são as preocupações, medos ou desejos de seu público-alvo. Pense no resultado final desejado, que seu cliente busca, e o coloque no título. A oferta fechada mostrada na Figura 3-2 entrega uma promessa específica que atinge seu mercado.

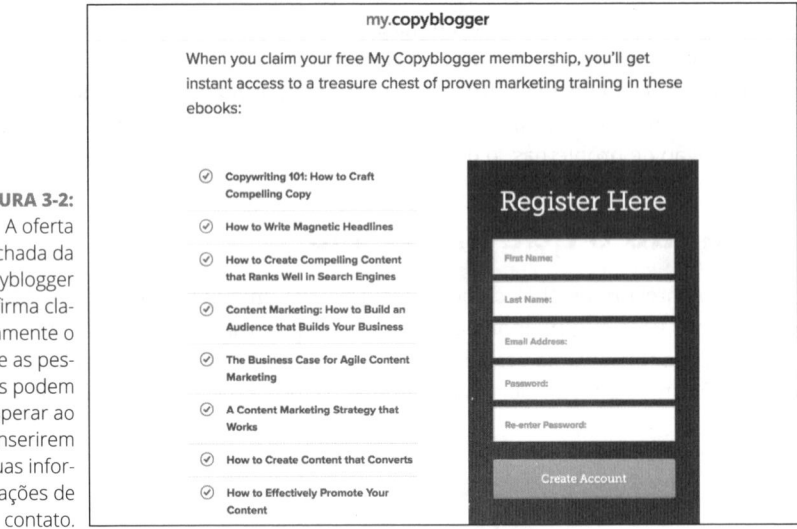

FIGURA 3-2: A oferta fechada da Copyblogger afirma claramente o que as pessoas podem esperar ao inserirem suas informações de contato.

Fonte: http://my.copyblogger.com/free-membership/

Dando um exemplo específico

Em nossa experiência, a melhor maneira de dar um exemplo específico em sua oferta fechada é entregá-lo na forma de estudo de caso. Se tiver exemplos de clientes reais e em potencial que superaram seus problemas com seu produto ou serviço, eles funcionam bem como ofertas fechadas.

Por exemplo, se sua empresa vende câmeras de vigilância para universidades, você pode criar um estudo de caso intitulado "Como a Universidade Estadual Reduziu o Crime no Campus em 73%", que detalhe como a universidade usou a tecnologia de câmeras de segurança para reduzir atos criminosos no campus. Esse título afirma claramente o benefício e usa um exemplo para adicionar especificidade à oferta fechada.

Oferecendo um atalho específico

Uma oferta fechada que economiza o tempo de alguém é atraente e converte bem. Por exemplo, uma oferta fechada que entregue uma lista de lanches saudáveis que uma pessoa pode comer ao longo do dia é um atalho útil para alguém que procura seguir uma dieta mais saudável.

Respondendo a uma pergunta específica

A quarta maneira como pode deixar sua oferta fechada mais precisa é fazendo e respondendo a uma pergunta específica. Se a resposta à pergunta for valiosa, seus clientes em potencial autorizam o contato para obtê-la, e depois que você a responder, terá cumprido sua promessa e ajudado a se estabelecer como uma autoridade no assunto, o que, por sua vez, ajuda a criar confiança e move o cliente em potencial um pouco mais próximo de se tornar um cliente.

Entregando um desconto específico

Descontos podem ser uma ótima maneira de impulsionar vendas, e muitas empresas oferecem cupons de desconto na esperança de criar um frenesi de compras. Mas, em vez de entregar descontos, considere pedir que o cliente em potencial autorize contato para recebê-lo. Por exemplo, sua oferta fechada pode dizer: "Junte-se ao nosso Clube de Descontos e receba 10% de desconto em qualquer pedido." Essas palavras são eficazes porque dizem especificamente ao cliente em potencial o quanto economizará.

Gerando leads com conteúdo educacional

Nesta seção, discutimos as cinco formas que sua oferta fechada pode ter. Elas oferecem valor ao educar o lead sobre um tópico específico relacionado à sua marca enquanto também destaca os recursos de uma solução, produto ou serviço que você fornece.

DICA Sua oferta fechada não precisa ter o tamanho de um romance de Tolstoy. Além de serem ultraespecíficas, ofertas fechadas devem ser fáceis de consumir — não devem ser um curso de 14 dias ou um livro de 300 páginas. O consumo rápido da oferta fechada é importante, porque você quer fornecer valor para seu lead o mais rápido possível. Quanto mais rápido sua oferta fechada fornecer valor, mais rápido um lead se torna um cliente pagante.

Relatórios grátis

Relatórios (também chamados de guias) estão entre os tipos mais comuns de ofertas fechadas, e normalmente são, em sua maioria, textos e imagens. Relatórios normalmente oferecem fatos, notícias e práticas relevantes para seu setor e mercado-alvo. No entanto, se usar um relatório como sua oferta fechada, tenha cuidado. Relatórios podem ser longos e complexos; assim, frequentemente levam mais tempo para ser consumidos, o que significa que demorarão mais tempo para entregar seu valor. Portanto, sempre que possível, mantenha seus relatórios os mais sucintos e específicos possíveis, para que entreguem rapidamente seu valor e estabeleçam ou reforcem um relacionamento positivo com seu lead ou cliente.

Relatórios brancos [white papers]

Assim como os relatórios, relatórios brancos são um guia oficial que informa concisamente os leitores sobre um problema complexo e têm como objetivo ajudá-los a entender, resolvê-lo ou tomar uma decisão. Embora o relatório branco eduque seus clientes em potencial, também ajuda a promover os produtos ou serviços do seu negócio. Relatórios brancos podem muitas vezes ser muito eficazes em gerar leads B2B [negócio para negócio].

Pesquisa primária

Pesquisas primárias são pesquisas que você ou seu negócio coleta. Podem incluir entrevistas e observações. Ao reservar um tempo para criar uma pesquisa nova, fornece um serviço e evita que outros tenham que fazer a própria pesquisa primária, e é por isso que as pessoas autorizam contato para uma oferta fechada dessa natureza.

Treinamento em webinar

Se for um especialista no seu campo, ou fizer uma parceria com um, pode hospedar um treinamento online via webinar que ensine ou demonstre um tópico relevante tanto para sua marca quanto para seu público-alvo. Você cria uma oferta fechada que requeira que os clientes em potencial preencham um formulário de registro para o webinar, obtendo dessa forma suas informações de contato e possibilitando que você faça um acompanhamento após o webinar.

Material de vendas

Em alguns casos, as informações mais desejadas para seu mercado são preços e descrições de seus produtos ou serviços. Isso ajuda as pessoas interessadas em comprar seu produto ou serviço a tomarem decisões informadas. A oferta fechada de material de vendas tende a ser mais longa em textos e exemplos de conteúdo, como imagens ou vídeos de depoimentos de clientes, do que outros exemplos até agora no capítulo. Contudo, isso é necessário, porque uma pessoa geralmente precisa de mais informações antes de fazer uma compra, especialmente se envolver um item caro. No entanto, isso também significa que qualquer pessoa que autorize contato está mais propensa a ser um *lead qualificado*, alguém que procura ativamente mais informações sobre seus produtos ou serviços porque está interessado em comprar de você. (Um lead não qualificado pode não ter sido incentivado o suficiente para fazer uma compra, não ter certeza do que sua empresa faz ou até por qual solução procura).

A IKEA fornece um exemplo ótimo de oferta fechada de material de vendas. A rede escandinava coleta informações de contato em troca desse catálogo, que lista todos os seus produtos. A Figura 3-3 demonstra a oferta fechada da IKEA, e como a IKEA a entrega digitalmente, acelera a entrega de valor para o novo lead.

FIGURA 3-3: O catálogo de vendas da IKEA é um exemplo ideal de oferta fechada de material de vendas.

Fonte: https://info.ikea-usa.com/signup

Gerando leads com ferramentas

Ferramentas tornam ofertas fechadas poderosas porque normalmente entregam valor *muito mais rápido* do que as ofertas fechadas educacionais discutidas na seção anterior. Embora relatórios brancos, relatórios e estudos de caso exijam que alguém invista tempo para receber valor, uma ferramenta muitas vezes é prática.

Folheto ou folha de cola

Embora similar a um relatório grátis, tanto folhetos quanto folhas de cola fornecem um valor diferente aos clientes em potencial. Um folheto ou folha de cola normalmente é curto (mais ou menos uma página) e vai direto a um ponto ultraespecífico, tornando a informação facilmente digerível. Você pode entregar folhetos e folhas de cola como checklists, mapas mentais ou "esquemas", para dar alguns exemplos. A Figura 3-4 mostra um exemplo de um folheto como uma oferta fechada.

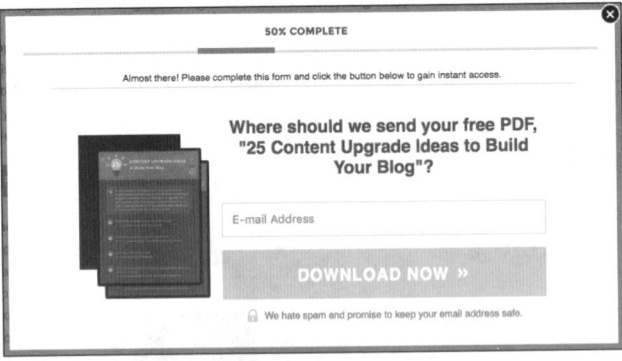

FIGURA 3-4: Um folheto é um ótimo exemplo de conteúdo útil que pode ser fechado.

Fonte: https://www.leadpages.net/blog/blogging-for-businesses-should-you-blog/

Lista de recursos

Se as pessoas estão aprendendo a fazer algo em que você é especialista, provavelmente querem saber quais ferramentas você usa para fazê-lo. Esse tipo de oferta fechada faz uma lista de ferramentas e recursos (aplicativos, produtos físicos, hardware ou outros itens) disponíveis para o novo lead ou cliente em potencial. O kit de ferramentas ou recursos agrega a lista para que o lead não precise continuar procurando mais informações.

Modelo

Um modelo é o exemplo perfeito de um atalho bem testado e comprovado para melhores resultados, e pode ser uma oferta fechada tremenda. Um modelo contém um padrão comprovado para o sucesso que requer menos trabalho da pessoa que o utiliza. Pode vir na forma de uma planilha pré-configurada para calcular despesas comerciais. Ou pode ser um layout para projetar uma casa personalizada. Modelos são ofertas fechadas poderosas porque o cliente em potencial pode usar a ferramenta imediatamente.

Software

Softwares funcionam bem como ofertas fechadas. Você pode, por exemplo, oferecer acesso completo a uma ferramenta grátis de software que desenvolveu ou um teste grátis (que dure 14 dias, talvez) do seu software em troca de um e-mail. Empresas muitas vezes oferecem um teste grátis de seu software como oferta fechada. Isso pode transformar um lead que está em cima do muro sobre comprar o produto com um meio sem riscos de adquiri-lo, enquanto também fornece à empresa uma maneira de acompanhar esse lead.

Desconto e clubes de cupons

Descontos e clubes de cupons oferecem economia exclusiva e acesso antecipado às vendas. Esse é um tipo eficaz de oferta que adquire informação de contato e possibilita que você continue a conversa ao lembrar os membros sobre ofertas especiais e recompensas disponíveis para eles.

Questionários e pesquisas

Questionários e pesquisas são divertidos e envolventes para as pessoas fazerem e podem ser uma ótima maneira de gerar novos leads. Por exemplo, uma empresa de produtos de beleza pode oferecer um questionário "Qual é seu tipo de pele". Esses tipos de conteúdo são intrigantes para membros do seu mercado porque eles querem saber o resultado do questionário ou pesquisa. Para obter o resultado, o cliente em potencial deve primeiro autorizar contato ao inserir um endereço de e-mail. Se o resultado do questionário ou pesquisa fornecer valor para seu mercado, esse tipo de oferta fechada pode ser poderoso.

Avaliação

Você pode desenvolver uma oferta fechada que avalie ou teste os clientes em potencial sobre um assunto específico. No final da avaliação, ofereça a eles uma nota e informações sobre ações que podem tomar para melhorá-la, que provavelmente seria uma ferramenta ou serviço que você fornece. Por exemplo, essa avaliação pode servir como uma rubrica para avaliar um post de blog. A Figura 3-5 mostra uma oferta de avaliação que tem gerado leads para a HubSpot, uma empresa que vende software de marketing há anos. Leads usam a avaliação da HubSpot para dar notas a seu marketing e melhorá-lo.

Preenchendo o checklist de oferta fechada

Na nossa empresa, testamos ofertas fechadas em vários nichos diferentes e desenvolvemos um checklist de oito fatores que melhoram o nível geral do seu sucesso ao criar ofertas fechadas mais eficazes. Você não precisa ser capaz de marcar todos os fatores na lista, mas se descobrir que sua oferta fechada satisfaz alguns desses critérios, você tem razões para ficar preocupado.

Falaremos sobre cada um dos fatores no checklist nas seções a seguir.

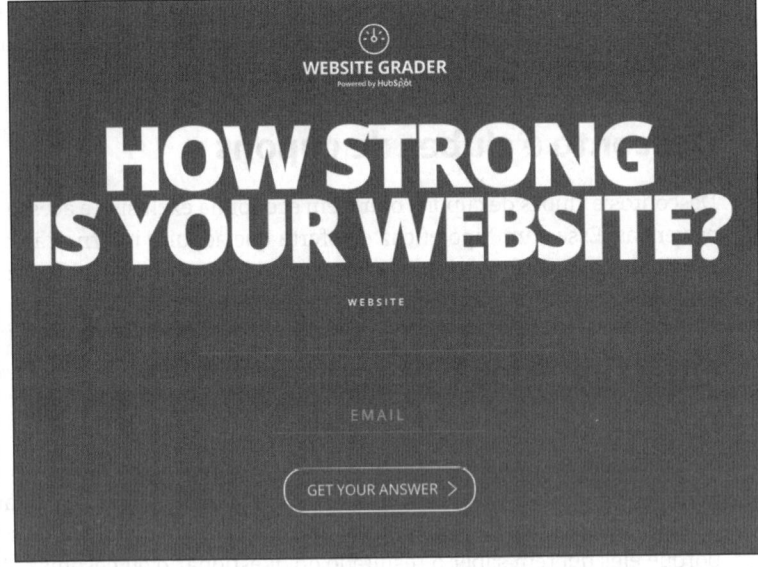

FIGURA 3-5: A HubSpot gera leads com sua oferta fechada de avaliação "Website Grader".

Fonte: https://website.grader.com/

Ponto 1: Sua oferta é ultraespecífica?

Quanto mais específica for a promessa de sua oferta fechada, melhor será o resultado quando fornecê-la. Ao cumprir sua promessa, você deu valor. Isso, é claro, supõe que a promessa que está fazendo é atraente ao mercado que aborda. Certifique-se de que sua oferta fechada não seja vaga e que ofereça uma solução ultraespecífica para um mercado ultraespecífico.

Ponto 2: Você está oferecendo demais?

Acredite se quiser, sua oferta fechada terá melhores resultados se entregar "uma coisa principal" em vez de várias. Vivemos em um mundo multitarefas, então você quer garantir que sua oferta fechada foque um tópico ou tema e forneça um caminho para seu lead seguir. Se incluir caminhos ou ofertas demais, seus leads podem se distrair e se desviar do caminho enquanto tentam seguir todas as ideias apresentadas na sua oferta fechada, fazendo com que não autorizem o contato. Se possível, ofereça uma única solução para um único problema em vez de várias soluções para vários problemas.

Ponto 3: A oferta aponta para um resultado final desejado?

Os membros do seu mercado buscam soluções. O que seu mercado *realmente* quer? Se puder criar uma oferta fechada que prometa essa solução, os clientes em potencial lhe darão alegremente suas informações de contato (e sua atenção) em troca.

Ponto 4: A oferta entrega gratificação imediata?

Seu mercado quer uma solução e quer *agora*. Estabeleça e comunique quanto tempo levará para que seus leads consumam e tirem valor de sua oferta fechada para que saibam o que esperar. Se levar dias ou semanas, ela não está entregando gratificação imediata — nem perto disso.

Ponto 5: A oferta muda o relacionamento?

As melhores ofertas fechadas fazem mais do que informar; realmente mudam o estado e a mentalidade de seus clientes em potencial para que estejam preparados para se envolver em um negócio com sua empresa. Depois que seus leads aproveitarem sua oferta, determine se o valor que fornece realmente ensinará os leads como e por que devem confiar e comprar de você. Por exemplo, se você vende ferramentas e materiais de jardinagem, um checklist intitulado "15 Ferramentas de que Precisa para Criar com Sucesso um Jardim em Potes" educa os clientes em potencial sobre as ferramentas de que precisam enquanto os deixa, simultaneamente, mais próximos de comprarem os produtos que vende.

Ponto 6: A oferta tem um valor percebido alto?

Só porque sua oferta fechada é grátis, não significa que deva *parecer* grátis. Use um bom design por meio do uso de gráficos e imagens profissionais para criar uma oferta fechada de valor percebido alto na mente do seu lead.

Ponto 7: A oferta tem um valor real alto?

A informação certa na hora certa não tem preço. A oferta fechada que entrega algo inestimável terá taxas de conversão muito altas, mas se você promete valor, *precisa* entregá-lo. Uma oferta fechada tem valor real alto quando cumpre o que promete e entrega os benefícios.

Ponto 8: A oferta permite consumo rápido?

Você não quer que sua oferta fechada seja um obstáculo na jornada do cliente em direção a tornar-se um consumidor. Antes que seus clientes comprem de você, querem receber valor de sua oferta fechada. Você quer que a oferta fechada mova o lead para o próximo estágio; então, idealmente, a oferta fechada deve entregar valor imediatamente. Em outras palavras, evite e-books longos e cursos que levam dias ou meses para entregar valor.

DICA

Por que insistimos que sua oferta fechada seja de consumo rápido e fácil? Porque depois que for consumida, você quer fazer a próxima oferta assim que possível. Normalmente não há tempo melhor para fazer uma oferta do que logo depois que alguém aceitou uma anterior. Contudo, poucos comprarão de você se não receberam o valor da última oferta que fez — sua oferta fechada. Então certifique-se de que ela entregue valor rapidamente, possibilitando que você então faça uma oferta para comprar algo, o que discutimos na próxima seção.

Criando Ofertas com Descontos Altos

Conquistar leads é o objetivo da oferta fechada discutida na seção anterior, mas como você adquire compradores? Lembre-se de que a chave para o sucesso online é a sequência de ofertas que faz para novos leads e clientes. A melhor maneira de adquirir compradores é fazer uma oferta com desconto tão alto que seja difícil de recusar. Uma *oferta com desconto alto* é uma oferta irresistível e de preço baixo feita para converter leads e clientes em potencial a compradores.

LEMBRE-SE

O objetivo de uma oferta com desconto alto não é o lucro. Na verdade, vender ofertas com descontos altos pode dar um prejuízo líquido para sua empresa. Oferecer descontos altos pode, portanto, parecer contraintuitivo, mas o objetivo desse tipo de oferta é adquirir compradores. Ofertas com descontos altos mudam relacionamentos; transformam clientes em potencial em compradores, e esse é uma grande diferencial. Depois que um cliente em potencial faz uma compra bem-sucedida com sua empresa, está mais propenso a comprar de você novamente. Ofertas com descontos altos o levam um passo mais próximo de alcançar seu objetivo de converter um cliente em potencial a um comprador recorrente e, possivelmente, até em fã ardoroso.

Nas próximas seções discutiremos os seis tipos diferentes de ofertas com descontos altos que pode empregar.

Usando prêmios físicos

Como o nome sugere, prêmios físicos são produtos físicos. Ofereça algo que seu mercado deseja e dê um grande desconto. A DIY Ready, uma empresa na área de DIY [faça você mesmo] e decoração de interiores, oferece um kit de pulseiras de US$19 de graça. O cliente novo só precisa inserir o número de seu cartão de crédito para pagar pelo frete para receber o kit. Esse é um produto físico que pessoas que gostam de "faça você mesmo" acham altamente desejável. A Figura 3-6 mostra como é essa oferta de prêmio físico da DIY Ready.

FIGURA 3-6: "Grátis + Frete" é uma oferta comum de desconto alto.

Fonte: https://nationalcraftssociety.org/products/1sc/best-diy-beaded-bracelet-kit/

Usando um livro

Um livro físico pode ser uma excelente oferta de desconto alto. Livros têm valores percebido e real extremamente altos. Se precisa estabelecer autoridade e confiança com seu mercado antes de fazer ofertas mais complexas e caras, o livro é uma ótima oferta de desconto alto para empregar. Considere oferecê-lo com um desconto exorbitante, ou de graça mais o frete. Embora não recomendemos um livro físico ou digital para gerar leads, essa é uma maneira altamente eficaz de converter clientes em potencial e leads em consumidores. Lembre-se, o objetivo de uma oferta de desconto alto é mudar o relacionamento com um lead ou cliente em potencial e transformá-lo em consumidor.

Aproveitando o webinar

Webinars são uma das ofertas mais versáteis disponíveis para comerciantes digitais. Você pode conduzir webinars gratuitos para gerar leads e ainda oferecê-los como um produto. Lembre-se de que quando você cobra por qualquer coisa e, particularmente, por um webinar, deve entregar valor além do que cobrou para assistirem a ele.

DICA Ao empregar um webinar como oferta de desconto alto, não use o termo *webinar* em sua oferta. As pessoas geralmente associam esse termo a algo gratuito. Considere chamar seu webinar de oferta de desconto alto de videoaula, treinamento online ou bootcamp, e ele pode ser gravado ou ao vivo.

Vendendo software

Softwares e plug-ins de aplicativos são ofertas de desconto alto eficazes porque o software economiza o tempo e a energia das pessoas, então são comodidades altamente buscadas. Quando você usa software como uma oferta de desconto alto, o preço com desconto alto tem propensão de causar um "frenesi de compras", resultando em uma campanha de aquisição altamente bem-sucedida.

Dividindo um serviço

Se seu negócio tem um produto ou serviço de preço alto, você pode pegar um pequeno pedaço desse produto, também conhecido como *splinter*, e vendê-lo *à la carte*. O segredo é oferecer um pedaço independente do seu serviço a um preço incrivelmente baixo.

Um exemplo de uma empresa que usa essa abordagem é a Fiverr, um negócio online que oferece tarefas e serviços a partir de US$5. A Figura 3-7 mostra um desses serviços da Fiverr, que inclui criar logotipos para negócios. Esse é um exemplo excelente de oferecer *parte* de um serviço muito procurado com um desconto alto que ajuda a transformar um lead em um cliente e, por fim, leva a mais vendas. Depois que uma pessoa compra de você, é provável que compre novamente.

Como você separa uma parte ou splinter do seu serviço, não precisa criar um novo. Em vez disso, ofereça uma porção de um produto ou serviço existente.

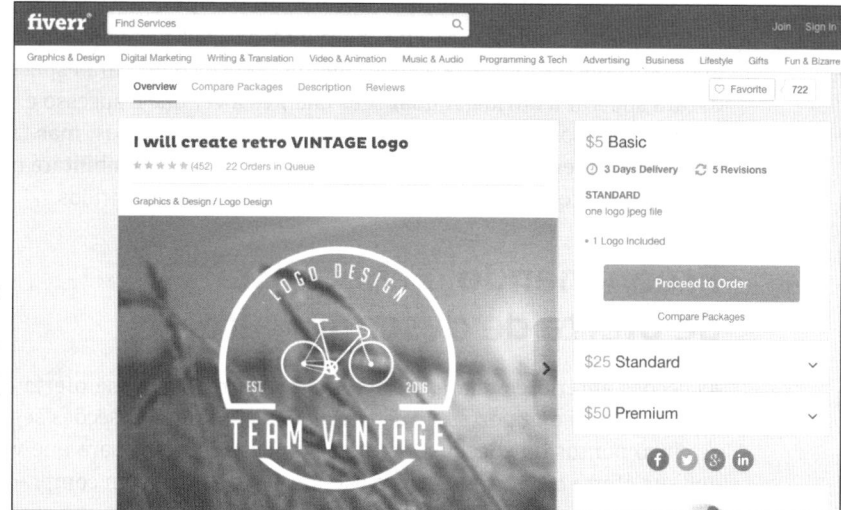

FIGURA 3-7: Através da Fiverr, serviços maiores podem ser separados em projetos únicos menores.

Fonte: https://www.fiverr.com/gfx_expert2/create-retro-vintage-logo

Pensando em "pequenas vitórias" para oferecer a seus leads

Como ofertas com descontos altos têm preço baixo, baixo risco e são altamente desejáveis, ajudam seus leads a superarem dúvidas sobre seu negócio ou produto. Como há risco monetário mais baixo para os leads, têm mais propensão de arriscar e tornarem-se consumidores. Contudo, pode ser mais difícil para um comerciante ou dono de negócio de superar a dúvida que os leads têm sobre si mesmos ou sua habilidade de alcançar o estado "depois", ao qual seu produto ou serviço promete levá-los. É por isso que ofertas de desconto alto levam o cliente a uma "pequena vitória".

Uma "pequena vitória" é algo que ajuda a inspirar seus leads e lhes dar a confiança de que podem alcançar qualquer solução ou objetivo que você oferece, bem como a confiança de que seu produto ou serviço os ajudará a chegar lá. Uma pequena vitória dá esperança e uma amostra para seu cliente em potencial de que ele pode alcançar a coisa toda — chegar ao outro lado do túnel, por assim dizer. Lembre-se de que pequenas vitórias normalmente são rápidas de alcançar e ajudam a entregar valor para seu cliente.

Por exemplo, se você é do mundo fitness, pode oferecer um detox de sucos de sete dias como uma oferta de desconto alto. Ao descrever a oferta para compradores em potencial, você afirma que completar esse detox é a parte mais difícil do seu programa — porque começar normalmente é a pior parte. Se conseguirem completar o detox de sete dias, saberão que o mais difícil já passou.

À medida que verificar seus produtos e serviços para determinar qual seria a melhor oferta de desconto alto, pergunte-se qual pequena vitória esse produto ou serviço forneceria a seus clientes. Pense como dará esperanças, como os fará superar a dúvida. Ajudar seus clientes a ver que o sucesso é possível não somente para os clientes sorridentes dos seus depoimentos, mas também para *eles*, pessoalmente, tornará sua oferta mais potente e possibilitará que construa relacionamentos positivos com seus clientes recém-adquiridos.

Preenchendo o checklist de oferta de desconto alto

As seções anteriores falam sobre as várias formas que sua oferta de desconto alto pode ter e a importância das pequenas vitórias. Nas seções seguintes, veja os cinco pontos do checklist de oferta de desconto alto para que você garanta que sua oferta converterá leads e clientes em potencial em compradores.

Ponto 1: Ela diminui a barreira de entrada?

Para começar, sua oferta de desconto alto deve ter baixo risco. Não deve ser cara, consumir muito tempo ou difícil de entender. As melhores ofertas nesse estágio normalmente são compras por impulso, como o pacote de chicletes que você pegou enquanto esperava na fila do supermercado. O preço de sua oferta depende do seu mercado. Leads não devem precisar pensar para considerar se podem comprar sua oferta com desconto alto; o preço deve remover essa barreira. Novamente, o propósito dessa oferta não é o lucro. Uma boa regra geral é que essas ofertas custem R$20 ou menos.

Ponto 2: O valor está claro?

Faça com que sua oferta de desconto alto seja fácil de entender. Você quer ser capaz de explicar rapidamente o valor e persuadir o lead a comprar. Portanto, ela não deve ser complexa. Compras por impulso não são ofertas elaboradas.

Ponto 3: Ela é útil, mas incompleta?

CUIDADO

A palavra-chave é *útil*. Sua oferta de desconto alto não deve ser uma propaganda enganosa. Se não cumprir sua promessa, você estragará o relacionamento com esse cliente. Pode ter conseguido uma venda rápida com uma oferta de desconto alto, mas perdeu um cliente fiel em potencial. Essa oferta deve ser útil, mas não é o pacote completo.

Ponto 4: Ela tem um valor percebido alto?

Como na oferta fechada, use um bom design para criar uma oferta de desconto alto com uma aparência e sensação de qualidade alta. Você não quer que seus clientes novos sintam-se ludibriados; em vez disso, quer que sintam que tiveram uma vantagem sobre você com a oferta de desconto alto que adquiriram.

LEMBRE-SE

As pessoas não compram produtos e serviços online, compram imagens e descrições de produtos e serviços online. Se quer vender online, precisa empregar design e texto que comuniquem o valor dos produtos e serviços que oferece.

Ponto 5: Ela tem um valor real alto?

Certifique-se de que sua oferta de desconto alto cumpra sua promessa e entregue valor. Isso cria confiança com seus novos clientes e, quando estiverem prontos para comprar novamente, se lembrarão da experiência positiva que tiveram com você.

Descobrindo sua oferta de desconto alto

A oferta que usa para adquirir clientes provavelmente está dentro de sua *oferta central*, um produto ou serviço mais caro e complexo. Sua oferta central frequentemente é seu produto ou serviço principal. Observe sua oferta central e veja qual pedaço ou pedaços são independentes. O que você pode separar e ainda entregar valor?

Aqui estão algumas perguntas para ajudá-lo a descobrir sua(s) oferta(s) de desconto alto:

- **Qual é o dispositivo legal que seu mercado quer, mas não precisa necessariamente?** Qual é sua compra por impulso? Qual é seu chiclete?

- **Qual é a coisa de que todo mundo precisa, mas não quer necessariamente?** Esse pode ser um produto ou serviço que as pessoas sabem que precisam, mas não ficam realmente animadas com ele. O produto pode não ser "atraente", mas é crucial para um processo no qual as pessoas se envolvem. Por exemplo, se alguém tem como hobby fazer velas, o pavio pode não ser tão divertido ou interessante quanto as ceras coloridas ou os óleos perfumados, mas é um ingrediente essencial.

- **Qual é o serviço valioso que pode implementar rapidamente e com baixo custo, que entregue resultados com antecedência e o coloque um passo à frente?** Essa ideia vai além de dar uma cota ou estimativa grátis; dá a seus clientes uma amostra de como você pode afetar suas vidas positivamente. Por exemplo, um profissional pode oferecer um desconto alto para limpar calhas como uma oferta de desconto alto. Depois de completar o trabalho, poderia apontar qualquer melhoria necessária de que o telhado ou as calhas precisassem. Essa é uma oferta de desconto alto que fornece o valor primeiro e depois o coloca um passo à frente.

» **Qual pequena vitória ou vitórias sua oferta de desconto alto fornece?**
Como você ajuda o cliente a superar a dúvida?

Maximizando os Lucros

Como este capítulo explica, você usa ofertas abertas, fechadas e de desconto alto para adquirir novos clientes e compradores. Mas quando você realmente tem lucro? O custo de adquirir novos clientes normalmente é o mais alto que a empresa tem. Depois que tiver um comprador, faz sentido pedir para que ele compre novamente. Você quer transformar esse cliente com quem gastou tanto tempo e dinheiro em um *cliente recorrente*.

As campanhas de marketing que emprega para vender mais, ou com mais frequência, para os leads e clientes que adquiriu são chamadas de campanhas de monetização, e têm vários tipos diferentes de ofertas para empregar. Nas seções a seguir lhe contaremos como implementar e melhorar suas ofertas de monetização.

A maioria das empresas conduz campanhas de monetização (fazendo ofertas de alto custo e complexas, o que discutimos no Capítulo 2) direcionadas a clientes em potencial e leads novos. Embora seria fantástico ter lucro sem precisar começar com uma oferta aberta, fechada ou de desconto alto, fazer isso funcionar é muito difícil. A sequência de ofertas que faz para as pessoas é extremamente crucial para evitar ser um negócio que pede muito aos clientes em potencial cedo demais.

Faça uma oferta upsell ou cross-sell

O primeiro tipo de oferta de monetização que discutimos é uma upsell imediata, com a qual você provavelmente já está familiarizado, mesmo que nunca tenha escutado o termo. Um exemplo de upsell imediata é a famosa "Você quer batatas fritas também?" feita no McDonald's. A upsell oferece aos clientes mais do que já compraram. A compra que estão fazendo e a upsell devem levar o cliente ao mesmo resultado final desejado. No exemplo do McDonald's, adicionar batatas fritas a seu pedido lhe dá uma refeição maior. A oferta de cross-sell, por outro lado, faz uma oferta relacionada à sua primeira compra. Por exemplo, um varejista de roupas oferecer sapatos a um homem que acabou de comprar um terno.

A Amazon.com (e praticamente toda varejista online de sucesso) usa ofertas upsell e cross-sell para aumentar os itens que as pessoas compram. As seções "Frequently Bought Together" e "Customers Who Bought This Item Also Bought" ["Frequentemente comprados juntos" e "Clientes que compraram este item também compraram", conforme os nomes no site brasileiro] contêm ofertas upsell imediatas e cross-sell para garantir a venda e possivelmente aumentar o tamanho do seu carrinho. Por exemplo, depois que selecionamos um livro de US$17,98, a Amazon sugere outros produtos para acompanhar essa compra, como mostrado na Figura 3-8. Se aceitássemos todas as upsells sugeridas, a quantia de nossa compra aumentaria de US$17,98 para US$44,96.

Na Figura 3-8, o item buscado é *Harry Potter and the Cursed Child* [Harry Potter e a Criança Amaldiçoada], e a Amazon oferece alguns livros do Harry Potter que serviriam como upsell e aumentariam o tamanho do carrinho. Mas a Amazon também oferece cross-sells na forma de outros livros de fantasia que podem atrair um fã de Harry Potter por serem do mesmo gênero.

FIGURA 3-8: A Amazon usa, de maneira inteligente, upsells e cross-sells para aumentar o tamanho do carrinho de seu cliente e conseguir fazer a venda.

Fonte: https://www.amazon.com

Como a cross-sell não é tão relevante quanto sua primeira compra, pode parecer estranha, o que pode ser irritante ou indesejável pelo cliente. É por isso que você precisa tomar cuidado com cross-sells, ou está arriscando irritar seus clientes. Imagine comprar um computador Mac e a Apple perguntar antes mesmo de você sair da loja se quer comprar um iPhone ou iPad. No entanto, se a cross-sell realmente complementar a compra inicial, seus clientes aceitarão a oferta e você agradecerá pela renda adicional.

Criando pacotes e kits

Pacotes e kits são outras formas que sua oferta de monetização pode ter. Um pacote ou kit significa pegar um dos seus produtos independentes e combiná-lo com outros parecidos que você ou algum de seus parceiros de negócios vendam. Por exemplo, se vende barbeadores, você pode criar um pacote de barbeador com um kit que inclua todos os itens essenciais para se barbear, do pincel ao pós-barba. Esse "kit essencial de barbear" custará mais do que um barbeador individual, o que aumenta sua renda por venda. Você tem produtos ou serviços que pode combinar para criar uma nova proposta de valor?

Usando um ajustador

Ajustadores podem ter um grande impacto nos lucros. Um *ajustador* é um produto ou serviço que você oferece a um preço muito mais alto do que sua oferta normal. O preço é geralmente de 10 a 100 vezes mais alto do que suas ofertas normais. Embora esse produto ou serviço atraia apenas uma pequena porção do seu mercado, aqueles que fizerem essa compra alta darão um grande impacto no seu lucro.

Por exemplo, a Starbucks vende chá e café, mas a empresa também vende cafeteiras. A cafeteira é muito mais cara do que o café. A maioria das pessoas fica com sua bebida usual e ignora a cafeteira, mas algumas a compram. Quando um produto é tão mais caro do que a oferta central, apenas um pequeno número de vendas de ajustadores é necessário para ter um impacto.

Cobrança recorrente

Às vezes chamada de oferta continuada em círculos de marketing digital, uma oferta de cobrança recorrente cobra o cliente periodicamente — normalmente todo mês ou todo ano. Isso pode ter a forma de um clube, algum outro tipo de associação ou uma assinatura como uma associação mensal a uma academia. No último caso, a academia cobra uma taxa de assinatura 12 vezes por ano. Você também encontra cobranças recorrentes de conteúdo e publicações com assinaturas da Netflix ou da revista *Cosmopolitan*, e em e-commerce com produtos como o Home Shave Club e a Glambox. Veja seus produtos ou serviços e considere como pode fazer uma venda uma vez e ser pago repetidamente.

A cobrança recorrente pode ser difícil de vender por causa do compromisso que a acompanha. Para superar isso, comunique claramente a vantagem oferecida pela oferta de cobrança recorrente e diminua o risco percebido ao comunicar claramente o cancelamento. Por exemplo, a empresa de entrega de comida Blue Apron declara com frequência que você pode cancelar a qualquer momento o recebimento. Na analogia com os relacionamentos que usamos anteriormente nesse capítulo, uma oferta recorrente é como uma proposta de casamento. Os clientes devem decidir se querem ou não se comprometer com você por um período longo.

2

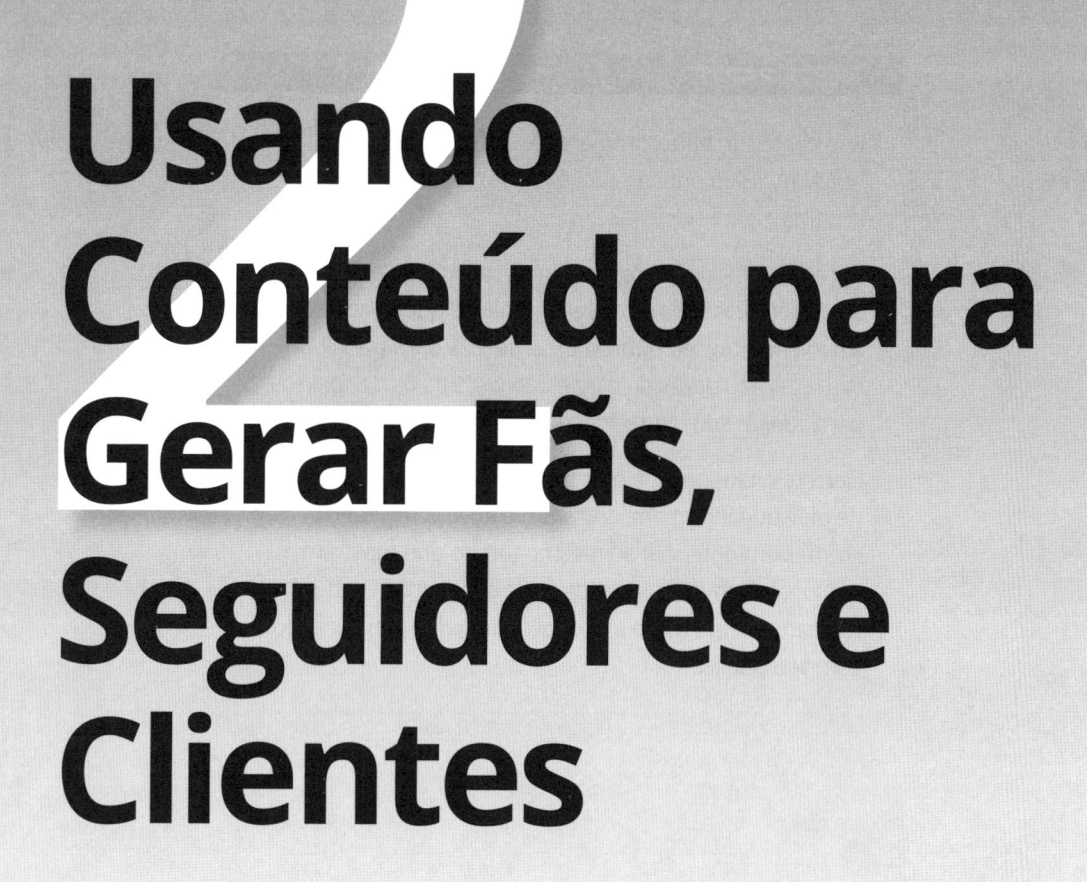

Usando Conteúdo para Gerar Fãs, Seguidores e Clientes

NESTA PARTE...

Use conteúdo para conscientizar, gerar leads, segmentar seu público, movê-lo pelo funil de marketing e, por fim, gerar vendas.

Aprenda métodos para fazer brainstorming de ideias de blogs, técnicas para escrever chamadas que conquistem a audiência do seu público e estratégias para trabalhar com contribuidores de blog externos. Siga os dez passos para auditar seu blog e garantir sua qualidade e eficácia.

Derrote o bloqueio de escritor com 57 ideias de posts de blog que informam, entretêm e envolvem seus clientes em potencial ao mesmo tempo que mostram a personalidade e a humanidade de sua marca. Produza rapidamente posts de alta qualidade que criam conexão com seu público.

> **NESTE CAPÍTULO**
>
> » Criando conteúdo que gera leads e vendas
>
> » Difundindo a conscientização da marca para clientes em potencial
>
> » Planejando conteúdo para campanhas de marketing
>
> » Usando os quatro principais métodos de distribuição de conteúdo

Capítulo **4**

Buscando a Perfeição do Marketing de Conteúdo

O conteúdo está no coração e na alma de qualquer campanha de marketing digital — a base sobre a qual suas campanhas de busca, sociais, de e-mail e tráfego pago são construídas. Sem conteúdo, o Google não tem nada para descobrir em seu site, os fãs do Facebook não têm o que compartilhar, os informativos não têm notícias e as campanhas de tráfego pago se tornam discursos de venda unidimensionais.

O conteúdo vai além do blog; inclui vídeos do YouTube, páginas de produto, preços em sites de e-commerce, atualizações de mídia social e muito mais. Cada peça de conteúdo atua como um degrau no caminho de lead para cliente, e de cliente para comprador frequente e engajado.

A Parte 2 deste livro trata da criação de fãs, seguidores e clientes usando conteúdo. Este capítulo começa essa jornada esboçando a estratégia muitas vezes mal compreendida por trás do marketing de conteúdo. Examinamos as muitas formas diferentes que o marketing de conteúdo tem e seus usos ao longo da jornada para transformar clientes em potencial em consumidores leais.

Conhecendo a Dinâmica do Marketing de Conteúdo

Basicamente, a internet é um lugar em que as pessoas se reúnem para descobrir, interagir e compartilhar conteúdo. Seja um vídeo engraçado de gato que proporciona aquela risada tão necessária, um podcast inspirador sobre uma mãe sobrevivendo sozinha ao câncer ou um artigo o ensinando como consertar uma torneira com vazamento, o conteúdo é o que as pessoas desejam.

Envolver-se com conteúdo valioso é uma experiência natural, ou "nativa", na internet. As pessoas são atraídas por conteúdo que as ensina alguma coisa, inspira ou faz rir ou chorar, e compartilham e falam sobre o conteúdo que lhes forneceu algum tipo de valor.

Com o baixo custo (ou nenhum) de plataformas de publicação como WordPress, YouTube e iTunes, mesmo as menores marcas podem produzir conteúdo para a web. Essa facilidade de publicação, no entanto, é uma faca de dois gumes, porque a natureza em constante mudança da internet requer a produção rápida de conteúdo. Embora sua marca possa colher as enormes recompensas associadas à publicação de conteúdo, fazer isso sem um plano pode levar à frustração.

As pessoas têm uma demanda quase insaciável por conteúdo na internet. De acordo com as estimativas mais conservadoras, a cada minuto mais de 1.000 posts de blogs são produzidos e 72 horas de novos vídeos, enviadas para o YouTube. Essa abundância de conteúdo destaca a importância de proceder com o marketing de conteúdo apenas depois de ter um plano, porque você deve criar conteúdo de qualidade para se destacar dos demais. E qualidade exige um plano. Sem um plano, seu conteúdo ainda tem possibilidade de viralizar, mas isso muito provavelmente será um resultado de pura sorte. Um plano ajuda a garantir o sucesso de sua campanha de marketing digital.

DICA Comerciantes frequentemente confundem *fazer um blog* com *marketing de conteúdo*. Embora fazer um blog seja um canal poderoso e versátil de marketing de conteúdo, é só uma parte de uma estratégia de conteúdo balanceada. Se você está entre os muitos comerciantes que fazem blogs sem direção clara, deveria comprometer algumas horas para criar um plano de conteúdo antes de escrever qualquer outro post. O marketing de conteúdo bem executado inclui planejar qual conteúdo será produzido, para qual público e propósito. Muitas empresas e marcas pessoais frustradas com o marketing digital atribuem essa frustração ao ato demorado de criar conteúdo sem público ou objetivo claros. Você achará o processo muito mais fácil e lucrativo quando tiver um bom senso de direção.

Encontrando Seu Caminho para o Marketing de Conteúdo Perfeito

Embora marketing de conteúdo "perfeito" soe um pouco exagerado, é viável. Quando você compreende os verdadeiros princípios dessa disciplina crucial e sua conexão com todas as outras facetas do seu mix de marketing digital, rapidamente visualiza o caminho para a perfeição do marketing de conteúdo.

O marketing de conteúdo trata de antecipar as necessidades dos seus clientes e clientes em potencial e de criar conteúdo que as satisfaça. Por exemplo, a empresa de software baseado em nuvem Freshbooks antecipou uma necessidade de clientes em potencial por informação dos preços. A página mostrada na Figura 4-1 representa o marketing de conteúdo perfeito neste cenário: o conteúdo comunica sucinta e claramente as diferenças entre seus planos e os variados preços, fornece informações de contato para os que tiverem mais perguntas e quiserem falar com um representante e oferece um teste grátis. O conteúdo nesta página satisfaz completamente a necessidade de informações de preços.

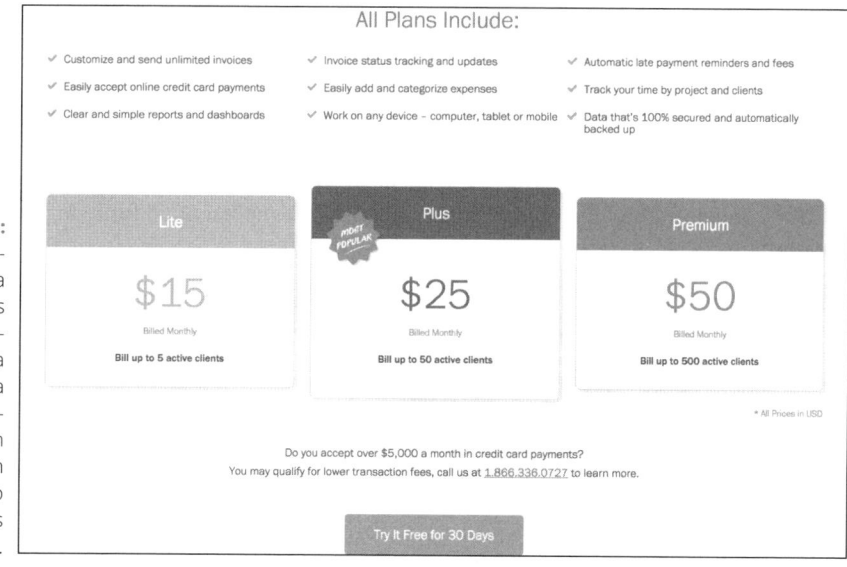

FIGURA 4-1: Este conteúdo na Freshbooks é projetado para satisfazer a necessidade de um cliente em potencial ao buscar os preços.

Fonte: https://www.freshbooks.com/pricing

A página de preços é necessária para que um cliente em potencial da Freshbooks tome uma decisão de compra informada. Antes de se comprometerem, as pessoas querem saber o que estão comprando e quanto custa. A falha em fornecer convenientemente essas informações para o cliente em potencial resultará em perda de vendas.

Entendendo o funil de marketing

A transição de um estranho a comprador é muitas vezes transmitida usando a metáfora de um funil. Clientes em potencial entram na parte ampla do funil e alguns, você espera, saem pelo fundo muito mais limitado do funil como clientes. O conteúdo pode, e deve, ajudar o cliente em potencial a passar de um estágio do funil para o próximo.

Um funil de marketing básico tem três estágios que levam um cliente em potencial de estranho a comprador:

» **Consciência:** O cliente em potencial deve primeiro se conscientizar de que tem um problema e que você ou sua organização fornece a solução.

A conscientização sobre problema e solução é onde seu blog brilhará. Use-o para educar, inspirar ou entreter os clientes em potencial e existentes.

» **Avaliação:** Aqueles que passam do estágio de conscientização devem agora avaliar as várias escolhas disponíveis, incluindo as soluções do seu concorrente e, é claro, a opção de não agir para resolver o problema. As pessoas podem, afinal de contas, decidir conviver com o problema e não comprar o produto ou serviço que o resolveria.

» **Conversão:** Aqueles que passam do estágio de avaliação estão no momento da verdade — a compra. O objetivo nesse estágio é converter os leads em compradores frequentes e de alto valor.

Esses três estágios de consciência, avaliação e conversão formam o que é conhecido como *funil de marketing*. A Figura 4-2 representa o funil de marketing.

FIGURA 4-2: O funil de marketing de três estágios.

Fonte: http://www.digitalmarketer.com/content-marketing/

Clientes em potencial avaliam sua solução até que estejam conscientes do problema e de sua solução. Se estiverem inconscientes do problema ou da solução que oferece por meio do seu produto ou serviço, obviamente não o comprarão. Portanto, conversões são impossíveis até que os clientes em potencial tenham primeiro avaliado os possíveis cursos de ação que podem tomar, que incluem comprar seu produto, comprar o de um concorrente em vez do seu ou não fazer nada e conviver com o problema. Para movê-los através do funil de marketing, você precisa fornecer conteúdo projetado para satisfazer suas necessidades em cada um dos três estágios:

» Conteúdo no topo do funil (TOFu), que facilita a conscientização.

» Conteúdo no meio do funil (MOFu), que facilita a avaliação.

» Conteúdo no fundo do funil (BOFu), que facilita a conversão.

DICA

Blogs são facilitadores fantásticos de conscientização (topo do funil) — mas não são bons em facilitar a avaliação e a conversão (meio e fundo do funil). Além disso, correndo o risco de apontar o óbvio, a avaliação e a conversão são cruciais para seu negócio. Para mover os clientes em potencial para o meio e o fundo do funil, você precisa de outros tipos de conteúdo, como mostrado na Figura 4-3 e explicado em detalhes nas seções seguintes.

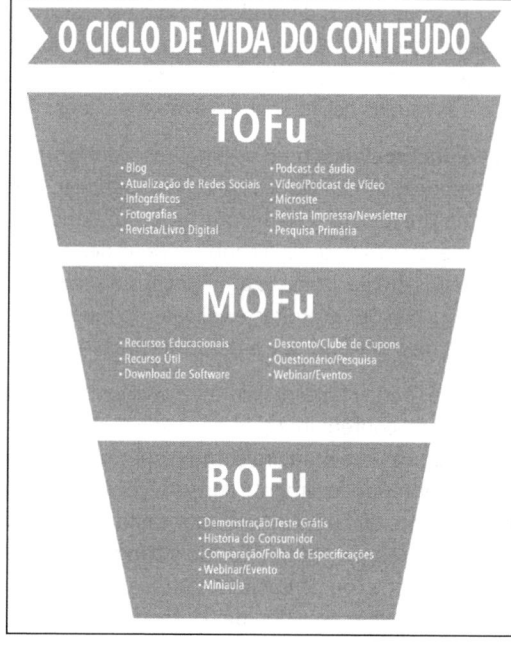

FIGURA 4-3: Você precisa de tipos diferentes de conteúdos em cada estágio do funil de marketing.

Fonte: http://www.digitalmarketer.com/content-marketing/

Marketing de conteúdo do topo do funil (TOFu)

Os clientes em potencial que entram pelo topo do funil não tem consciência de sua solução e muitas vezes nem de que têm um problema que precisa ser resolvido. Como resultado, você precisa de conteúdo ao qual as pessoas tenham acesso livremente, e não conteúdo que requeira que os clientes em potencial deem suas informações de contato ou façam uma compra. Afinal de contas, você ainda precisa provar seu valor a eles.

No topo do funil, disponibilize conteúdo aberto grátis (que tratamos em mais detalhes no Capítulo 3) que forneça um dos seguintes valores:

» Entretenha

» Eduque

» Inspire

Escolha de dois a três dos seguintes tipos para entregar conteúdo TOFu que conscientizará sobre as soluções que fornece com seus produtos ou serviços:

» **Posts de blog:** Pode-se dizer que é a forma de conteúdo online mais reconhecida, os blogs são uma maneira excelente de conscientizar. Por exemplo, a empresa de moda J. Crew conscientiza sobre os produtos que vende criando posts de blog sobre estilos de moda e dicas de acessórios. O leitor (e cliente em potencial) do blog da J. Crew obtém inspiração e soluções para o problema do que vestir e estar na moda; o post também faz referência ao fato de que a J Crew tem as roupas necessárias para montar o look.

» **Atualizações de mídias sociais:** Como os blogs, as plataformas de redes sociais (como o Facebook) são fantásticas para conscientizar. Seja uma pasta do Pinterest da Dreyer's Ice Cream, que lista cada sabor de sorvete que a empresa vende, ou um tuíte da Airbnb sobre as dez experiências gastronômicas perfeitas em Paris, essas atualizações de redes sociais dão a seus seguidores informações gratuitas e valiosas ao mesmo tempo que mostram as soluções de front-end que essas empresas fornecem.

» **Infográficos:** São uma maneira interessante e envolvente de exibir conteúdo. Normalmente, contêm imagens divertidas com cores contrastantes e chamativas, e a maneira como resumem a informação torna essa forma de conteúdo facilmente consumível pelo espectador. Infográficos são altamente eficazes em entregar rapidamente conteúdo divertido e educacional. Seja um infográfico do IMDb sobre o melhor do ano em filmes de entretenimento ou da Casper Mattress, fornecendo dicas sobre melhores hábitos para dormir, esse tipo de conteúdo entrega um valor que o consumidor quer e também conscientiza sobre a marca de maneira eficaz.

- » **Fotografias:** Fotos são poderosas porque explicam muito em uma única imagem. Também ajudam a dividir os blocos de texto no conteúdo, o que evita que fique tedioso ou difícil de ler. Com uma fotografia, uma empresa de design de cozinhas pode mostrar projetos concluídos que demonstram eficazmente o que a empresa faz e ao mesmo tempo conscientiza sobre o que é capaz de fazer pela cozinha de outro cliente.

- » **Revistas e livros digitais:** São populares e uma maneira de distribuir conteúdo e conscientizar sobre a marca. E-books e e-magazines são parecidos com as estratégias de blog discutidas nos Capítulos 5 e 6. Portanto, você pode buscar ideias em seu blog para inspirar o conteúdo de seu e-book ou e-magazine.

- » **Podcasts em áudio e vídeo:** Outra forma de conteúdo que pode ser usada no topo do funil é o podcast. Com um podcast, você organiza e distribui seu conteúdo de maneira diferente de texto. Um podcast entrega conteúdo consumível em qualquer lugar. Assinantes escutam podcast em seu caminho para o trabalho, durante os exercícios ou em qualquer outra hora que escolherem. Eles têm uma maneira mais flexível de consumir o conteúdo, diferente de um post de blog ou uma atualização de rede social, menos favoráveis à multitarefa. Além disso, você pode usar podcasts para promover eficazmente seu produto ou serviço enquanto fornece valor para seus clientes em potencial. Se vende equipamento para atividades ao ar livre, por exemplo, cada episódio do seu podcast pode dar dicas e truques sobre caça, pesca, acampamento e outras atividades ao mesmo tempo que recorda sutilmente a seu ouvinte sobre o equipamento disponível em sua loja.

- » **Microsites:** Um microsite é basicamente um blog auxiliar sobre um assunto específico colocado em outro site com links e endereço próprios; um microsite é acessado principalmente a partir de um site maior. Por exemplo, DadsDivorce.com é um domínio separado da firma de advocacia Cordell & Cordell especializada em direito de família para homens. DadsDivorce.com fornece conteúdo grátis para pais que estão se divorciando e é projetado para conscientizar sobre os serviços e soluções oferecidos pela Cordell & Cordell.

- » **Revistas impressas e informativos:** Esse tipo de conteúdo pode requerer um orçamento maior do que o conteúdo digital, mas, se couberem em seu orçamento, revistas e informativos impressos ainda são uma ótima maneira de conscientizar. Por exemplo, a *Lego Club Magazine* disponibiliza muito conteúdo sob a forma de revista em quadrinhos para o consumidor-alvo da Lego. Revistas e informativos ajudam as vendas ao inspirar os compradores com base no que veem na impressão.

- » **Pesquisa primária:** São pesquisas que você mesmo vai a campo e coleta dados, como questionários, entrevistas e observações. Embora esses dados sejam difíceis e demorados de reunir, a pesquisa primária é poderosa porque existe uma quantidade finita de pesquisas primárias. Especificamente, quando você reserva um tempo para criar uma pesquisa, fornece um serviço e evita que as pessoas tenham que fazer as próprias pesquisas primárias. Por isso a pesquisa primária pode promover uma boa conscientização entre seus clientes em potencial.

DICA

Você precisa de todos esses tipos de conteúdos no topo do funil? Claro que não. A maioria dos negócios foca postar conteúdo em um blog e em canais de mídias sociais, como Facebook, Twitter e Pinterest. Depois que tiver dominado o blog e as atualizações das redes sociais, você pode querer adicionar mais conteúdo ao mix do topo do funil, como um podcast ou uma newsletter impressa.

LEMBRE-SE

O grande objetivo no topo do funil é fazer com que os clientes em potencial fiquem "conscientes do problema e da solução". Na Figura 4-4, note como a Whole Foods usa seu blog Whole Story para conscientizar sobre os frutos do mar que vende. Dessa maneira, a Whole Foods está lembrando a seu público do produto que vende, tornando-o "consciente da solução" e oferecendo receitas que as pessoas acham valiosas.

FIGURA 4-4: A Whole Foods conscientiza sobre os produtos que vende enquanto fornece valor ao público de seu blog.

Fonte: http://www.wholefoodsmarket.com/blog/my-favorite-new-recipes-tilapia-equals-easy-weeknight-dinners-0

Infelizmente, o topo do funil é onde a maioria das empresas começa e termina seus esforços de marketing de conteúdo. Comerciantes de conteúdo inteligentes sabem que, com um pouco mais de esforço, podem mover os clientes em potencial da consciência para a avaliação, no meio do funil.

Marketing de conteúdo do meio do funil (MOFu)

O grande objetivo do conteúdo usado no meio do funil é converter clientes em potencial, "conscientes do problema e da solução", em leads. Você está procurando aumentar suas listas de e-mails e obter mais leads nesse ponto do funil. Na DigitalMarketer, usamos o conteúdo grátis para incentivar clientes em potencial a inserir suas informações de contato (como endereço de e-mail) e autorizar contato para receber marketing futuro em troca de conteúdo valioso. Chamamos esse tipo de conteúdo de *ofertas fechadas*, sobre as quais falamos no Capítulo 3.

LEMBRE-SE

Uma *oferta fechada* é um "pedacinho" de valor que resolve um problema *específico* para um mercado *específico* e é oferecida em troca das informações de contato de clientes em potencial.

Ofertas fechadas muitas vezes têm a seguinte forma de conteúdo:

» **Recursos educacionais:** Como discutido no Capítulo 3, os recursos educacionais para ofertas fechadas muitas vezes existem sob a forma de relatórios grátis, relatórios brancos [white papers], pesquisa primária, treinamento em webinar e material de vendas. Esses tipos de recursos de conteúdo educam o consumidor sobre um tópico específico relacionado à sua marca enquanto destacam recursos para uma solução, produto ou serviço que fornece. Um recurso educacional inclui estudo de caso reunido a dicas profissionais e uma discriminação detalhada de algumas de suas estratégias.

LEMBRE-SE

Recursos educacionais (e todas as formas de conteúdo MOFu) devem ser de alta qualidade, ou o consumidor provavelmente se sentirá traído. Além disso, se os clientes em potencial sentirem que o conteúdo que lhes deu em troca de sua informação de contato é abaixo da média, a conscientização de sua marca fica prejudicada. Lembre-se de que o objetivo do MOFu é ajudar as pessoas a avaliarem sua empresa e persuadi-las a fazer uma compra. Você persuade com qualidade, não com inutilidades.

» **Recursos úteis:** São ferramentas como:
- Folhetos ou folhas de cola
- Listas de recursos
- Modelos
- Software
- Pesquisas
- Avaliações

- Desconto e clube de cupons
- Questionários e pesquisas

Explicamos essas ferramentas úteis, que servem como conteúdo poderoso para MOFu, no Capítulo 3. Em vez de usar o tempo do consumidor (como um e-book que pode levar uma hora ou mais para ler), recursos úteis prometem não só educar seus clientes em potencial como também economizar seu tempo. Esses recursos economizam tempo porque o conteúdo é fácil de consumir e são completos; não dependem de outro recurso para entregar seu valor, são independentes. Por exemplo, uma empresa que vende ferramentas de jardinagem pode criar um recurso chamado "Folha de Cola de Sementes para Iniciantes", que informa rapidamente para as pessoas com interesse em jardinagem qual a melhor época para as plantas que gostariam de ter em seu jardim.

CUIDADO

Não coloque todas as suas esperanças de geração de leads em uma oferta fechada passiva em sua página inicial ou na barra lateral do seu blog, porque a oferta fechada pode ficar perdida no meio dos muitos elementos do site, e não capturará leads. Certifique-se também de criar uma landing page dedicada a cada oferta fechada (alguns chamam isso de *squeeze page*) e guie o tráfego diretamente para essa página com redes sociais, e-mail marketing, SEO [search engine optimization — otimização de mecanismos de busca] e tráfego pago. Uma landing page dedicada, sobre a qual falamos em detalhes no Capítulo 7, aumenta as autorizações de contato. Veja a Figura 4-5 para um exemplo de landing page.

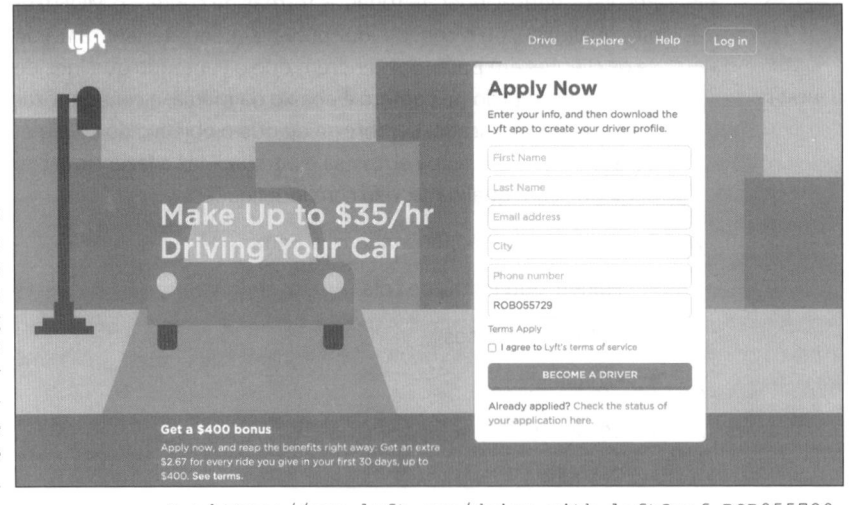

FIGURA 4-5: A empresa de caronas Lyft usa uma landing page para começar seu processo de inscrição de motoristas.

Fonte: https://www.lyft.com/drive-with-lyft?ref=ROB055729.

O objetivo no meio do funil é converter clientes em potencial que não estão conscientes sobre seu produto ou serviço em pessoas que agora você pode fazer um acompanhamento. Como dizem, no entanto, você não pode depositar leads em um banco. Para gerar renda, é preciso um conteúdo que ajude seus clientes em potencial a tomarem decisões no ponto de vendas.

Marketing de conteúdo do fundo do funil (BOFu)

No BOFu, você busca converter leads em consumidores e consumidores em consumidores de alto valor. De que tipos de conteúdo seu novo lead precisará para tomar uma decisão de compra informada? Seus leads podem estar lendo seu blog e fazendo download de suas ofertas fechadas (e isso tudo ajuda a convertê-los), mas, para movê-los até o ponto de fazer uma compra, você também precisa oferecer conteúdo que os ajude a decidir comprar ou não.

Aqui estão alguns exemplos de tipos de conteúdo que funcionam bem no fundo do funil:

» **Demonstrações:** A desvantagem de comprar um produto online é que os clientes não podem segurá-lo — só têm uma imagem (ou duas) e uma descrição em que basear suas decisões de compra, o que pode deixar as pessoas hesitantes. Oferecer uma demonstração ajuda com esse problema. Uma demonstração exibe o produto ou serviço oferecido em ação, para que os clientes vejam como funciona. É o mais próximo que podem chegar do produto sem sair de casa. Então arranje um modo de demonstrar seu produto ou serviço por meio de conteúdo como vídeos, capturas de tela, webinars ou desenhos sistemáticos.

» **Histórias dos clientes:** Depoimentos e críticas dos clientes. Suas histórias são fantásticas no fundo do funil porque permitem que um cliente em potencial veja como outra pessoa experimentou sucesso com seu produto ou serviço. Você fornece a seus clientes em potencial críticas de pessoas como eles, o que tem um efeito poderoso na tomada de decisão. Como mostrado na Figura 4-6, a Salesforce.com fornece aos leads que estão no BOFu uma abundância de histórias de sucesso de clientes para provar que seu produto cuida de suas necessidades.

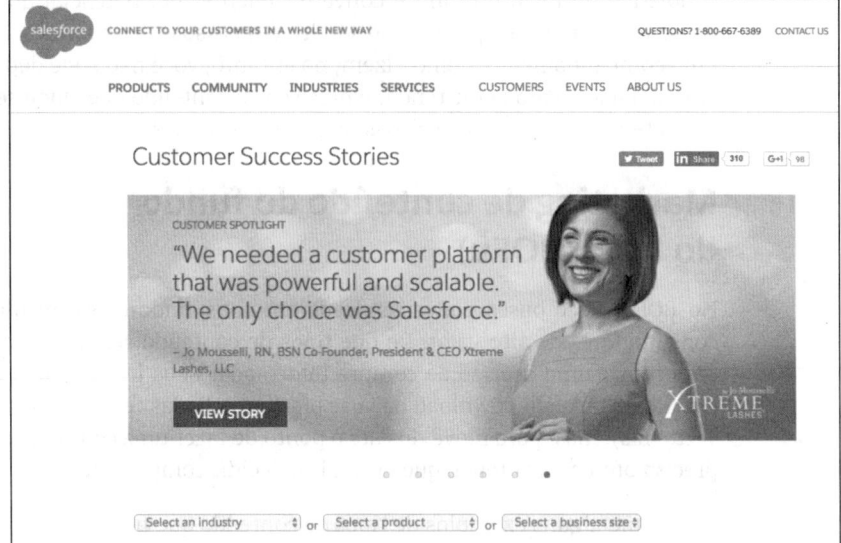

FIGURA 4-6:
A Salesforce cria conteúdo que converte no BOFu ao contar histórias de sucesso de clientes.

Fonte: http://www.salesforce.com/customers/

» **Comparação/folhas de especificações:** Debates de alguém no BOFu sobre diferentes produtos, comparações e folhas de especificações são recursos úteis que as pessoas usam para comparar produtos lado a lado (seja uma comparação entre produtos similares que oferece ou entre o seu produto e o do concorrente). Por exemplo, a empresa de software de preparação de impostos TurboTax mostra uma comparação lado a lado dos recursos e preços em relação aos de seu concorrente, TaxAct.

» **Webinars/eventos:** Como afirmado anteriormente neste capítulo e no Capítulo 3, você pode usar webinars e eventos no meio do funil para obter leads, mas também no fundo do funil para convertê-los. No fundo do funil, um webinar é usado para reunir clientes em potencial em um único lugar e fazer uma pergunta sobre um produto ou serviço complexo, arriscado e de alto valor.

» **Miniaulas:** Uma miniaula é um tipo de evento que você cria para ensinar um tópico relevante para seu público-alvo. No fim da curta aula, você faz a apresentação do seu produto ou serviço. Você precisa fornecer recursos educacionais de qualidade com a miniaula, mas no fim a proposta da aula é apresentar um produto de alto valor relacionado à aula que acabou de dar.

DICA Criar conteúdo que impulsiona a conscientização no topo do funil é importante? Com certeza. Dito isso, particularmente para marcas existentes, o lugar de começar a criar conteúdo normalmente é no fundo do funil. Seus clientes em potencial precisam de informações, como preço ou uma comparação com seu concorrente, então crie conteúdo que satisfaça essas perguntas básicas antes de começar a escrever posts de blog ou enviar podcasts.

Explorando a intenção do cliente em potencial

O segredo do marketing de conteúdo perfeito é entender a intenção atual do seu cliente em potencial para que antecipe sua intenção futura e preveja por qual caminho ou caminhos seguirá. Ao prever isso, você pode criar o conteúdo necessário para abordar essa intenção 24 horas por dia, sete dias por semana.

Voltando ao exemplo da Freshbooks, a empresa de software à qual nos referimos anteriormente no capítulo, um cliente no estágio de avaliação ou conversão do funil pode ter a intenção de comparar a Freshbooks com a QuickBooks. A página mostrada na Figura 4-7 satisfaz essa intenção no meio e no fundo do funil. A Freshbooks dá ao cliente em potencial uma folha de comparação que permite que veja as diferenças entre a Freshbooks e sua concorrente, QuickBooks. A empresa sabe que clientes em potencial querem ver como ela se sai em comparação com a QuickBooks. Satisfazer essa intenção no estágio de avaliação ajuda os clientes em potencial a passarem para o de conversão.

DICA Se estiver tendo dificuldade de pensar em ideias de conteúdo que satisfaçam a intenção do seu cliente em potencial, reúna um grupo de pessoas em sua empresa que tenha contato com consumidores e clientes em potencial. Vendedores, representantes de atendimento ao cliente, trabalhadores de trade-show e outros que escutam a voz do consumidor e do cliente em potencial devem estar presentes. Esses membros de sua equipe o ajudam a descobrir falhas em seu conteúdo que poderiam satisfazer a intenção de um cliente em potencial.

Pense em listas de intenção no topo, meio e fundo do funil. Então decida que conteúdos precisam ser criados para satisfazer essa intenção, da conscientização até a conversão.

FIGURA 4-7:
A Freshbooks usa uma folha de comparação para deixar o cliente em potencial mais próximo da conversão.

Fonte: https://www.freshbooks.com/compare/quickbooks-alternative

Fornecendo um caminho para o próximo passo

Como comerciante, você precisa fornecer um caminho de uma peça de conteúdo para o próximo. As pessoas são ocupadas e não têm tempo ou paciência de ficar procurando no seu site o conteúdo adequado. Elas precisam ser capazes de encontrar rapidamente o que procuram.

Deixar de providenciar um caminho fácil de seguir para o próximo passo não é só um marketing ruim, mas uma experiência de usuário ruim, que fará com que as pessoas apertem o botão Voltar no seu site e saiam dele. Comerciantes inteligentes de conteúdo antecipam a próxima intenção lógica e removem o máximo de "ruído" possível para criar um caminho claro para a conversão.

O objetivo de cada peça de conteúdo é fazer com que o cliente em potencial ascenda para o próximo estágio lógico na jornada do cliente. No exemplo da página de preços da Freshbooks, mostrado na Figura 4-8, note que a Freshbooks criou um caminho de ascensão claro para um "Teste sem Riscos" do software. Criar esse caminho é um marketing bom e resulta em uma ótima experiência do usuário.

DICA

O sucesso de uma oferta de ascensão depende de sua relevância. Use um tempo para antecipar o próximo estágio lógico na jornada do cliente e crie ofertas aplicáveis à peça de conteúdo que estejam consumindo no momento. Por exemplo, pedir a um visitante para ouvir um episódio de podcast (um tipo de conteúdo do topo do funil) não seria nem lógico nem relevante a partir da página de preços da Freshbooks, na Figura 4-8. Essa pessoa visita a página de preços porque está interessada em comprar, e o comerciante inteligente antecipa essa intenção e faz a próxima oferta lógica — um teste grátis.

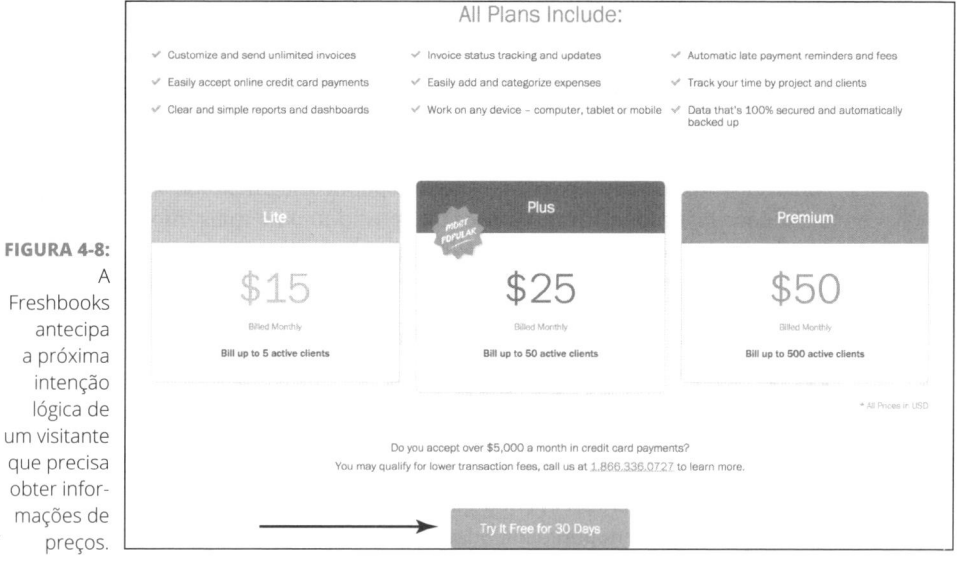

FIGURA 4-8: A Freshbooks antecipa a próxima intenção lógica de um visitante que precisa obter informações de preços.

Fonte: https://www.freshbooks.com/pricing

Segmentando seu mercado com conteúdo

Você não entenderá verdadeiramente o seu público e o que as pessoas realmente querem até que tenham lhe dado uma dessas coisas: seu tempo ou dinheiro. Elas podem responder questionários e fazer comentários de que estão interessadas nisso ou naquilo, mas até que tenham comprometido um recurso precioso — tempo ou dinheiro — você não tem certeza do que as interessa. Essa é uma boa notícia para quem cria conteúdo online, porque quando as pessoas gastam tempo com conteúdo, estão mostrando interesse.

Por exemplo, imagine que tenha uma empresa que vende refeições saudáveis e nutritivas para profissionais ocupados, e que crie conteúdo de blog sobre receitas nutritivas. Seu conteúdo cai em três categorias principais de receitas: vegana, vegetariana e sem glúten. O que você faz com alguém que visita um post sobre receitas veganas? O mesmo que com alguém que visita um post sobre receitas vegetarianas. Está bem claro, certo? Essas pessoas "levantaram a mão" e lhe disseram que são (ou estão interessadas em se tornar) veganas ou vegetarianas.

Quando as pessoas passam seu tempo valioso consumindo conteúdo, estão se segmentando. Estão lhe dizendo o que as interessa. E, graças à mágica do redirecionamento de anúncios, você pode acompanhar esses clientes em potencial usando uma ascensão relevante sem ter que adquirir suas informações de contato.

Redirecionamento é o processo de anunciar para pessoas com base em seu comportamento anterior. Por exemplo, você pode configurar o redirecionamento de anúncios para que apareçam apenas para clientes que compraram um produto específico ou visitaram (mostraram interesse) uma página de produto ou post de blog específicos. Essa abordagem possibilita mostrar uma peça de conteúdo muito específico com o qual seu público segmentado tenha mais probabilidade de se identificar. Vá para o Capítulo 10 para mais informações sobre estratégias de redirecionamento de anúncios.

Aparecendo em todos os lugares que seu cliente espera

Comerciantes que querem criar o conteúdo perfeito precisam publicar onde seus clientes estão. Isso significa publicar conteúdo que satisfaça a intenção dos clientes em potencial em qualquer canal, e em cada estágio do funil onde os grupos de clientes em potencial buscam e compartilham conteúdo. Esses canais incluem, entre outros, os seguintes:

- » Um site ou blog
- » Facebook
- » Twitter
- » LinkedIn
- » Pinterest
- » Instagram
- » YouTube

Você pode publicar uma única peça de conteúdo em vários canais para maximizar a exposição. Por exemplo, na DigitalMarketer, transformamos uma apresentação sobre como lançar um podcast em um webinar, depois em um episódio de podcast e, finalmente, em um post de blog. Como nosso público respondeu tão entusiasmadamente a esse conteúdo, vimos o valor e a necessidade de adaptá-lo e distribuí-lo em nossos canais.

Considere com qual conteúdo de sua empresa seu público se identificou. Por exemplo, aquele vídeo de demonstração do seu produto pode ser republicado no seu canal do YouTube? Você pode adaptar um artigo do seu blog para um webinar ou episódio de podcast em um artigo para o LinkedIn Pulse? As oportunidades de adaptação de conteúdo são praticamente ilimitadas.

Customizando seu conteúdo

Você produz materiais de conteúdo de marketing perfeitos para satisfazer a intenção dos seus *avatares de clientes* (também conhecidos como persona do cliente). Mas nem todos os avatares são iguais; assim como seus correspondentes reais, nem todos querem ou precisam da mesma solução. É por isso que customizar e segmentar seu conteúdo é essencial. Um conteúdo específico pode satisfazer a intenção de vários avatares, ou você pode usá-lo para atingir um único avatar.

Por exemplo, produzimos um artigo de blog chamado "6 Trending Digital Marketing Skills to Put on a Resume" ["6 Habilidades Populares de Marketing Digital para colocar no Currículo", em tradução livre] para conscientizar (topo do funil) sobre nossos programas de certificação em marketing. Esse post provavelmente não interessaria a donos de pequenas empresas, mas tudo bem — não queríamos atingi-los. Esse artigo foi direcionado especificamente a nosso avatar "empregado", cuja intenção é adquirir habilidades que darão a ele um emprego melhor. Inclusas no post, há duas chamadas para ação, que, como mencionado no Capítulo 2, é uma instrução para seu público, projetada para transmitir urgência e provocar uma resposta imediata. No caso do post de habilidades populares, as chamadas para ação são personalizadas para chamar a atenção do avatar "empregado".

Implementando o Marketing de Conteúdo Perfeito

Como falamos anteriormente neste capítulo, para implementar marketing de conteúdo perfeito, você precisa de um plano. Cada oferta que faz frequentemente requer a criação de peças diferentes de conteúdo. Como resultado, o ideal é fazer um plano de conteúdo para cada uma de suas principais ofertas usando um recurso que chamamos de plano de campanha de conteúdo. Ele alinha seu marketing de conteúdo com objetivos de negócios como geração de leads e vendas. Você vê o modelo do plano de campanha de conteúdo na Figura 4-9 e faz seu download no site da editora (www.altabooks.com.br — procure pelo nome do livro ou ISBN).

A seguir estão os passos para criar seu primeiro plano de campanha de conteúdo:

1. **Escolha os avatares.**
2. **Pense em recursos de conteúdos.**

3. **Escolha o veículo e o canal.**
4. **Planeje a ascensão.**

Continue lendo para descobrir mais sobre cada um desses passos.

OFERTA	AVATAR 1	AVATAR 2	AVATAR 3	AVATAR 4	AVATAR 5		
CONSCIENTIZAÇÃO							
AVALIAÇÃO							
CONVERSÃO							

RECURSO	DESCRIÇÃO	AVATAR(ES)	VEÍCULO(S)	CANAL(IS)	DONO	ASCENSÃO
A						
B						
C						
D						
E						
F						
G						

FIGURA 4-9: O plano de campanha de conteúdo organiza sua estratégia de conteúdo para cada oferta de produto ou serviço individual.

Fonte: https://docs.google.com/spreadsheets/d/1Z29wImPl7PgJwQMv2TFr-RyOu_THBu1pXlOxJgjUtEw/edit#gid=0

Passo 1: Escolha avatares

Decida a quais avatares (também conhecidos como personas de compradores) esse conteúdo é direcionado. Como cada avatar tem intenções, motivações e problemas diferentes aos quais responde, requer conteúdo diferente para movê-lo pelos estágios de conscientização, avaliação e conversão. Você, portanto, precisa determinar qual conteúdo existente usar ou qual conteúdo novo criar para mover o avatar pelo topo, meio e fundo do funil.

Por exemplo, uma empresa de gestão de patrimônio tentando vender planejamento financeiro deveria abordar um profissional jovem de maneira muito diferente de um quase aposentado. Algum conteúdo pode aparecer para ambos, mas o mais eficaz falará diretamente para um avatar específico.

Passo 2: Pense em recursos de conteúdos

Use o que sabe sobre seu avatar do cliente para criar descrições de conteúdo que possam alcançar essa persona.

LEMBRE-SE Planeje criar conteúdo nos três estágios do funil de marketing: conscientização, avaliação e conversão. No exemplo da empresa de gestão de patrimônio, que conteúdo poderia produzir no topo do funil para aumentar a conscientização do avatar do profissional jovem? O que poderia produzir para mover o avatar aposentado pelo estágio de conversão?

Passo 3: Escolha o veículo e o canal

O *veículo* do conteúdo se refere à forma que terá. Será um recurso de texto, imagem, vídeo ou áudio? O *canal* se refere a onde será publicado — como seu blog, página do Facebook, Instagram ou um canal do YouTube.

O veículo às vezes determina o canal e vice-versa. Por exemplo, um recurso de vídeo frequentemente é publicado no YouTube, Facebook e no seu blog, enquanto um de imagem provavelmente irá para o Pinterest ou Instagram.

Passo 4: Planeje a ascensão

No passo final do plano de campanha de conteúdo, você conecta seu conteúdo a seus objetivos de negócios. Crie ofertas em cada peça de conteúdo que possibilite que os clientes em potencial obtenham mais valor, seja consumindo mais conteúdo, lhe dando suas informações de contato para acompanhamento ou comprando um produto ou serviço.

DICA Qualquer chamada para ação é melhor do que nenhuma, mas as ofertas de ascensão de conversão mais alta são relevantes para o conteúdo que o cliente em potencial consome. Por exemplo, um post de blog intitulado "10 Maneiras de Plantar Tomates Orgânicos Mais Nutritivos" seria bom para fazer uma oferta como "50% de Desconto e Frete Grátis para Sementes de Tomate Orgânico" em vez de uma para sementes de cenoura.

Se quiser criar conteúdo que converta clientes em potencial em todos os estágios do funil, crie um plano de campanha de conteúdo e implemente-o. Funciona.

Distribuindo o Conteúdo para Atrair o Público

Hoje, o conteúdo tem um papel importante em todas as principais formas de geração de tráfego. Convencer clientes em potencial que não sabem nada (ou até sabem um pouco) sobre seu produto a visitar seu site é difícil sem primeiro direcioná-los com conteúdo valioso.

Os processos que desenvolve para distribuir conteúdo, e assim gerar tráfego para ele, são tão importantes quanto aqueles acerca da criação desse conteúdo. Capítulos inteiros de livros são dedicados às nuances da geração de tráfego usando os métodos de e-mail marketing, busca, mídias sociais e tráfego pago. Contudo, vale a pena mencionar como cada um desses principais métodos de geração de tráfego interage com o conteúdo que produz.

Marketing por e-mail

O e-mail ainda é o melhor método para fazer ofertas e enviar mais conteúdo, então aumentar e manter suas listas de e-mail são tarefas cruciais, por isso que aumentar sua lista de e-mails está dentro de sua estratégia de conteúdo. Depois de produzir um recurso de conteúdo, como um post de blog ou episódio de podcast, use sua(s) lista(s) de e-mails para direcionar tráfego para ele.

Para escrever o e-mail para seu novo conteúdo, primeiro crie seu assunto. Com frequência, o assunto é o mesmo que o título do conteúdo, mas há outras estratégias para dar nome ao assunto do seu e-mail, como títulos vagos como "Aviso FINAL (Apenas algumas horas...)" ou incitando a curiosidade com títulos como "É por ISSO que faço o que faço..." Descrevemos essas estratégias com mais detalhes no Capítulo 11.

Em seguida, abra seu e-mail com uma introdução curta e pungente que puxe as pessoas para o corpo principal do e-mail, onde você incita o interesse do assinante e descreve o que pode esperar do conteúdo. Explique a relevância desse e-mail para o leitor e o que tem a ganhar com isso (também conhecido como *benefício*). Certifique-se, também, de incluir uma chamada para ação que instrua o assinante a clicar no hyperlink do seu conteúdo. Use de duas a três chamadas para ação com hyperlinks para que clicar nelas seja o mais conveniente possível.

Capturando leads com marketing de busca

Mecanismos de busca, como Google e Bing, são importantes canais de distribuição a serem aproveitados. Quando clientes em potencial chegam a seu site ao fazer uma busca (eles podem estar procurando "avaliações de câmera dslr" ou "receitas de crepe" no Google ou Bing), mas não selecionaram um anúncio, estão usando marketing de busca. O tráfego dirigido para esse conteúdo não foi pago, mas encontrado naturalmente pelos usuários.

DICA

Hoje, o marketing de busca é simples. Os mecanismos de busca, particularmente o Google, se tornaram adeptos de enviar tráfego para o conteúdo com maior probabilidade de satisfazer a intenção de quem busca. Se estiver comprometido a criar recursos de conteúdo que satisfaçam a intenção de seus vários avatares de clientes, você receberá muita atenção do Google e de outros mecanismos de busca. Você aprende mais sobre marketing de busca no Capítulo 8.

Usando mídias sociais para direcionar tráfego para seu site

Depois de ter criado uma peça de conteúdo, use a(s) plataforma(s) de mídias sociais da(s) qual(is) sua empresa participa para direcionar o tráfego para esse conteúdo. Descrevemos como usar mídias sociais em mais detalhes no Capítulo 9, mas, por enquanto, esteja ciente de que dirigir tráfego em mídias sociais tem várias formas, como um tuíte do Twitter ou uma atualização do Facebook ou LinkedIn. Essa atualização anuncia o novo conteúdo e fornece um hyperlink até ele.

Ao escrever um texto para atualizar uma rede social, a personalidade de sua marca determina como anuncia esse novo conteúdo. Por exemplo, se sua marca é uma loja refinada de joias, você deve usar um tom formal em seu texto.

O comprimento do texto depende das restrições (como no Twitter) e da complexidade da oferta. Ofertas simples não exigem a mesma quantidade de descrição que complexas. Independente do comprimento do texto, certifique-se de que a atualização da rede social incite a curiosidade de quem vê, descreva o benefício do conteúdo e tenha uma chamada para ação clara, como no post do Facebook da loja de melhorias domésticas Lowe's, mostrada na Figura 4-10. Essa atualização de mídia social satisfaz as três exigências de maneira eficaz.

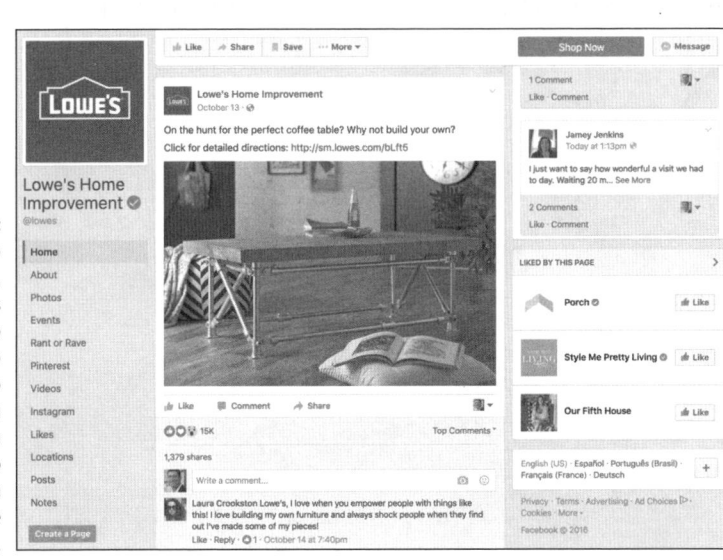

FIGURA 4-10: No Facebook, a Lowe's estabelece o benefício do conteúdo e faz uma chamada para ação clara para quem a vê clicar.

Fonte: https://www.facebook.com/lowes/posts/10153827254486231:0

Pagando por tráfego

Como o nome sugere, o tráfego pago tem a forma de anúncios que promovem seu conteúdo e o ajudam a ganhar alcance ou exposição. Você pode exibir anúncios em muitas plataformas diferentes, incluindo mecanismos de busca e redes sociais. O tráfego pago pode ser altamente eficaz em gerar leads porque o ajuda a segmentar seus visitantes e fazer uso do redirecionamento.

LEMBRE-SE

Quando um cliente em potencial visita um conteúdo, se coloca em um segmento em particular de seus compradores em potencial. Ele indica um interesse na oferta, assunto, problema ou solução encontrado naquela página e você pode aproveitar as redes de redirecionamento de anúncios como Google e Facebook para exibir anúncios para esse cliente em potencial com base no conteúdo que ele já visitou.

Embora muitos comerciantes relutem em pagar para enviar tráfego para conteúdo, como posts de blogs e podcasts, o tráfego pago tem uma vantagem principal: é previsível. Ao pagar o Facebook, por exemplo, para promover um conteúdo, você receberá tráfego. É por isso que, em todos os momentos e especialmente quando compra anúncios para seu conteúdo, você precisa garantir a qualidade excepcional do seu conteúdo. A última coisa que quer fazer é gastar dinheiro para enviar tráfego com conteúdo de baixa qualidade.

Use o tráfego pago para promover conteúdo de qualidade que ofereça valor ao consumidor e se alinhe com suas metas de negócios. Isso o ajudará a mover as pessoas de uma parte do funil para a próxima, progredindo de cliente em potencial para lead, para cliente, cliente recorrente e, idealmente, fã ardoroso.

> **NESTE CAPÍTULO**
>
> » Criando um blog que impacte positivamente o balanço final
>
> » Trabalhando com escritores externos
>
> » Escrevendo manchetes que envolvam seu público
>
> » Auditando seu blog em 10 passos

Capítulo **5**

Blog para Negócios

O tópico sobre blogs merece uma discussão aprofundada. O blog é uma das ferramentas de marketing digital mais poderosas e versáteis à sua disposição. Você pode pensar no seu blog como uma casa para conteúdo de todo tipo, incluindo texto, gráficos, áudio e vídeo. Mas, funcionalmente, um blog é apenas uma ferramenta que o ajuda a gerir certas páginas do seu site.

O poder de um blog de negócios bem executado está em sua capacidade de gerar conscientização para sua empresa, marcas, empregados que lidam com clientes, produtos e serviços. Quando bem-feito, o blog de negócios se torna uma parte crucial do seu mix de marketing. Se feito inadequadamente, no entanto, se torna uma tarefa demorada e frustrante que lhe dá retorno zero sobre seus esforços.

Embora deva sempre manter a jornada do cliente em mente, o propósito principal do seu blog de negócios é gerar clientes em potencial conscientes e envolvidos que, por fim, se converterão em leads e vendas. Embora em outras áreas de conteúdo, criar ofertas abertas, fechadas e de grande desconto (discutidas no Capítulo 3) em seu conteúdo seja crucial, o objetivo do seu blog não é a conversão imediata de um cliente em potencial em um lead ou consumidor.

LEMBRE-SE

O marketing trata da sequência de ofertas que faz para seus clientes em potencial, leads e consumidores. O conteúdo do seu blog é uma das ofertas de ponto de entrada que faz para clientes em potencial que não sabem nada sobre você ou sua empresa. Mas o conteúdo também é algo que pode distribuir por e-mail, rede social e tráfego pago até para seus melhores clientes para manter seu negócio sempre na cabeça das pessoas e fornecer valor adicional.

Neste capítulo, mostramos estratégias para fazer um blog de negócios de sucesso. Indicamos ferramentas eficazes para usar para ideias de blog, lhe dizemos como encontrar e trabalhar com criadores de conteúdo para manter seu blog diversificado e interessante e o ajudamos a pensar em chamadas eficazes para os artigos do seu blog. A parte final deste capítulo fornece uma lista de elementos pela qual você pode "auditar" seu blog para garantir que seja o mais eficiente possível.

Estabelecendo um Processo de Publicação de Blog

Para produzir um blog com impacto no balanço final, você precisa de um processo. O blog de negócios malsucedido fracassa no planejamento. Dessa forma, reunir um processo de publicação de blog o ajuda a fazer o seguinte:

» Ajustar aspectos do seu blog, como estilo, tom, assuntos, ofertas, meios.

» Planejar seu conteúdo e identificar falhas nele, enquanto considera o que seu público *quer* que escreva.

» Maximizar o impacto imediato do seu conteúdo, bem como seu impacto de longo prazo como um recurso.

Seu processo de publicação de blog deve incluir uma maneira de gerar ideias de posts de blog, utilizar segmentos de conteúdo para planejamento consistente, encontrar e trabalhar com criadores de conteúdo, editá-lo e transmitir novo conteúdo. As seções seguintes separam os detalhes de cada parte desse processo.

Pensando em ideias de posts de blog

No Capítulo 6, lhe oferecemos 57 conteúdos e tipos de posts de blog que pode usar de várias maneiras, o que garantirá que nunca fique sem ideias de posts ou maneiras de enquadrar seu conteúdo novamente. Nesta seção, você aprende quais ferramentas estão disponíveis para você enquanto estiver pensando.

Inspire-se com seu avatar do cliente

O processo do avatar do cliente esboçado no Capítulo 1 lhe dá uma fonte abundante de informações para pensar ideias de posts para seu blog. Que posts, vídeos, podcasts, e assim por diante, deveria criar para atrair e converter seu avatar?

Comece observando os cinco componentes do seu avatar:

> » **Metas e valores:** O que o avatar tenta alcançar? A quais valores dá importância?
>
> » **Fontes de informação:** Em quais livros, revistas, blogs e outras publicações o avatar busca informação?
>
> » **Dados demográficos:** Qual é a idade, o gênero e estado civil do avatar?
>
> » **Desafios e dificuldades:** O que impede que o avatar alcance suas metas?
>
> » **Objeções:** Por que o avatar pode escolher não adquirir seu produto ou serviço?

Responda cada uma dessas perguntas sobre seu avatar e use as respostas para pensar em ideias de conteúdo. Use a informação que tem sobre seu mercado--alvo para criar conteúdo que resolva o problema do seu avatar, diga respeito a suas conversas, atenda a suas metas e satisfaça suas objeções diretamente.

Faça pesquisas no BuzzSumo

O BuzzSumo é uma ferramenta online que permite que você analise que conteúdo está indo bem nas mídias sociais para determinado assunto. O número de compartilhamentos nas mídias sociais que um post de blog recebe é uma boa indicação de um conteúdo que agrada ao público. Os assuntos recebendo mais atenção de redes sociais são aqueles que deve considerar para seu blog.

Comece pesquisando palavras-chave e frases que seu público provavelmente pesquise. Com a ferramenta BuzzSumo, você também ajusta o tipo de conteúdo que procura. Você pode escolher entre estas categorias: artigos, infográficos, posts de visitantes, brindes, entrevistas e vídeos. O BuzzSumo lhe permite ajustar o alcance da data para o conteúdo que ele busca; então, se estiver buscando conteúdo que fez sucesso recentemente, ou que foi publicado no ano passado, suas opções estão abertas.

Quer ver como o conteúdo do seu concorrente está se saindo? Insira o domínio dele para ver todo seu conteúdo em ordem de popularidade social. A Figura 5-1 mostra a classificação de conteúdo do BuzzSumo no blog Typepad por popularidade social. Quer ver o que está fazendo sucesso entre pessoas que admira em sua área? Busque seus nomes e o BuzzSumo gera o conteúdo mais popular delas.

Monitore os próprios dados

O blogueiro experiente observa como o público responde ao conteúdo monitorando pontos de dados. Esses pontos o ajudam a determinar o que deve produzir mais no futuro.

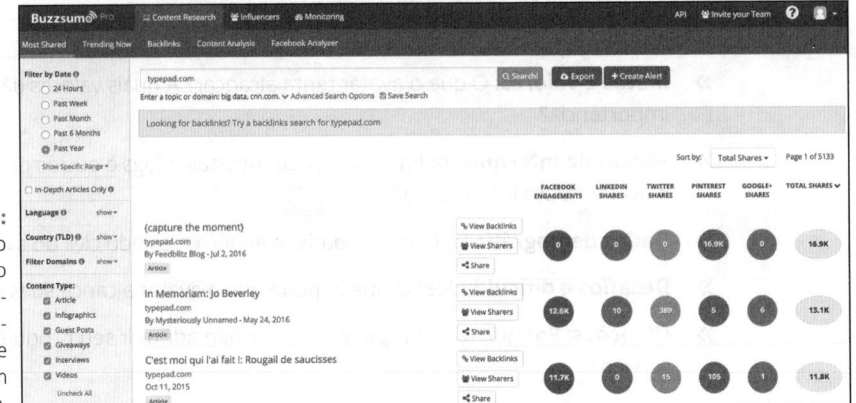

FIGURA 5-1: Use o BuzzSumo para identificar conteúdos que funcionam bem.

Fonte: https://app.buzzsumo.com

O Google Analytics é uma ferramenta gratuita que lhe permite ver dados sobre como seus visitantes usam seu site. Você pode usar o Google Analytics para determinar quais posts de blog em seu site recebem mais tráfego, em quais posts as pessoas passam mais tempo e de onde o tráfego vem (por exemplo, Twitter, Google e e-mail).

Você também deve ficar atento para o número de compartilhamentos sociais em cada post. Se usa um sistema de gestão de conteúdo como o WordPress ou o Squarespace, pode instalar botões de compartilhamento social que permitem que visitantes do blog compartilhem facilmente seu conteúdo para suas redes em sites como Twitter, Facebook ou Pinterest. A Figura 5-2 mostra um post de blog com alto engajamento social e compartilhamentos. O blogueiro orientado por dados pode encontrar inspiração e criar conteúdo que imite posts com alta contagem de compartilhamento social.

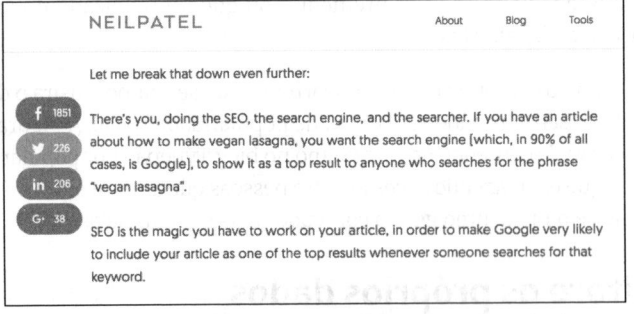

FIGURA 5-2: Um post recente da DigitalMarketer com engajamento social alto.

Fonte: https://www.buzzfeed.com/annakopsky/two-person-halloween-costume-ideas-you-have-permission-to?utm_term=.cm7xOkVyM#.naZgR4NkG

E, finalmente, ao distribuir seu conteúdo por uma newsletter de e-mail, fique de olho nas taxas de abertura e cliques em cada e-mail. O conteúdo que interessa seu público recebe uma porcentagem relativamente mais alta de aberturas e cliques do que o conteúdo que seu público acha menos interessante.

Use informações retiradas de suas fontes de dados internas para moldar seu calendário de conteúdo, priorizando o que os dados lhe contam em relação aos interesses do seu público.

Estabelecendo segmentos de conteúdo

Seu blog não deve ser reinventado a cada semana ou mês. Você e seu público podem derivar mais valor do seu blog se você criar uma estrutura previsível para os tipos de conteúdo que publica. Para oferecer uma estrutura previsível, você cria segmentos de conteúdo. Um *segmento de conteúdo* é um formato de post de blog que se repete em determinado cronograma e segue estilo e modelo similares.

Você provavelmente já está familiarizado com segmentos de conteúdo, esteja ciente disso ou não. O rádio, a televisão e os meios impressos usam segmentos há décadas. Por exemplo, o segmento "Cartas para o Editor" é uma das partes mais importantes da indústria dos jornais, que aparece todos os dias. O BuzzFeed, um site de notícias e entretenimento social online, tem um post diário chamado "Here's What People Are Buying on Amazon Right Now" ["Aqui Está o que as Pessoas Estão Comprando na Amazon Neste Momento", em tradução livre]. A Figura 5-3 mostra Moz, uma empresa que cria software SEO e recursos para comerciantes digitais, apresentando um post de blog em vídeo chamado "Whiteboard Friday" ["Sexta-feira da Lousa Branca", em tradução livre].

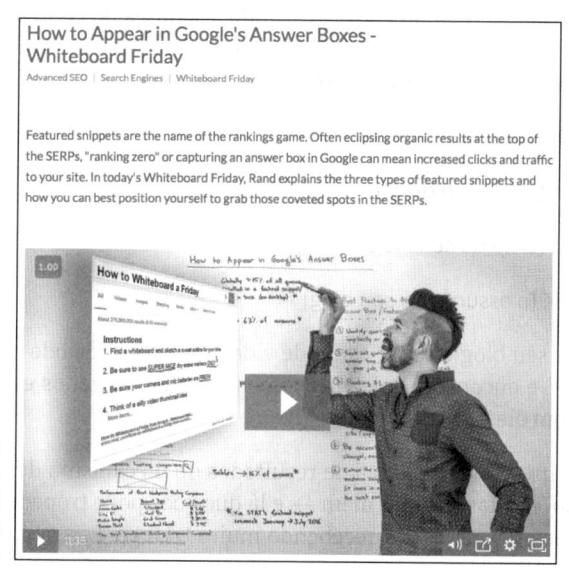

FIGURA 5-3: Um trecho de um post segmentado da Moz.

Fonte: https://moz.com/blog/how-to-appear-in-googles-answer-boxes-whiteboard-friday

Muitos dos tipos de posts que lhe apresentamos no Capítulo 6 são adaptáveis como segmentos. Por exemplo, você pode divulgar o post de link roundup (tratado no Capítulo 6) toda semana ou mês no seu blog. Simplesmente faça a curadoria e compile uma lista de links que seu público acharia interessante e publique-a junto a uma descrição do que as pessoas podem esperar se visitarem aquele link.

Segmentos são ótimas peças para ter em seu calendário por várias razões. Uma é que você oferece exposição substancial a escritores externos no seu blog. Outra razão é que são facilmente replicáveis e rapidamente consumíveis porque seu formato é sempre o mesmo. Seu público os reconhecerá e esperará por eles enquanto você continua publicando, fornecendo valor constante às pessoas.

Trabalhando com criadores de conteúdo

Para produzir o conteúdo necessário para fazer seu blog crescer, você provavelmente precisará de uma equipe de escritores. Um escritor externo é alguém que não é associado à sua marca, que cria recursos de conteúdo para seu blog. Esses recursos são normalmente artigos escritos, mas o conteúdo também pode ter o formato de áudio, vídeo e imagens para seu blog. Adquirir qualidade fora dos criadores de conteúdo oferece uma ampla gama de perspectivas a seu blog e ajuda a dar autoridade e alcance a ele. Isso é especialmente verdadeiro se o criador de conteúdo for um *influenciador*, ou seja, alguém que tem um impacto acima da média em seu nicho. Influenciadores frequentemente têm seguidores próprios e estão conectados a pessoas-chave nos meios de comunicação, grupos de consumo ou associações industriais.

Encontrando criadores de conteúdo

Um jeito para começar quando estiver caçando criadores de conteúdo é buscar blogs similares ao seu em assuntos. Use um mecanismo de busca, como o Google, e insira uma das seguintes pesquisas:

   blogs de [o assunto do seu blog]

   blogueiros de [o assunto do seu blog]

   autor de [o assunto do seu blog]

   palestrante de [o assunto do seu blog]

Por exemplo, se seu blog é sobre estilo de vida vegano, você pode procurar por "blogs veganos" e encontrar links dos principais blogs veganos e autores que contribuíram com eles.

> **DICA** Não procure só na primeira página de resultados do mecanismo de busca. Procure mais fundo, muitas páginas além — e lá que você pode tropeçar em algum escritor bom que pode não estar recebendo muito tráfego. Esses blogueiros são

muito receptivos em contribuir com conteúdos para outros blogs para receber mais exposição para seus próprios blogs.

Você também pode buscar criadores de conteúdo no Twitter. A maioria o usa para distribuir links de seu conteúdo. Use um app como o Followerwonk para buscar termos como os seguintes em bios do Twitter:

blogueiro de [o assunto do seu blog]

escritor de [o assunto do seu blog]

autor de [o assunto do seu blog]

palestrante de [o assunto do seu blog]

Outra maneira de encontrar criadores de conteúdo é visitar blogs que escrevem sobre assuntos que são os mesmos, ou relacionados, que os seus e entrar em contato com seus blogueiros convidados. Muitas vezes, são escritores e blogueiros freelancers que estariam dispostos a escrever para o seu blog por dinheiro e exposição para seu público.

Depois, você pode ser capaz de encontrar criadores de conteúdo entre seus melhores comentaristas. Essas são pessoas que deixam os comentários mais profundos e atenciosos em seus artigos. Esses não são só comentaristas engajados com você, conhecem seu estilo e podem ser escritores e palestrantes buscando exposição.

Finalmente, você pode criar uma página "Escreva para Nós" no seu site ou blog para que escritores interessados entrem em contato com você. Mas tenha cuidado: você pode obter muitos pedidos de criadores de conteúdo de baixa qualidade em sua página "Escreva para Nós", e é por isso que é bom incluir orientações. Listar o que espera dos criadores de conteúdo ajuda a desviar aqueles que não servem para seu blog, bem como a atrair o tipo de autor que procura. Aqui estão os elementos para incluir em sua página "Escreva para Nós" para atrair escritores de alta qualidade:

» **Aceitação de artigos assinados:** A maioria dos escritores quer saber se você incluirá um crédito com um link para o site deles; diga a eles que o fará.

» **Declare que você paga por artigos:** Se paga por artigos, você aumenta a taxa de resposta ao contar isso aos escritores na página "Escreva para Nós". Você não precisa incluir o valor.

» **Categorias de conteúdo:** Esboce os assuntos sobre os quais quer que os escritores falem.

» **Exemplos:** Coloque links com amostras de artigos padrões para os posts que quer dos escritores convidados.

» **Um formulário:** Inclua um formulário que o escritor interessado pode preencher para entrar em contato com você. Peça, no mínimo, seu nome e e-mail. Para filtrar inscrições de baixa qualidade, peça que os escritores interessados enviem exemplos de escrita; em nossa empresa, pedimos três amostras.

A MarketingProfs fez um excelente trabalho de criar uma página "Escreva para Nós" muito detalhada para encontrar criadores de conteúdo de qualidade; veja um trecho na Figura 5-4.

> **Write for MarketingProfs**
>
> **Yes!** We accept **bylined "how to" articles** and **opinion pieces** for our website and daily newsletter, MarketingProfs Today.
>
> We also publish daily **summaries of research findings** based on polls, surveys, and research studies conducted by marketers, academia, PR firms, and other researchers.
>
> **1. Contribute bylined "how to" articles for MarketingProfs.com**
>
> Bylined articles of **800-1,000 words or so of body text**, written from an objective viewpoint and conveying valuable **how-to** content (**practical** advice, **actionable** tips, and **useful** know-how) in a fresh, approachable voice are more likely to meet MarketingProfs standards—and therefore more likely to be accepted for publication. See, as examples, the following three articles:
>
> 1. 13 'Old-School' Marketing Techniques That Take Your Facebook Fan Page From Wimpy to Wow
> 2. Run Your Website Like a Magazine
> 3. 10 Ways to Entice Your Whole Company (Not Just Marketing) to Blog
>
> We will inform you if your article has been accepted for publication; expect to hear from us within a week or so of our having received your email. If we choose not to accept your article, you may or may not hear from us, depending on how crowded our inbox is.
>
> Articles accepted for publication will be edited for clarity and brevity and to conform to the MarketingProfs house style. We will likely change your title, too, so you might want to suggest some alternatives.
>
> So, if you are interested in joining the hundreds of MarketingProfs contributors of how-to marketing articles—on a one-time or a regular basis—here are some guidelines:
>
> 1. Articles should be original to the author and **unpublished elsewhere**.
> 2. Articles should offer readers **clear advice, takeaways, and practical how-to tips** about a specific marketing topic or approach to marketing. Bullet points are good. Meandering text is not—but keep in mind that **800-word minimum**.
> 3. At the beginning of your article, **list two or three bullet points summarizing its key takeaways**—the lessons learned and the how-tos contained in the article. They will be published along with the article.
> 4. Include a **brief bio** of 25 words, including LinkedIn and Twitter contact info, if available, and a recent **headshot** (make sure your entire head is in the picture).

FIGURA 5-4: Um trecho da página "Escreva para Nós" da MarketingProfs.

Fonte: http://www.marketingprofs.com/write-for-us

Adquirindo criadores de conteúdo

Depois de encontrar contribuidores de conteúdo que lhe interessem, é hora de entrar em contato com eles. Entenda que criadores de conteúdo externos produzirão conteúdo para o seu blog por uma de duas razões: dinheiro ou exposição (ou ambos).

Para escritores que fazem pela primeira razão, o processo é simples: você lhes paga e eles criam uma peça de conteúdo para você. Como regra, de quanto mais conhecimento especializado seu escritor precisar, mais o conteúdo custará. Isso é oferta e procura. Se não tem certeza do preço cobrado por um escritor, visite sites como Craigslist e ProBlogger Job Board para pesquisar ofertas.

Além do dinheiro, o que você pode oferecer ao escritor é exposição a seu público. Se seu blog tiver quantidades impressionantes de tráfego, compartilhamentos sociais ou comentários de leitores, divida essa informação com os escritores externos com quem estiver conversando. Você descobrirá que quanto mais exposição tiver para oferecer aos escritores, menor será o preço a pagar pelo conteúdo. Na verdade, depois que seu blog alcançar uma massa crítica, você não precisará pagar um centavo por conteúdo — os escritores irão até você pela exposição.

DICA Lembre-se de que o alcance que o escritor levar para você afetará quanto terá que pagar a ele. Quanto mais influência e seguidores seu escritor convidado tiver, mais dinheiro e exposição esse autor pedirá de você.

Garantindo o sucesso com criadores de conteúdo

A melhor maneira de garantir o sucesso com um escritor externo é estar preparado com orientações para seu blog. Essas orientações, como aquelas na página "Escreva para Nós", comunica que tipos de conteúdo têm mais sucesso em seu blog, para qual público direciona seus artigos e outros padrões que o trabalho de um escritor externo tenha que satisfazer. Por exemplo, se seu blog não aceita certos tipos de imagens (fotografias de bancos de imagens ou pessoais, por exemplo), indique essas restrições em suas orientações. Se exige que suas imagens sejam de certo tamanho, com uma resolução determinada e com uma borda específica, liste essas exigências. Suas orientações são a informação de que seus escritores precisam para moldar o conteúdo que deseja que lhe forneçam, e fornecê-las evitará a bagunça de edição, formatação e melhoramento de imagens quando você receber o trabalho final. Depois de conectar-se com escritores externos que indicaram interesse em escrever para você, envie a eles as orientações para que saibam o que esperar. Você pode enviar as orientações em um documento separado ou incluí-las diretamente em sua correspondência.

Em seguida, comece com exemplos mostrando aos escritores artigos em seu próprio blog que você quer que sejam usados como modelos. Forneça também links para conteúdo que teve sucesso no passado para ajudá-los a entender qual direção tomar com o artigo.

Depois que os escritores souberem o que esperar, com base em suas orientações e nos exemplos que forneceu, peça a eles informações sobre o post que pretendem escrever para você. Peça a eles as seguintes informações:

» **O título do trabalho:** O título de um post de blog, também chamado de manchete, é uma promessa para o leitor. O título do trabalho não é necessariamente a manchete que será publicada em seu blog, mas é uma declaração de orientação para o escritor enquanto produz o post.

» **O esboço:** Você quer saber como o post será, detalhes de cada seção e quais imagens o escritor espera usar. Quanto mais detalhes receber antecipadamente do escritor, maior a chance de sucesso do artigo.

Quando escritores enviarem o título do trabalho e o esboço, aprove ou faça sugestões e perguntas até que esteja convencido de que seus esforços gerarão um post publicável em seu blog.

Por último, discuta os prazos. Dependendo do tipo de post, espere o escritor levar entre uma e três semanas para desenvolver o primeiro esboço. Se nunca trabalhou com alguém antes, peça que escreva os primeiros 25% e envie para você ou para seu editor para revisão. Essa prévia permitirá que faça ajustes e trabalhe com o escritor antes que ele termine o post.

Certifique-se de respeitar o tempo dos escritores assim como que respeitem o seu e estabeleça expectativas sobre o tempo de resposta. Quanto tempo terão que esperar até que envie as edições ou responda às perguntas? Quanto tempo até que saibam que o post foi aprovado? Quando você lhes comunicará a data de publicação? Com orientações, prazos e expectativas estabelecidos, você garante que seu processo de criação de conteúdo siga sem problemas.

Editando o primeiro esboço

Depois que um contribuidor submeter um primeiro esboço (no prazo, espera-se!), você o pega para uma edição técnica. Essa é a edição que realiza para garantir que essa peça de conteúdo seja publicável em seu estado atual ou pode ser melhorada sem uma reformulação do conteúdo.

Primeiro, compare o post final à manchete e resuma o que o escritor enviou anteriormente no processo. Ele cumpre a promessa do título de trabalho? Ele se mantém verdadeiro ao resumo? Aponte quaisquer preocupações que tenha. Preste atenção especial às áreas que desviam da promessa declarada no título de trabalho ou que o escritor tenha omitido do esboço esperado.

Em seguida, reveja suas orientações para verificar se o post satisfaz seus critérios de publicação. O tom está certo para seu blog? Entrega os tipos de conteúdo que seu público espera do seu blog? As imagens satisfazem os padrões e especificações definidos por suas orientações? Seu escritor tem as permissões necessárias asseguradas para usar as imagens no conteúdo?

Depois de estabelecer se o post satisfaz ou não suas orientações, dê uma olhada geral no post para ver que edições serão necessárias. O que o escritor precisa expandir? O que deveria remover? O que pode esclarecer para o público?

Decida se o post precisa voltar para o escritor para mais revisões e edições ou se você o publicará como está ou com edições menores suas ou de sua equipe editorial. Se voltar o post para o escritor, comunique um prazo de acompanhamento para alcançar sua data de publicação. Suas notas devem esclarecer exatamente o que espera das revisões e quais edições precisam ser feitas.

Copidescando o post

Depois de ter um post publicável (que cumpra a promessa e satisfaça seus padrões), você deve realizar um copidesque completo. Edite o post para atender a seu estilo de linguagem (você usa certas palavras com letra maiúscula devido a padrões da empresa? Hifeniza palavras que outras empresas não o fazem?) ou adicione frases esclarecedoras que acredite que seu público precise para ligar os pontos.

A seguir, passe pelo post linha por linha, conferindo erros de digitação e gramaticais, entre outras coisas. Você deve editar formatação, fluxo, tom e garantir que links, imagens e vídeos funcionem como o esperado. O objetivo do copidesque é garantir que o conteúdo esteja livre de erros, incluindo palavras escritas de maneira errada, erros de gramática e links quebrados.

Aplicando Fórmulas de Manchete de Blog

Tudo o que discutimos neste capítulo é irrelevante se você não criar títulos de posts, também chamados de manchetes, que incitem e envolvam seu público. A manchete é a parte mais importante do seu post, porque elimina o ruído para chamar a atenção dos seus leitores e convencê-los de lhe dar seu precioso tempo lendo seu artigo.

Mas como se criam essas manchetes excelentes que aumentam cliques? Você segue uma fórmula. Há seis categorias diferentes nas quais ótimas manchetes de blog se classificam, e detalhamos cada uma.

Tocando no interesse pessoal

A primeira fórmula de manchete é a de interesse pessoal. Esses são seus títulos mais comuns e devem ser usados frequentemente. Manchetes de interesse pessoal normalmente são diretas e falam sobre um benefício específico que seu público ganhará ao ler seu post. Essas manchetes começam a responder à pergunta "O que ganho com isso?", bem como pré-qualificam leitores lhes dando pistas sobre o que o artigo envolve.

Aqui estão algumas amostras de manchetes de interesse pessoal:

Aumente o Tráfego de seu Site com o Plano de Marketing de Conteúdo de 3 Passos

Como se Aposentar com Estilo mesmo que Não Tenha Começado a Economizar

Os 10 Principais Mercados de Alimentos Orgânicos em Austin, Texas

Despertando a curiosidade

Manchetes de interesse pessoal funcionam porque comunicam um benefício direto de ler o post; as baseadas em curiosidade têm sucesso pela razão contrária. Essas manchetes despertam o interesse dos leitores sem entregar muita informação, o que leva a um número mais alto de cliques. Manchetes de curiosidade criam uma coceira que precisa ser coçada, e os leitores têm dificuldades em resistir à leitura do post. Mas tome cuidado, porque manchetes baseadas em curiosidade podem fracassar se você exagerar. Como as manchetes de curiosidade são mais ambíguas, podem irritar seu leitor quando o conteúdo não corresponder às expectativas deixadas. Então certifique-se de que sua manchete de curiosidade não engane seu leitor.

Aqui estão alguns exemplos de manchetes de curiosidade:

> 25 Coisas que Você Não Sabia que seu iPhone Podia Fazer
>
> Grelhe o Filé Perfeito com o "Processo Borboleta"
>
> É por Isso que Você Nunca Deve Beber Leite Cru

DICA Raramente é uma boa ideia usar a curiosidade pura em um título de post. Em vez disso, como com as manchetes de exemplo anteriores, combine a curiosidade com o benefício para criar uma manchete de post poderosa. Por exemplo, você pode se interessar em ler um post sobre grelhar o filé perfeito, mas a curiosidade adicionada pelo "Processo Borboleta" deixa a manchete ainda mais atraente.

Empregando urgência ou escassez

A maneira mais poderosa de fazer alguém ler seu post é transmitir urgência ou escassez com sua manchete. Manchetes que comunicam urgência e escassez dizem aos leitores que devem agir *agora*, ou perderão alguma coisa. Não use demais essa técnica ou você provavelmente irritará seu público. Use manchetes de urgência e escassez apenas quando realmente tiver um prazo, quantidade ou disponibilidade limitada.

Aqui estão algumas manchetes de urgência e escassez:

> Compre Ingressos Agora! Palestra de Woody Allen no Lincoln Center no dia 15 de Outubro
>
> Aulas Grátis de Fotografia: Última Chance para Se Matricular
>
> Novo Livro Revela Segredo Antigo de Perda de Peso; Suprimentos Limitados

Emitindo um aviso

Frequentemente, as pessoas são mais motivadas a agir para evitar a dor do que para ganhar um benefício. Manchetes de aviso bem elaboradas, como as seguintes, incorporam a promessa de que a ação o protege de uma ameaça:

A Grande Mentira Escondida no Contrato de Aluguel de seu Apartamento

Cuidado: Não Compre Mais Nenhum Grama de Ração de Cachorro até Ler Isto

O Colchão de Seu Filho É uma Ameaça à Saúde Dele?

Emprestando autoridade

Uma característica fundamental das pessoas é observar o comportamento das outras ao tomar decisões. Você pode aproveitar esse traço em suas manchetes mencionando a história de sucesso de alguém, nomes familiares e influentes ou destacando quantas pessoas já usam um produto ou serviço.

Comerciantes espertos usam essa "prova social" — a propensão de fazer escolhas baseadas nas de outros — sempre que podem. Quanto mais pessoas fazem essa escolha e quanto mais influentes forem, mais influente é a prova social.

Considere essas manchetes de "prova social":

Por que 1.000 moradores de Boston Se Reunirão na Boston Common em 8 de Dezembro

O que o Dr. Oz Come na Ceia

O Novo Vídeo de Justin Timberlake do qual Todos Estão Falando

Revelando o novo

Manter seu público informado sobre novos desenvolvimentos em seu campo cria autoridade e o mantém atento. Posts de blog que focam vanguarda precisam de uma manchete que se destaque e transmita a novidade ou urgência da mais nova informação. Essas manchetes frequentemente funcionam bem quando combinadas com um elemento de curiosidade e são conhecidas como manchetes de notícias.

Veja, por exemplo, essas manchetes de notícias:

Antigo Câncer Humano Descoberto em Osso de 1,7 Milhão de Anos

Novas Espécies Vibrantes Descobertas nas Profundezas do Caribe

Nova Ferramenta Muda os Webinars para Sempre

Auditando um Post de Blog

Quando estiver lendo ou editando um post, pode ser difícil descobrir as razões *específicas* de ele não ser fabuloso. Comunicar o que precisa ser melhorado para um escritor ou equipe de conteúdo pode ser ainda mais difícil — se você não tiver um processo ou não souber o que procurar. Para auditar um post de blog, você deve examinar dez elementos. As seções seguintes discutem cada elemento para ajudá-lo a aprender a avaliar e melhorar cada um deles.

Apresente uma manchete excepcional

Na seção "Aplicando Fórmulas de Manchete de Blog", anteriormente neste capítulo, listamos as seis categorias em que as manchetes se classificam. Não importa qual fórmula, ou combinação, use, manchetes excepcionais têm três aspectos em comum.

» A manchete contém uma promessa do que as pessoas ganharão ao ler o post.

» Embora a manchete use tantas palavras quanto necessárias para transmitir a promessa, é concisa e evita palavras banais, palavras ou frases redundantes e desnecessárias que agregam pouco e atrasam o leitor, como *realmente*, *só*, *muito* e *bem*. Eis um exemplo de uma manchete com palavras banais:

Por que É Muito Importante Basicamente Evitar Palavras Banais que São Bem Vazias e Às Vezes um Pouco Distrativas em Suas Manchetes e em Sua Escrita

Aqui está uma manchete melhor e mais atraente:

Como Palavras Banais Afastam Seus Leitores e como Evitá-las em Sua Escrita

» A manchete é atraente sem ser enganosa ou cheia de propaganda.

Manchetes que não funcionam bem frequentemente são meramente declarações ou frases incompletas. Por exemplo, considere três manchetes de blog encontradas em um site de fitness e nutrição:

Chocolate no Café da Manhã

Benefícios da Meditação

Vença a Guerra Contra a Obesidade Infantil

Note como as manchetes são simplesmente declarações (presumíveis) do fato. Elas podem ser drasticamente melhoradas, muitas vezes com alterações simples:

Chocolate no Café da Manhã?

7 Benefícios da Meditação

Como Vencer a Guerra Contra a Obesidade Infantil

Embora essas manchetes modificadas não sejam perfeitas, são consideravelmente mais eficazes do que as originais. Adicionar um ponto de interrogação à primeira é uma maneira de despertar mais o interesse do leitor. Colocar um número no meio elimina a imprecisão e adiciona especificidade. Finalmente, a adição do "Como" à última transforma a declaração em uma promessa.

Se estiver penando para criar uma manchete para sua peça, pode muitas vezes encontrar uma escondida na abertura ou término do artigo. Procure a declaração da promessa que transmita o benefício do artigo em sua introdução ou conclusão. Você provavelmente encontrará o começo de uma manchete por aí.

Inclua uma introdução forte

A parte mais fraca de um artigo muitas vezes está na introdução. Às vezes, um post passa de bom para ótimo simplesmente ao se remover os cinco primeiros parágrafos para que o leitor chegue mais rápido ao ponto. Introduções excepcionais contêm os seguintes elementos:

- » O corpo da introdução é extremamente fácil de entender e desenvolve um ritmo para o post.
- » O corpo da introdução atrai o leitor e o força a ler o artigo inteiro.

Ao escrever sua introdução, eis um truque: comece o post com uma frase concisa e que crie curiosidade. Mantenha-a curta (raramente maior que oito palavras). A primeira frase é destinada a criar uma "greased chute" ["calha deslizante", em tradução livre] (um termo cunhado pelo copywriter Joe Sugarman), que faz o leitor "deslizar" página abaixo.

Aqui estão alguns exemplos desse tipo de linha de abertura:

> Você finalmente encontrou.
>
> Eis o grande mal-entendido...
>
> Pare-me se já ouviu isso antes.

Depois de fazer os leitores começarem a deslizar pela "calha", mantê-los em movimento é muito mais fácil; a parte difícil é fazê-los começar.

Ofereça conteúdo fácil de consumir

O objetivo de um blogueiro é que leiam o artigo inteiro e não pulem para algum lugar no meio. O conteúdo do blog não faz seu trabalho se não for fácil de consumir. Para garantir que seu conteúdo seja fácil de ler, certifique-se que:

» O corpo está formatado de maneira que torne o artigo fácil de consumir.

» As transições entre as ideias e subtítulos sejam naturais.

Artigos de blog não são como livros. Um blog excepcional não deve consistir de parágrafos longos e densos com poucas ou nenhuma imagem ou vídeo. Blocos longos e ininterruptos de texto são intimidantes para um leitor, isso sem mencionar nada atraentes visualmente. Ajude a mover o leitor pelo conteúdo quebrando o texto com:

» Listas de tópicos

» Listas numeradas

» Blocos de citação

» Subtítulos

» Artes e imagens (como fotos, GIFs, infográficos e vídeos incorporados)

» Fontes em negrito

» Itálicos

FIGURA 5-5: Um post de blog usa a formatação de maneira que torne o conteúdo fácil de consumir.

Fonte: https://blog.bufferapp.com/words-and-phrases-that-convert-ultimate-list

Em seguida, procure mudanças entre ideias e outras áreas em que os leitores desacelerem ou parem a leitura. Nos pontos que podem bloquear os leitores, certifique-se de incluir transições. Elas ligam as partes do artigo, melhoraram a compreensão e mantêm os leitores envolvidos e movendo-se página abaixo até o final. A Figura 5-5 mostra um trecho de um post de blog que usa figuras, títulos, listas de tópicos, fonte em negrito e parágrafos curtos para quebrar o texto e tornar o conteúdo fácil de consumir.

Um último ponto: quebre os parágrafos. Parágrafos longos em posts de blog são como lombadas, desacelerando e desencorajando os leitores de consumir o artigo completamente. Quando estiver fazendo o seu post, quebre os parágrafos maiores do que três linhas para melhorar o consumo.

Satisfaça seu objetivo

Embora um blog tenha muitos objetivos, como branding, fornecer valor a seu público e estabelecer você como uma autoridade, seu principal objetivo é gerar leads de qualidade que, por fim, levem a vendas. Os segredos para taxas de conversão altas por meio de conteúdo de blog são as seguintes:

» **Relevância:** A oferta que faz no post precisa relacionar-se ao assunto do artigo. Quanto mais congruente, mais garantirá uma conversão.

» **Consumo:** Se o texto for difícil de seguir, os leitores sairão de sua página frustrados.

Para ajudar a satisfazer o objetivo, certifique-se de incluir o seguinte em cada artigo que publicar:

» Uma chamada para ação clara que seja relevante ao assunto do artigo.

» Texto e design eficazes para a chamada para ação que atraia os leitores a tomarem a ação desejada.

» Uma chamada para ação que esteja localizada em uma ou mais posições proeminentes dentro do post, com mais possibilidade de ser vista.

A Figura 5-6 mostra uma chamada para ação do *New York Times* que aparece sobre o post do blog, chamando a atenção dos visitantes antes de saírem do site. Ela tem mensagem e design simples, que chamam a atenção e geram cliques.

Inclua mídia de qualidade

Os arquivos de imagens, vídeos e áudios que inclui em um artigo formam a mídia do seu post. Mídia de qualidade que carrega rapidamente é extremamente importante para o sucesso de um artigo. Mídia que demora mais de três segundos para carregar — ou seja, de baixa qualidade — deixa os leitores frustrados, procurando conteúdo que não os faça esperar e seja direto. Produzir mídia de alta qualidade é uma maneira de destacar-se em uma indústria saturada de conteúdo. Portanto, certifique-se de incluir imagens, vídeos e áudios limpos e nítidos. Além disso, procure situações em que a mídia explique ou enriqueça um ponto do artigo.

FIGURA 5-6: Um artigo do NYT com uma chamada para ação forte.

Fonte: http://www.nytimes.com/2016/11/15/world/europe/putin-calls-trump.html?_r=0

Contratar um fotógrafo ou designer gráfico em tempo integral pode não ser necessário, mas tente evitar usar imagens e vídeos de bancos. Muitas vezes, mídias de bancos parecem muito encenadas ou forçadas, e nem sempre combinam bem com o assunto de sua peça.

Forneça uma conclusão atraente

O parágrafo de conclusão do seu artigo pode transformar seu post de bom em ótimo. Conclusões eficazes ligam a peça toda. Portanto, na conclusão, quaisquer loops de curiosidade que seu título abra precisam ser respondidos e você deve ter cumprido a promessa do artigo; caso contrário, os leitores se sentirão traídos e formarão uma impressão negativa de sua marca. Você pode terminar um post com humor, perspicácia ou conhecimento, ou incitar emoções que façam os leitores comentarem, compartilharem ou visitarem mais páginas do seu blog.

LEMBRE-SE

A conclusão é a parte do tudo ou nada do seu artigo que faz os leitores compartilharem o post, comentarem, clicarem em sua chamada para ação ou mergulharem mais fundo em seu site. Sua conclusão não precisa ser épica, mas certifique-se de que o artigo não termine abruptamente. A maneira mais simples de concluir uma peça é declarar novamente a introdução e pedir que o leitor comente e compartilhe.

Use otimização de mecanismo de busca

Se feita de maneira certa, a otimização eficaz de mecanismo de busca (SEO) ajuda seus posts a se classificarem melhor nos mecanismos de busca, como o Google, o que melhorará as chances dos posts de seu blog serem encontrados pelo seu público. (Detalhamos as táticas de SEO no Capítulo 8.) Para otimizar o seu post, escolha uma palavra-chave ou frase-chave relevante que seja única para seu post e a inclua:

- Na etiqueta do título
- No corpo do texto
- Atributo alt de imagem
- URL (Universal resource locator)
- Meta description

Outra maneira importante de otimizar seu blog é fazer links cruzados de sites relacionados e relevantes ao artigo. Você pode linkar outros sites que não estejam associados à sua marca, mas que são relevantes para o assunto. Você também pode fazer links cruzados de outros posts de blog que tenha escrito que elaboram ou enriquecem um ponto do último post.

Categorize seus assuntos

À medida que seu blog se amplia, você pode acabar tratando de uma base maior de assuntos. É aqui que entra a categorização e organização de seus posts. Por exemplo, um blog de economia pode tratar de uma ampla variedade de tópicos, como dicas de impostos, planejamento financeiro, orçamento e economia, entre outros. Para ajudar os leitores a encontrar o que buscam, inclua categorias, também chamadas de tags, em cada post que publicar.

Incluir categorias melhora a experiência do usuário, que, por sua vez, aumenta o valor que você dá a seu público. Embora seja tão simples quanto selecionar uma caixa usando seu mouse, selecionar a categoria certa para seu post é um ponto importante de qualquer auditoria de post de blog.

Cumpra completamente a promessa

Se o objetivo da manchete e da introdução é fazer uma promessa atraente, o trabalho do corpo do post é garantir que o artigo a cumpra completamente. Se o post não cumpre a promessa feita, melhore sua manchete ou volte ao trabalho no post. Nada destrói a reputação do seu blog mais rápido do que escrever uma ótima manchete e não cumpri-la no artigo.

Dito isso, esse elemento da auditoria trata de mais do que simplesmente cumprir a promessa. Você também garante que cada ideia apresentada no post seja adequadamente "desenvolvida" e não deixe seu público confuso ou precisando de mais informações para entender o ponto. Procure áreas no post que possa fortalecer adicionando:

- Mídia (imagens, vídeos, áudios)
- Exemplos
- Dados
- Links internos ou externos para mais informações

Vá além com cada artigo e você verá resultados. Considere produzir alguns posts excepcionalmente completos em vez de um grande volume de conteúdo que deixa seu público esperando mais.

Mantenha a consistência profissional

Qual é a voz ou a personalidade de sua marca? É profissional? Irreverente? Acadêmica? Qualquer que seja, produza conteúdo que a reforce. Por exemplo, um blog de um escritório de advocacia provavelmente não deve usar palavrões em seus artigos. Mas um blog provocativo de motocicletas tem mais chances de sucesso com certas palavras porque isso parece ser mais consistente com sua marca. Portanto, qualquer que seja o assunto do seu artigo, certifique-se de que permaneça alinhado com a personalidade de sua marca.

Além disso, e talvez mais importante para algumas organizações, garanta que o post mais novo não contradiga algo que já publicou no blog ou em qualquer outro lugar. Por exemplo, se tem um blog de moda com um post do ano passado sobre os pecados de vestir camisetas segunda pele, mas seu post mais recente foca a importância delas e não aborda o que mudou desde seu outro artigo sobre o assunto, você confundirá e perderá leitores por causa da inconsistência.

> **NESTE CAPÍTULO**
> » Nunca mais fique sem ideias para posts
> » Produzindo conteúdo de blog de alta qualidade rapidamente
> » Criando posts que conquistam a confiança do seu público
> » Usando seu blog para conectar-se a influenciadores

Capítulo **6**

Avaliando 57 Ideias de Posts em Blogs

Todo blogueiro sabe o quanto é frustrante ficar parado em frente da tela em branco sem conseguir pensar em novas ideias para um post. É por isso que este capítulo é tão importante. Os tipos de posts de blogs mostrados aqui podem ser usados em blogs B2B (negócio para negócio) e B2C (negócio para consumidor).

Nas próximas páginas, revelamos uma lista de 57 ideias de posts de blog que evitarão que fique sem ideias novamente. Também tratamos, em detalhes, três tipos de post rápidos e fáceis de criar e que ainda fornecem conteúdo magnífico que sua empresa terá orgulho de promover.

Derrotando o Bloqueio de Escritor

A chave para derrotar a página em branco é entender que existem, na verdade, muitos tipos diferentes de posts de blog. Depois que entender os formatos através dos quais você pode entregar conteúdo em um blog, nunca mais terá bloqueio criativo.

No Capítulo 4, discutimos o conceito de criar segmentos de conteúdo. No contexto do blog, um *segmento* é qualquer tipo de conteúdo que você repete periodicamente, normalmente toda semana ou mês. Um exemplo é um post de link roundup, que exibe uma lista de links interessantes de fontes externas. Muitos blogs publicam um post de link roundup por semana ou mês. Ao criar segmentos de conteúdo de blog que se repetem semanal ou mensalmente, você facilita muito o planejamento de conteúdo do seu blog.

Os vários tipos de posts de blog se encaixam nas categorias tratadas nas próximas seções. Se cria muito conteúdo de blog, certifique-se de marcar este capítulo e manter este livro por perto no seu trabalho. Teste alguns dos 57 tipos de posts de blog descritos neste capítulo e torne um ou dois deles segmentos constantes em seu calendário editorial.

Escrevendo conteúdo útil

Quando as pessoas fazem pesquisa, procuram conteúdo útil na internet. Elas buscam guias de como fazer, estudos de caso e recursos que as ajudem a resolver seus problemas, inspirar ou indicar um caminho a seguir. Escrever conteúdo grátis e útil faz com que você seja interessante para seu mercado, além de estabelecer você e seu negócio como autoridades em seu nicho. As seções a seguir oferecem 13 tipos de ideias de posts de blog úteis que qualquer marca pode usar.

Post lista

O post lista é simplesmente isso, uma lista. Alguns o chamam carinhosamente de "listicle" (mistura das palavras lista e artigo em inglês — list + article). Um post lista é um dos mais fáceis de fazer e pode ser muito versátil. Isso sem falar que as pessoas amam listas — são úteis e rápidas de ler. Para seu blog, crie uma lista de livros, ferramentas, recursos ou qualquer outro tópico que seu mercado ache útil e também seja relevante para sua chamada para ação.

Normalmente, os posts lista têm breves introduções e vão direto para o corpo do post. Por natureza, posts de lista têm muito texto, o que pode intimidar os leitores. Certifique-se de usar imagens sempre que puder, o que ajuda a quebrar o texto, facilitando a leitura do seu post e tornando seu compartilhamento mais provável.

Post estudo de caso

O termo *estudo de caso* carrega mais valor percebido do que o termo *artigo*, *blog post* ou *vídeo*. Estudos de caso fornecem mais detalhes e vão além de simples depoimentos, mostrando exemplos reais. Usando estudos de caso, você destaca seus sucessos de maneira a ajudar a transformar um cliente em potencial em um consumidor.

No post de estudo de caso, seja específico e fale de estratégia. Esboce e organize os detalhes de alguma coisa, como um projeto, evento ou processo. Conte sua história do início ao fim, incluindo os fracassos e "desvios de percurso"; fazendo isso você oferece autenticidade a seu estudo de caso e torna sua marca mais confiável, porque prova que ela é composta de seres humanos, suscetíveis a falhas, assim como todos nós. Finalmente, certifique-se de incluir números, gráficos e figuras reais que apoiem seus exemplos. A Figura 6-1 mostra um post estudo de caso da ConversionXL.

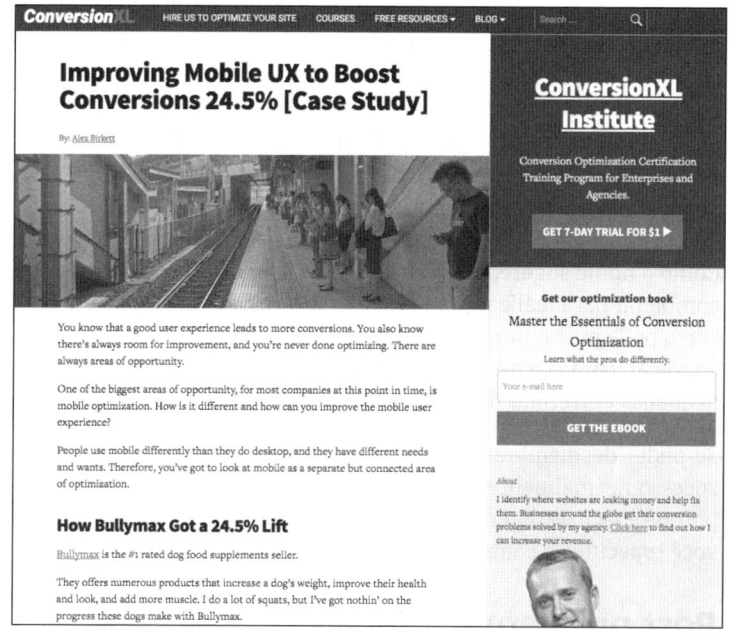

FIGURA 6-1: Um trecho de um post de estudo de caso da Conversion-XL.

Fonte: http://conversionxl.com/improve-mobile-ux/

Post como fazer

O como fazer é outro tipo de post básico. No artigo, você descreve como executar um processo e usa imagens, vídeos ou áudios para enriquecê-lo e facilitar o máximo possível a tomada de ação pelo seu leitor.

Este tipo de post contém uma introdução rápida e então passa para o processo que está apresentando; você pode esboçar seu processo na introdução na forma de uma lista de tópicos antes de entrar em mais detalhes no corpo do post. Desmembrar as informações de como fazer no corpo da peça em passos, fases ou categorias ajuda, assim seus leitores podem digerir a informação mais facilmente.

Post FAQ [perguntas mais frequentes]

O post FAQ é uma ótima maneira de levar tráfego para seu site a partir de mecanismos de busca. Se recebe continuamente perguntas repetidas de seus consumidores ou clientes em potencial, é provável que as pessoas estejam usando mecanismos de busca para encontrar respostas para essas mesmas perguntas. Crie artigos com explicações detalhadas acerca desses tópicos de FAQ.

Post SAQ [deveria ter feito a pergunta]

O post SAQ é uma variação do FAQ. Essa é uma pergunta que os consumidores ou clientes em potencial não fazem — mas deveriam. Por exemplo, uma empresa imobiliária poderia criar um post chamado "Perguntas que Você Deveria Fazer antes de Contratar Qualquer Corretor de Imóveis". Seu post SAQ deve centrar-se em questões que os clientes deveriam fazer antes de comprar seu produto ou perguntas que deveriam fazer para aprender mais sobre seu setor.

Post checklist

Como o nome sugere, um post checklist lista os passos que uma pessoa deveria completar para realizar uma tarefa específica. Por exemplo, um blog de empresa aérea pode postar um checklist contendo os itens que as pessoas deveriam levar ao viajar para o exterior ou o que os pais devem levar para manter crianças pequenas entretidas durante voos longos.

Se puder desmembrar seu conteúdo em um checklist, as chances de que faça sucesso normalmente são maiores. As pessoas gostam do formato de checklist porque é fácil de digerir e as pessoas acham mais fácil realizar uma ação quando você especifica o conteúdo dessa maneira.

Post problema/solução

Esse tipo de post tem um formato simples: primeiro, defina um problema; depois, apresente a solução. A solução para o problema pode ter a forma de um produto ou serviço que vende ou pode ser algo que as pessoas possam obter gratuitamente. O post problema/solução é uma peça de conteúdo valiosa porque as pessoas estão sempre buscando maneiras de resolver seus problemas. Se fornecer uma solução real para alguém, essa pessoa será grata a você.

O post problema/solução pode cruzar para o território de outros tipos de posts, como FAQ, como fazer ou checklist.

Post pesquisa

Conduzir a própria pesquisa primária acerca de um assunto em seu nicho é uma das melhores maneiras de criar conteúdo de blog que chama atenção. Isso porque a pesquisa primária é difícil de fazer e extremamente demorada. Coletar toda a pesquisa para alguém e fornecê-la de graça em um lugar é uma ótima maneira de tornar sua marca amada pelos clientes em potencial, assim como estabelecê-la como autoridade sobre um assunto em particular.

Dito isso, você não precisa fazer toda a pesquisa sozinho. Pode simplesmente fazer a curadoria de pesquisas de terceiros e reuni-las em um artigo, infográfico ou outro tipo de conteúdo que seu mercado ache valioso e instigante.

Post stat roundup

Este (assim como o post pesquisa) funciona melhor quando você pode usar estatísticas que produziu porque aumenta sua autoridade. Isso não significa que não possa usar informações de terceiros, mas se estiver buscando conscientizar e influenciar com sua marca, usar as próprias estatísticas é o caminho a seguir. Dito isso, não ignore totalmente os outros recursos. Considere reunir todas as estatísticas de vários locais para criar um post estatístico sólido e bem equilibrado.

Post guia definitivo

O post guia definitivo é exatamente o que diz: um post abrangente e detalhado sobre um assunto do seu nicho. Um post guia definitivo bem-feito é um artigo que as pessoas salvarão nos favoritos e retornarão continuamente, então não economize aqui — não tenha pressa e entregue o post definitivo sobre o assunto. Esse tipo de post leva pessoas de volta a seu site, estabelece você como uma autoridade em seu mercado e prova que sabe do que está falando.

A ideia por trás do guia definitivo é que o leitor não precise ir para nenhum outro lugar para obter mais informações sobre o assunto. Este post será *longo*, com milhares de palavras e muitas figuras e exemplos. Se as pessoas puderem ler e digerir este post em dez minutos, provavelmente ele não é o guia definitivo.

Post em série

Busque oportunidades para separar um assunto em uma série. Uma peça excepcionalmente longa ou complexa (como o post guia definitivo) é uma boa candidata a ser dividida em partes e distribuídas em posts em série.

Anuncie na introdução do post quando os leitores podem esperar que o próximo artigo da série seja publicado. Além disso, você deve estabelecer os dias em que publica a série. Por exemplo, todos os dias durante uma semana ou toda segunda-feira do próximo mês. Ao anunciar e estabelecer um período de tempo, seus leitores saberão quando esperar a próxima parte, o que mantém o engajamento no post. Certifique-se de linkar esses artigos ao publicá-los. Dessa maneira, se as pessoas perderam a primeira ou segunda parte da série, encontram facilmente o(s) post(s) necessário(s) para se atualizarem. A Figura 6-2 mostra um exemplo de um post em série da cadeia de clubes de saúde LA Fitness.

Post definição

Em nichos em que o mercado precisa ser educado, o post definição é uma necessidade absoluta. Como o nome sugere, é um artigo que define um assunto, e funciona bem em setores e mercados que têm os próprios termos e jargões. Para o post definição, você pode criar conteúdo acerca de um assunto particularmente confuso ou complexo e, então, explicar e informar seus leitores sobre esse assunto.

FIGURA 6-2: Um exemplo de post em série da LA Fitness.

Fonte: http://blog.lafitness.com/2014/02/13/the-90-day-weight-loss-workout-plan-part-3-days-30-45-movemoreburnmore/

Para o post definição, considere criar uma série de posts que definam aspectos do seu nicho. Você recebe pontos bônus se definir logicamente algo em seu mercado que seja único, incomum ou controverso. Apresentar um ou mais desses aspectos o coloca em destaque e também cria engajamento em seu post.

Post cut-up do YouTube

Este post aproveita um vídeo popular do YouTube para criar um conteúdo excelente. Pode ser um vídeo seu ou, se tiver permissão, de outra pessoa. Para criar esse tipo de artigo, tire capturas de telas em diferentes estágios durante o vídeo e adicione explicações em texto. Então, incorpore o vídeo inteiro em seu post. Essa é uma maneira super-rápida e fácil de criar conteúdo de alto valor e engajamento a partir de um vídeo.

Sendo generoso

Uma das maneiras mais fáceis de fazer seu blog crescer é ser generoso promovendo outras pessoas. Quando promove os outros, eles o promovem; é um benefício mútuo. Cite e crie links de negócios e pessoas influentes em seu mercado que façam algo que valha a pena. Você pode usar outros negócios como um exemplo com o qual seus leitores podem aprender. A seguir estão oito maneiras de criar peças de conteúdo generosas.

Post perfil

Escreva um perfil ou minibiografia de uma pessoa influente em seu nicho. Você não precisa pedir permissão primeiro, mas pode pedir, se quiser. Certifique-se de notificar a pessoa por e-mail, telefonema ou rede social de que você escreveu um perfil dela. Dessa maneira, a pessoa influente terá uma oportunidade de compartilhar o post concluído com seu público e direcionar pessoas para o seu post.

Post crowdsourced

Neste post, faça a mesma pergunta para três ou mais especialistas em seu setor e reúna as respostas em um único artigo. Por exemplo, se for da indústria fitness, contate os melhores treinadores e peça que descrevam seu treino cardiovascular favorito. Depois, reúna as respostas dos especialistas em um único post para criar um artigo com várias opiniões.

O conteúdo de um post crowdsourced é de primeira qualidade, fácil de reunir e será compartilhado por muitas dessas pessoas influentes. Sem falar que esse tipo de post atrai vários seguidores dos influenciadores tanto para seu blog quanto para seu site. Em nossa experiência, se conseguir que dez influenciadores lhe deem cerca de 100 palavras cada sobre um único assunto, você terá um post poderoso.

Post entrevista

Para o post entrevista, entre em contato com influenciadores em seu mercado e crie um post sobre as perguntas que fez a eles. Você pode escrever o post em um estilo típico de jornal ou revista, ou simplesmente listar cada pergunta feita e citar todas as respostas, palavra por palavra.

Até mesmo as pessoas mais influentes estão surpreendentemente dispostas a lhe dar uma entrevista — mesmo que seu blog tenha um público pequeno.

DICA O jeito mais fácil de um influenciador extremamente ocupado lhe dar uma entrevista é através de gravação de áudio. Entrevistas em texto são muito demoradas e as em vídeo podem ser tecnicamente desafiadoras, muitas vezes exigindo que o influenciador e o entrevistador estejam no mesmo local. Com o áudio, você pode gravar a entrevista pelo telefone ou usar uma ferramenta como o Skype.

Post link roundup

Para esse tipo de post, você reúne várias peças de conteúdo de fontes externas que seu público achará relevante e interessante. Forneça uma descrição do conteúdo e um link para ele. É simples assim. Os artigos que vincula não precisam ter uma discussão em comum além de serem relevantes ou interessantes para seus leitores. Esse conteúdo pode ter a forma do que sua empresa está lendo e, então, oferecer links para diferentes blogs, artigos e livros dos quais você obteve valor. Outra opção é usar uma ferramenta como o BuzzSumo para encontrar o conteúdo social mais viral sobre dado tópico e agregá-lo em um post.

Um post como esse funciona bem como uma série publicada uma vez por semana ou por mês. Lembre-se de notificar quem você linka via e-mail ou rede social para ter o máximo de oportunidade de que essas pessoas incluídas no link roundup compartilhem seu post.

Post citação

Citações são inspiradoras e provocam reflexão, e é por isso que dão um artigo de blog excelente. Reúna citações de vários influenciadores por assuntos específicos para criar um post citação. Novamente, se aplicável, certifique-se de notificar quem você cita de que os incluiu em seu post. A Figura 6-3 mostra um post da Business.com que coleciona e linka suas citações favoritas do Social Media Marketing World (conferência de mídias sociais). No post, a Business.com não coloca as citações em uma lista numerada, mas aproveita para tornar as citações visualmente atraentes e usa imagens que tornam o post mais envolvente.

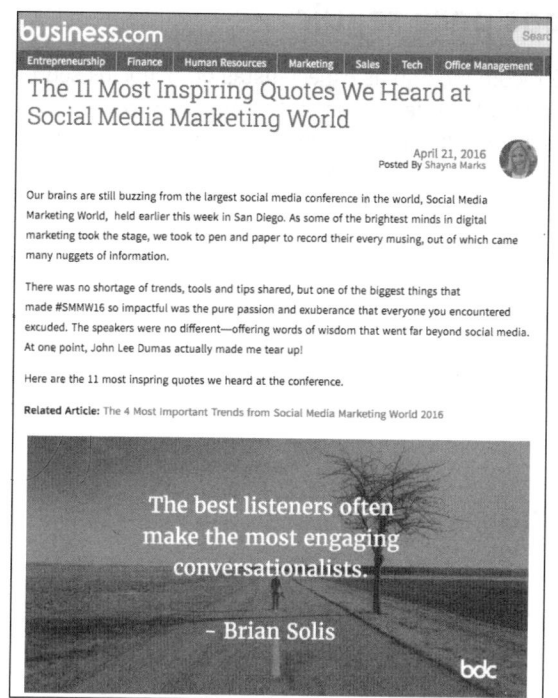

FIGURA 6-3: Um exemplo de post citação da Business.com.

Fonte: http://www.business.com/social-media-marketing/the-11-most-inspiring-quotes-we-heard-at-social-media-marketing-world/

Post melhor da rede

Similar ao post roundup, o melhor da rede frequentemente inclui conteúdo, ferramentas e outros recursos que você está disposto a assinar embaixo e chamar de *melhor*. No post, faça a curadoria, dê os links e descreva brevemente o que é e por que é o melhor. Esse post pode ter a forma dos seus blogs favoritos ou suas principais escolhas para design de sites. É outra ótima maneira de fornecer valor para seus leitores e promover influenciadores com os quais você quer trabalhar.

Post escolha da semana

Depois do melhor post da rede, o post escolha da semana é um post em série razoavelmente popular entre os blogueiros. Esse artigo de blog pode ser seu blog, podcast, ferramenta ou outro item favorito da semana. O conteúdo normalmente é relativamente curto e descreve um único artigo, ferramenta ou outro recurso de que fez a curadoria, forneceu o link e descreveu.

Post pessoas para seguir

Neste post, você recomenda quais especialistas ou negócios seu público deveria seguir. Reúna uma lista de pessoas influentes, descreva-as e forneça links através dos quais seu público pode se conectar com os influenciadores via site, canais de redes sociais, eventos e livros.

Entretendo as massas

Quando as pessoas se deparam com conteúdo que as entretêm, são mais propensas a compartilhá-lo em canais de redes sociais, como o Facebook e o Twitter. Produzir conteúdo de entretenimento pode ser difícil, mas se conseguir fazê-lo, pode ser um tipo de post muito eficaz. A seguir estão cinco tipos de post de blog que entretêm.

Post história

Histórias são envolventes, e é por isso que formam posts eficazes. Neste artigo, você conta uma história que divertiria seu mercado. Posts história não precisam ser peças de conteúdo épicas; nem todas as histórias precisam ser complexas. Por exemplo, comerciais criam histórias divertidas o tempo todo em menos de 60 segundos.

Post sátira

No post sátira, seja engraçado por meio do uso da ironia ou do exagero extremo. Esse tipo de conteúdo funciona bem com questões oportunas, como política ou esportes. *The Onion*, um jornal cômico que apresenta notícias mundiais, nacionais e locais, é um ótimo exemplo de empresa de mídia digital criando conteúdo satírico.

Post cartoon

Para o post cartoon, foque seu artigo acerca de um cartoon que faz seu público rir e pensar sobre questões e eventos em seu nicho. Esse tipo de post funciona bem como uma série, e você pode publicá-lo diária, semanal ou mensalmente.

Post meme

Memes são peças de conteúdo humorístico que se espalham viralmente pela rede. Um post meme pode ser similar ao post sátira ou ao post cartoon. No post, você cria o próprio meme ou reúne um conjunto de memes curados na rede. A Figura 6-4 mostra um exemplo de um post meme do Small Business Marketing Blog chamado "The Business Owner's Guide to Blogging" ["O Guia de Blog para o Dono de Negócios", em tradução livre].

FIGURA 6-4: O blog Small Business Marketing centra seu artigo em um meme.

Fonte: http://3bugmedia.com/business-owners-guide-blogging/

Post paródia

No post paródia, você cria conteúdo que imita uma pessoa, produto ou propriedade de mídia bem conhecida em seu nicho. Certifique-se de exagerar nos pontos fortes e fracos da pessoa ou item em seu conteúdo.

Capitalizando o oportuno

Posts oportunos detalham as últimas informações sobre um assunto. Você precisa de comprometimento para manter-se atualizado em alguns nichos; mas, se conseguir fazer isso, notícias oportunas estão entre os conteúdos de blog mais eficazes que pode criar, porque você será uma das primeiras pessoas a divulgar a informação. Se acha que manter-se atualizado sobre as últimas notícias e tendências é uma tarefa muito complicada, considere criar uma série de posts que publique informações oportunas uma vez por semana. A seguir estão cinco ideias de posts que lidam com conteúdo oportuno.

Post resenha

Foque seu conteúdo acerca da resenha de um produto, evento ou qualquer outra coisa a que tenha acesso e que seja interessante e relevante tanto para seu setor quanto para seu público-alvo. Para resultados melhores, em vez de colocar tudo sob uma luz positiva, seja o mais honesto possível em sua resenha.

Post enquete

Para criar um post enquete, escolha um assunto interessante ou popular e promova enquetes a seu público sobre ele usando e-mail, rede social ou eventos presenciais. Então reúna os resultados em um post.

Post notícia

Assim como uma saída de notícias, você pode criar conteúdo em seu blog sobre eventos enquanto eles acontecem. Embora você não precise "lançar" a história, para melhores resultados, certifique-se de adicionar uma perspectiva que seu público achará valiosa ou divertida.

Post tendência

Alguns criadores de conteúdo preveem tendências enquanto acontecem. Se for um observador de tendências, crie posts em seu blog que as aproveitem à medida que se tornam populares.

Post questão

Escolha questões que afetem seu público e crie conteúdo sobre elas enquanto são oportunas e relevantes para seus leitores.

Mostrando sua humanidade

Seja humano em seus posts. Mostre que sua marca não é uma entidade corporativa sem rosto ou sentimentos. Use o conteúdo do blog para mostrar às pessoas quem trabalha em seu negócio, bem como a personalidade de sua empresa, com os seis posts mostrados nas próximas seções.

Post inspirador

Alguns dos conteúdos mais eficazes na rede não são nem informativos nem divertidos — simplesmente inspiram. As indústrias fitness e da saúde usam com frequência essa abordagem. Posts inspiradores funcionam bem como um post história, um post perfil ou um post citação, entre outros.

Post de feriado

Alguns blogs ficam inativos durante feriados populares, mas isso não precisa acontecer. Essa é uma ótima maneira de exibir a humanidade de sua empresa.

Use a oportunidade de desejar coisas boas e criar expectativas em seu público, como a revista *Country Living* fez com este artigo de receita de bolo de Halloween, mostrado na Figura 6-5.

FIGURA 6-5: O *Country Living* ajuda os fãs a se prepararem para o Halloween com este post de feriado.

Fonte: http://www.countryliving.com/food-drinks/g604/halloween-cake-recipes-1008/

Você também pode ser criativo com o post de feriado; não precisa reconhecer apenas os principais feriados. Alguns feriados inusitados ou datas comemorativas podem aplicar-se a seu nicho, como o Dia do Trabalho, em 1º de maio, Independência do Brasil, em 7 de setembro, ou o Dia da Secretária, em 30 de setembro.

Post guarda baixa

Neste post, o autor se abre sobre um momento privado em seu passado. Alguns dos melhores conteúdos na rede são gerados por um criador de conteúdo que baixa a guarda e oferece uma experiência pessoal profunda com a qual seu público se identifique.

Post bastidores

As pessoas amam espiar por trás das cortinas e ver como algo é feito. Se tem seguidores leais, muitos devem querer ver o que se passa nos bastidores do seu negócio. Crie conteúdo acerca dessa ideia. Você pode mostrar um dia na vida de um de seus gerentes ou mostrar sua abordagem para fazer um vídeo. Neste post, forneça imagens e vídeos que melhorem seus exemplos escritos.

Post não relacionado ao assunto

Ao longo destas seções, enfatizamos a importância de manter-se relevante a seu nicho. Seguindo a ideia de que qualquer atenção é boa, você pode criar um post completamente diferente do que normalmente posta. Essa manobra pode ser arriscada, mas se tiver seguidores leais, que se acostumaram a determinados assuntos tratados por você, esse tipo de post surpreende as pessoas e evoca uma ótima resposta.

Post discurso inflamado

O post discurso inflamado mostra seu lado humano ao revelar sua paixão e raiva sobre um assunto relevante para seu público em um estilo artigo de opinião. Embora esse tipo de post não se destine a todos, o blog e o público certos respondem bem a um discurso inflamado.

Tornando-se promocional

Algumas organizações usam seus blogs de maneira promocional; ou seja, o blog claramente vende a empresa e seus produtos ou serviços. Embora esse tipo de blog pareça forçado em alguns setores, o conteúdo promocional funciona muito bem para a empresa certa. Aqui estão oito exemplos de conteúdo de blog promocional.

Post comparação

Como o nome sugere, o post comparação é um artigo que compara os recursos e benefícios do seu produto com as soluções da concorrência. Para resultados melhores e para ganhar confiança, inclua casos em que seu produto *não* é a melhor solução.

Post mostra de projeto

Similar ao post bastidores, o post mostra de projeto explica como a empresa concluiu um projeto. Use seu blog para traçar um projeto específico em que você ou sua organização esteja trabalhando ou concluiu. Detalhe o processo e a estratégia por trás do projeto e, se possível, compartilhe os resultados.

Post relatório de renda

No post relatório de renda, abra os livros e mostre a seu público os detalhes do dinheiro que você e sua empresa ganham. Mostre às pessoas exatamente quanto você ganhou, de onde veio e (mais importante) as lições que tem aprendido em seu negócio. Esse tipo de transparência faz com que você conquiste a confiança do seu público.

Post atualização sobre a empresa

Você pode usar seu blog para contar a seus consumidores e clientes em potencial as novas contratações, aquisições, grandes contratos em curso ou outras mudanças em sua empresa. Como com o post relatório de renda, essa é uma ótima maneira de ganhar a confiança de seus leitores.

Post atualização de produto

Similar ao post atualização sobre a empresa, para um post atualização de produto, você cria conteúdo acerca de novos produtos ou serviços que oferece ou as atualizações que serão feitas nos existentes. Se tem fãs ardorosos de seus produtos e serviços, pode ficar surpreso com o quanto um post anunciando uma novidade será bem recebido em seu blog.

Post apresentação

Você pode publicar apresentações realizadas por seus funcionários que tenham conteúdo interessante e valioso para seu público. Dentro do post, considere incorporar o vídeo da apresentação para acompanhar o texto. Certifique-se de incluir o conjunto de slides da apresentação para que os leitores possam segui-la.

Post "melhor do..."

Diferente do post "melhor do..." anterior, aqui você cria um artigo de blog que reúna e linke os posts de blog mais populares que publicou durante um período de tempo. Selecione o conteúdo com o qual seu público realmente se identificou, originou muito tráfego para seu site ou recebeu bons comentários.

Post dica de produto

Crie conteúdo que ajude seus clientes a terem mais sucesso com seu produto ou serviço oferecendo dicas e orientações sobre um de seus produtos ou serviços. Esse tipo de post é tanto promocional quanto útil, bem como muito poderoso para blog e público certos.

> **DICA** Clientes em potencial também leem posts de dicas de produtos, o que ajuda a convertê-los.

Botando lenha na fogueira

Se combinar com sua marca, você pode tomar uma posição e produzir artigos controversos. Você pode obter muito tráfego com posts controversos — nada viraliza mais rápido do que posts provocadores que fomentam um debate.

Apenas certifique-se de que esse tipo de post combina com a personalidade de sua marca. Aqui estão as seis maneiras de ser controverso em seu blog.

Post "e se"

Esse tipo de post especula eventos ou circunstâncias em potencial. Seu sucesso está em sua habilidade de escolher um "e se" interessante e discutível.

Post discutível

Muitas pessoas gostam de discutir. Com esse post, use seu blog para apresentar um lado de um argumento passível de debate. Você também pode encontrar alguém que discorde de você e apresentar ambos os lados no mesmo post.

Post ataque

Em seu post, compre uma briga. Começar uma discussão com a pessoa ou organização certa força seu público a escolher um lado e chama muita atenção. Mas seja cuidadoso, o post ataque também gera fãs obsessivos.

Post previsão

Poste sobre o que acha que acontecerá sobre um dado assunto ou situação. Se escolher uma abordagem passível de discussão e especulativa, um post previsão terá uma ótima resposta.

Post reação

Use seu blog para reagir a conteúdos criados por outra pessoa. O conteúdo ao qual reage pode ser um post de blog, livro ou apresentação. Poste seus sentimentos em relação a esse assunto.

Post reação incorporada

Nesse post, incorpore um recurso, como vídeo, apresentação ou infográfico, e, então, forneça uma reação ou refutação a esse conteúdo. Você pode encontrar vídeos para incorporar do YouTube, apresentações do SlideShare e infográficos do Visual.ly. Embora esse seja similar ao post reação, o conteúdo ao qual reage está incorporado ao post, o que pode não ser o caso do post reação — uma diferença sutil, mas notável.

Comece com uma introdução rápida para contextualizar. Então escreva sua reação abaixo do recurso incorporado. Os títulos desses posts normalmente são uma variação do título do recurso que incorpora.

DICA: Ao escolher o recurso incorporado ao qual reagirá, busque um vídeo com muitas visualizações, um infográfico ou apresentação com vários compartilhamentos no Facebook, Pinterest ou Twitter. Então, adicione sua reação a essa peça de conteúdo popular abaixo do conteúdo incorporado. Quando você faz isso, praticamente garante que seu post seja bem recebido.

Envolvendo o público

Vale a pena criar um público engajado que se conecte regularmente com seu conteúdo. Embora o engajamento não seja necessariamente o objetivo final, é difícil negar o poder do conteúdo que atrai o leitor. Aqui estão as últimas seis ideias de posts de blog para criar um público cativo.

Post pergunta

Similar ao FAQ, o post pergunta responde a perguntas que seu público faz em redes sociais, fóruns ou na seção de comentários do seu blog. Diferente do FAQ, no entanto, o post pergunta pode ser sobre algo que não é comumente perguntado, mas ainda é uma pergunta envolvente para criar um artigo.

Post resposta

O post resposta é o irmão do post pergunta. Neste tipo de post, você simplesmente faz uma pergunta e permite que seu público a responda na seção de comentários. Este tipo de post geralmente é bem curto, possibilitando que seu público crie o volume de conteúdo por meio de uma discussão nos comentários. Funciona bem se você tiver um blog com leitores engajados que comentam com frequência.

Post desafio

Use um post de blog para desafiar seu público. Como você pode ver na Figura 6-6, o BuzzFeed desafia seus leitores a comer de maneira saudável por duas semanas e posta os passos e receitas a serem seguidos para alcançar esse objetivo. Esse post funciona bem como uma série, com atualizações periódicas que apresentam membros participantes do público.

Post mostra do consumidor

Use seu blog para apresentar um consumidor ou projeto com que você e um consumidor trabalharam. Embora esse tipo de post seja parcialmente promocional, também cria envolvimento.

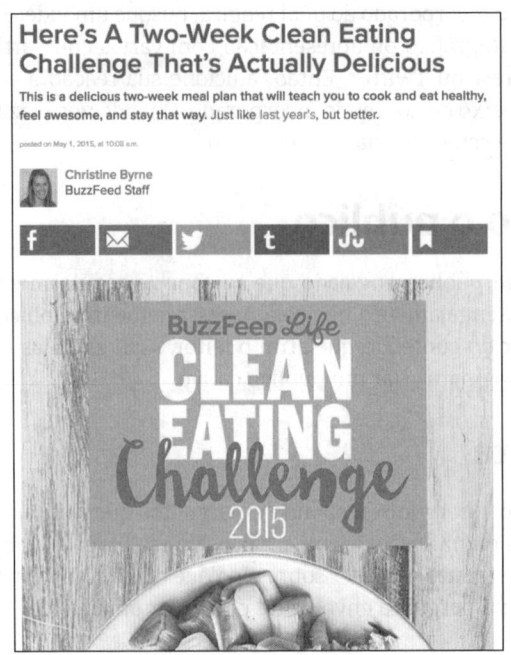

FIGURA 6-6: O BuzzFeed cria um post desafio para envolver seu público.

Fonte: https://www.buzzfeed.com/christinebyrne/clean-eating-2015?utm_term=.skwm7PgOB#.scbm3la5W

Post brinde

Use um post para possibilitar que seu público acesse uma doação relevante. A doação pode incluir um download gratuito, estudo de caso ou um dos seus produtos ou serviços, por exemplo. Foque seu post nessa promoção.

Post competição

Anuncie uma competição em seu blog e liste as regras, diga como os leitores podem participar e descreva o que as pessoas podem ganhar. Um post competição funciona bem como uma série com atualizações apresentando os resultados.

Multiplicando suas ideias de blog

Aí estão: 57 ideias de post de blog (descritas nas seções anteriores deste capítulo) que pode começar a usar hoje. E você pode desenvolver essas ideias de post para entregar ainda mais conteúdo. Essas 57 ideias na verdade se transformam em 228 ideias quando você percebe que pode entregá-las de quatro maneiras diferentes:

> **Textos:** Artigos de texto são a forma tradicional de um blog, e ainda são o formato mais comum para entregar conteúdo na rede.

> **Imagens:** O conteúdo pode aparecer somente na forma de imagens. Você pode distribuir posts de imagens via infográficos, cartoons, desenhos, tabelas, gráficos ou fotografias.

> **Vídeos:** Você pode circular posts de vídeo em blogs de diversas maneiras, incluindo em um estilo de apresentação ou usando o estilo familiar de entrevista em que apenas a cabeça e os ombros da pessoa ficam visíveis na câmera.

> **Áudios:** Entregue posts de áudio via podcast ou simplesmente ao incorporar um player de áudio em uma página web.

Essas 57 ideias com seus quatro tipos de formato facilitam a criação de conteúdo de blog. Simplesmente escolha uma ideia de post (como uma série, uma entrevista, um "e se" ou qualquer outro) e, então, decida o melhor formato de entrega (textos, imagens, vídeos ou áudios). Por exemplo, você pode escolher um post FAQ (ideia) entregue via vídeo (formato). Ou um post pessoas para seguir (ideia) entregue via imagem (formato).

Com essa lista de 228 ideias de blog à sua disposição, você nunca mais ficará sem ideias para seus posts.

Criando Conteúdo Excelente sem Todo o Alvoroço

Criar conteúdo que as pessoas realmente gostam e compartilham exige muito trabalho. Ter uma ideia é apenas metade da luta. Escrever o conteúdo é bem demorado. Nesta seção, você aprende alguns métodos de criar conteúdo de alta qualidade bem rapidamente.

Anteriormente neste capítulo, algumas das ideias de post que trouxemos são o post link roundup, o post reação incorporada e o post crowdsourced. Nas seções a seguir, damos uma olhada mais de perto no porquê desses três tipos de conteúdo serem tão eficazes e fáceis de produzir.

Fazendo curadoria e agregando conteúdo

O post link roundup envolve a curadoria de informações de várias fontes e reunião delas em um artigo. O conteúdo que agrega não precisa ser produzido por você ou sua organização. O link roundup funciona bem como um post lista porque é uma maneira muito fácil e eficaz de apresentar o conteúdo.

Por exemplo, um blogueiro de culinária pode procurar e encontrar, ou agregar, receitas de guacamole para um artigo. Todas as receitas não precisam ser pessoais do blogueiro, mas podem ser encontradas na web. O autor então lista cada receita, diz por que vale a pena e linka a fonte.

A vantagem do link roundup é que você não precisa criar conteúdo. Nenhuma das receitas de guacamole que usar precisam ser suas. Você pode, portanto, postar muito mais rapidamente do que se tivesse que criar todo o conteúdo. Além disso, os leitores gostam que você tenha feito a pesquisa e o trabalho por eles e tenha reunido todas as receitas em um lugar no seu blog. Um artigo como esse é um recurso para o qual os leitores retornam, então colocam seu conteúdo nos favoritos e voltam a ele continuamente.

Embora você possa produzir o post link roundup rapidamente e criar boa vontade de seus leitores, um desafio seu é encontrar qualidade fora do conteúdo que não reflita mal sua marca. Normalmente, posts link roundup não são cheios de texto. Fornecem descrições curtas que apresentam o post que você referencia antes de oferecer os links. Mesmo que o post tenha pouco texto, deve ter imagens grandes e bonitas para um post visualmente envolvente. Você pode adquirir as imagens nos artigos que estiver linkando.

A Figura 6-7 mostra um post link roundup, e os parágrafos seguintes lhe dão algumas dicas sobre escrevê-lo.

FIGURA 6-7: Um trecho de um link roundup de receitas de água detox do DIY Ready.

Fonte: http://diyready.com/diy-recipes-detox-waters/

Desperte interesse com seu título

Se seu título for ruim, ninguém lerá seu artigo. Gaste um tempo criando um título que desperte o interesse e explique os benefícios de ler o artigo. Tratamos de estratégias de criação de títulos no Capítulo 5.

Apresente seu tópico

Apresente rapidamente o assunto do seu post e explique por que as pessoas devem lê-lo, comunicando os benefícios que podem obter com ele. Sua introdução não precisa ser complexa, porque você está enviando o leitor a outros artigos em que o assunto é explicado em mais detalhes.

Escreva o corpo

O corpo desse post muitas vezes é mínimo, exigindo apenas um sumário rápido de cada peça de conteúdo que você agregou. Considere incluir uma imagem e certifique-se de linkar cada recurso que tenha agregado. Não existe um número mágico de recursos a serem agregados, mas quanto mais posts agregar, normalmente melhor o post se sairá.

Reagindo a conteúdo popular

O tipo de post reação incorporada é uma das maneiras mais rápidas de produzir conteúdo de blog de alta qualidade. Sites como o YouTube (veja a Figura 6-8) e o SlideShare fornecem um trecho de código que permite que você incorpore uma peça de conteúdo em seu próprio site. A reação incorporada começa localizando uma peça de conteúdo popular que você incorpora a seu blog.

Você pode incorporar uma ou várias peças de conteúdo, dependendo da complexidade do tópico. Quanto mais popular for a peça de conteúdo que incorporar, mais provavelmente seu público se envolverá e compartilhará o post. Você pode determinar a popularidade da peça de conteúdo observando coisas como o número de visualizações ou quantas vezes ele foi compartilhado.

Depois de encontrar conteúdo relevante e envolvente para incorporar, você reage a ele no corpo do post. Em sua reação, pode concordar ou discordar da peça incorporada, assim como o faria em um artigo de opinião, ou pode expandir o conteúdo. A quantidade de texto necessária para o post reação incorporada varia de acordo com a complexidade do assunto e o quanto você demora para explicar sua reação.

É claro, você quer garantir que o conteúdo que incorpora é de alta qualidade e adequado à sua marca. Mas como com o post link roundup, você não precisa criar todo o conteúdo, o que economiza bastante tempo.

Quando estiver procurando conteúdo para incorporar, o YouTube é uma escolha óbvia, mas muitos outros lugares oferecem conteúdo de qualidade para esse tipo de post. Por exemplo, visite o Visual.ly, para infográficos profissionais que você pode compartilhar, ou o SlideShare, para apresentações e documentos que formam conteúdo excelente de reação incorporada.

Você pode ver um exemplo de um post reação incorporada na Figura 6-8, com dicas sobre como criar esse tipo de post nos parágrafos seguintes.

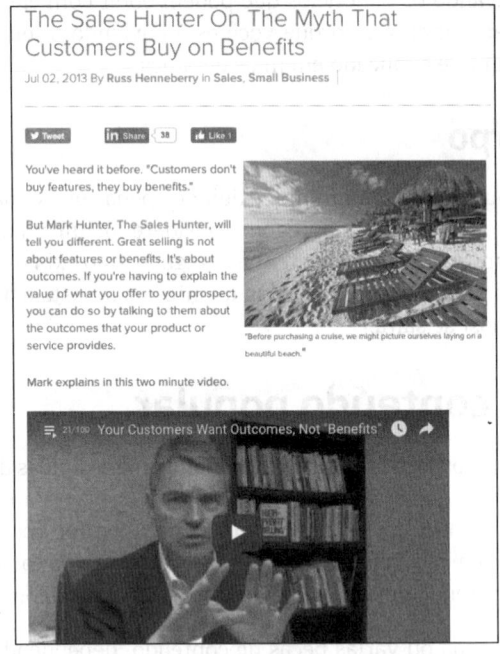

FIGURA 6-8: Uma amostra de um post reação incorporada da Salesforce.com.

Fonte: https://www.salesforce.com/blog/2013/07/sales-myth-customers-buy-on-benefits.html

Crie um título envolvente

Como sempre, foque criar um título envolvente e dê a você mesmo bastante tempo para fazê-lo (vá ao Capítulo 5 para saber mais sobre títulos). Indique o que o leitor ganhará ao ler seu artigo. O título de um post de reação incorporada é normalmente uma variação do título do recurso que incorpora.

Escreva a introdução

Como com o post de curadoria e agregação, sua introdução precisa indicar o valor que os leitores ganham com esse post. Você pode mantê-la simples porque o conteúdo incorporado explica o tópico com mais detalhes. Simplesmente forneça o contexto em sua introdução.

Incorpore seu conteúdo

Incorpore um texto, áudio, vídeo ou uma imagem que seja relevante para seu público. Ganhe um bônus ao incorporar conteúdo popular.

Escreva sua reação

Adicione sua análise ou reação ao conteúdo. Você pode explicar o que provocou essa resposta com quanto texto for necessário para descrever adequadamente o tópico.

Conteúdo colaborativo

O post colaborativo é outro artigo rápido e envolvente de fazer. Nesse post, você reúne três ou mais especialistas e pede que respondam a uma mesma pergunta. Você então combina as respostas em um único post: o post crowdsourced. Você está pedindo respostas à multidão e reunindo-as.

Por exemplo, seu post pode ser sobre ferramentas de mídias sociais. Pode contatar profissionais e pedir que respondam quais são suas ferramentas de mídias sociais favoritas e descrevam brevemente a razão. Então, introduza sucintamente o post e declare a pergunta que você fez antes de dar a resposta de cada especialista. Essa abordagem cria um post muito rico, porque você reúne muitas respostas e conhecimentos diferentes que fornecem valor a seus leitores.

Procure os especialistas mais importantes que puder ou simplesmente inclua colegas que queira apresentar. Exiba respostas de pessoas que entendem seu setor e podem fornecer respostas sólidas à sua pergunta. Provavelmente seus amigos ou colegas podem respondê-la ou conhecem quem possa; fale com eles.

Outro aspecto ótimo do post colaborativo é a probabilidade de ser distribuído. Os especialistas que inclui no artigo têm o incentivo de compartilhar o artigo com seu público, que por sua vez o ajudam a expandir seu público base. Com isso em mente, certifique-se de que aqueles apresentados no artigo saibam quando for publicado para aumentar a probabilidade de compartilhamento.

DICA: Quando buscar especialistas, não faça apenas uma pergunta; faça várias. Por exemplo, se mandar um e-mail com cinco perguntas para dez especialistas em seu mercado e cada um deles responder, você terá material para cinco artigos colaborativos diferentes. O número de perguntas que faz é igual ao número de posts que terá e o número de vezes que o especialista será exposto para seu público, tornando isso algo mutuamente benéfico.

A Figura 6-9 mostra um exemplo de um post colaborativo e os parágrafos seguintes lhe dão os passos para escrevê-lo.

FIGURA 6-9: Um post colaborativo da robbierichards.com.

Fonte: http://www.robbierichards.com/seo/best-keyword-research-tool/

Escreva o título

O título poderia ser a pergunta que fez aos especialistas ou você poderia especificar quantos são apresentados no artigo, como: "9 Treinadores Revelam Seus Treinos Cardiovasculares Favoritos." Descubra mais sobre títulos no Capítulo 5.

Escreva a introdução

Sua introdução não precisa ser longa para o post colaborativo. Declare a pergunta que foi proposta aos especialistas, bem como qualquer contexto que seja necessário para o leitor.

Forneça a resposta à pergunta que você fez

Para a resposta de cada especialista, forneça seu nome, a empresa em que trabalha, o título e uma foto. Então, declare a resposta que o especialista forneceu palavra por palavra, revisando apenas a gramática. Isso forma um ótimo artigo com vários pontos de vista. Você não quer que os especialistas escrevam um livro, então não tem problema impor um limite de palavras a eles. Quando for aplicável, forneça links para site e canais de redes sociais dos especialistas, como Twitter e LinkedIn.

LEMBRE-SE

Entre em contato ou marque especialistas em redes sociais ou via e-mail para que saibam que seu post foi publicado em seu blog. Dessa maneira, você garante que o especialista compartilhe seu post, o que leva tráfego para seu blog.

3 Gerando Tráfego no Site

NESTA PARTE. . .

Descubra os vários tipos de landing pages e quando usá-las. Aprenda quais tipos de conteúdo fazem os clientes em potencial visitarem sua landing page e comprar seu produto.

Determine o que seu mercado procura em sites como Google e Bing e posicione sua empresa para colher os benefícios do tráfego de busca.

Aproveite as redes sociais para construir sua marca, lidar com questões de atendimento ao cliente e interagir com seus clientes em potencial, consumidores e parceiros.

Crie campanhas de tráfego pago e direcione tráfego de maneira eficaz para seu site ou landing page usando as seis grandes fontes de tráfego: Facebook, Twitter, Google, YouTube, Pinterest e LinkedIn.

Lance campanhas de e-mail marketing que movam as pessoas pela jornada do cliente, construa relacionamentos e direcione tráfego para seu site.

> **NESTE CAPÍTULO**
>
> » Entendendo os vários tipos de landing pages e quando usar cada uma delas
>
> » Aprendendo a criar landing pages que gerem leads e façam vendas
>
> » Avaliando a eficácia das landing pages que cria
>
> » Escrevendo uma carta de vendas que converta visitantes de sua landing page em compradores

Capítulo **7**

Criando Landing Pages de Alta Conversão

Landing pages são essenciais para o marketing digital. A maneira mais ampla de definir uma landing page é como qualquer página em que um visitante entra em seu site. Para os propósitos deste livro, usamos uma definição mais específica: *landing page* é uma página destinada a persuadir um visitante a realizar uma ação específica. Seu site deve conter uma landing page para cada oferta que faz a clientes em potencial e consumidores. Essas são as páginas para as quais comerciantes digitais experientes afunilam o tráfego de todas as fontes internas e externas de seu site.

O desempenho de suas landing pages fará suas campanhas de marketing digital terem sucesso ou fracassarem. Você pode dominar a arte de direcionar tráfego web, mas se a landing page não fizer seu trabalho, a campanha estará arruinada. Neste capítulo, examinamos os elementos de uma landing page vencedora. Também lhe falamos sobre os diferentes tipos de landing pages e quando usar cada um, como avaliar seu sucesso e converter clientes em compradores.

Explorando os Tipos de Landing Pages

Você categoriza landing pages pela ação específica que quer que o visitante do site realize. Por exemplo, algumas landing pages são feitas para persuadir os visitantes a inserir suas informações de contato, enquanto outras pedem que comprem um produto ou serviço. As campanhas que a maioria dos comerciantes digitais implementam se encaixam em uma de duas categorias de landing pages:

» **Página de captura de lead:** Às vezes chamada de *squeeze page*, o objetivo dessa página é persuadir os visitantes a inserir suas informações de contato para que se tornem leads.

» **Página de vendas:** Essa página é criada para persuadir um visitante a comprar um produto físico, produto de informação ou serviço.

Há muitas maneiras de criar e projetar uma landing page, mas todas têm uma coisa em comum: foco. Uma landing page sólida tem um único objetivo e pouquíssimas distrações. O ponto focal da página deve ser a ação que deseja que o visitante realize.

A página inicial típica de um site é, por exemplo, projetada para permitir que o visitante faça uma variedade de escolhas. A partir da página inicial, um visitante pode clicar em um link para visitar uma página de produto, aprender mais sobre a empresa ou visitar o blog da empresa. Por isso, a página inicial do site é uma landing page ruim em quase todas as circunstâncias. Uma página inicial simplesmente dá escolhas demais ao visitante.

Uma landing page deve esforçar-se para fechar o máximo de "vazamentos" da página quanto possível. Isso significa remover links para outras ofertas, mais informações e qualquer outra coisa que não seja absolutamente necessária para alcançar o objetivo dessa página. A Figura 7-1 mostra uma landing page com o mínimo de links possíveis para minimizar distrações e aumentar as chances dos clientes em potencial autorizarem contato.

CUIDADO: Algumas fontes de tráfego, como propagandas do Facebook e a rede Google AdWords, exigem que você tenha links para algumas páginas pertinentes, como uma página de Política de Privacidade e Termos de Uso. Confira os Termos de Serviço de cada plataforma de tráfego antes de dirigir tráfego para uma landing page.

FIGURA 7-1:
Uma landing page com um foco claro e pouquíssimos links.

Fonte: http://www.digitalmarketer.com/lp/fb-ad-templates/

VOCÊ DEVERIA USAR UM CRIADOR DE LANDING PAGE?

Criar landing pages do zero pode ser uma tarefa intimidadora. Como você cria uma página com um design e layout projetados para persuadir o visitante do site a realizar uma ação? Como produz uma página com um foco claro na ação desejada e com o menor número de distrações ou "vazamentos" possíveis? Uma opção é contratar um web designer e um desenvolvedor que entendam como criar páginas personalizadas que convertam visitantes em leads e vendas.

Para a maioria dos negócios, criar landing pages personalizadas é desnecessário. É muito mais rentável usar um aplicativo que forneça templates de landing pages comprovados. Esses aplicativos fornecem templates para praticamente qualquer circunstância em captura de leads ou vendas. Procure um criador de landing pages que se encaixe em seu orçamento e forneça os templates que sirvam para suas circunstâncias. Por exemplo, se espera capturar leads usando webinars, deve usar um aplicativo de landing pages que forneça um template de registro em webinars e se integre bem com o aplicativo de entrega de webinar que usa. Recomendamos aplicativos para landing pages e webinars no Capítulo 16.

Criando uma Página de Captura de Leads

A página de captura de leads, às vezes chamada de *squeeze page*, é um tipo importante de landing page para qualquer negócio que se beneficie com geração de leads. Como demonstrado na Figura 7-1, a página de captura de leads é uma página extremamente focada, contendo o seguinte:

» **Uma oferta fechada:** Um "pedaço" de valor que resolve um problema *específico* para um mercado *específico* que é oferecido em troca de informação de contato. Você aprende mais sobre ofertas fechadas no Capítulo 3.

» **Título/subtítulo:** Texto no topo da página que obriga o visitante do site a ler os tópicos e considerar aceitar a oferta fechada da página. Tratamos de estratégias de títulos no Capítulo 5. Apesar das táticas de título discutidas no Capítulo 5 focarem blogs, você também pode aplicá-las para o título de sua landing page.

» **Tópicos:** Declarações fortes que tracem os benefícios da oferta fechada.

» **Imagem do produto:** Se puder exibir uma representação visual da oferta fechada, faça. Essa abordagem não é aplicável a todas as ofertas.

» **Prova:** Inclua ícones de confiança como logotipos de associações das quais você é membro, marcas de reputação às quais é associado ou depoimentos de clientes satisfeitos.

» **Formulário de lead:** O formulário é o mecanismo que realmente coleta as informações de contato.

LEMBRE-SE Peça somente informações que planeja usar em seu marketing. Em geral, quanto mais informações você pedir em seu formulário, menor será sua taxa de conversão. Então se, por exemplo, não planeja fazer um acompanhamento via telefone, não peça o número de telefone no formulário de lead.

Criando uma Página de Vendas

A página de vendas é criada para persuadir o visitante do site a realizar uma ação específica: fazer uma compra. Páginas de vendas têm muitas formas, mas a maioria das campanhas de marketing digital exige um de dois tipos:

» **Carta de vendas:** Você pode vender serviços, produtos de informação e até produtos físicos usando uma carta de vendas. Por décadas, os comerciantes têm criado apresentações longas de texto e vídeos objetivando a persuasão do cliente em potencial a fazer uma compra. Cartas de vendas normalmente são bem longas. Uma pessoa que lê uma carta de vendas está decidindo comprar e deve, portanto, receber o máximo de informação possível. A carta de vendas deve demonstrar por que o produto ou serviço na página de vendas fornece valor, bem como ajudar a superar quaisquer objeções de última hora que a pessoa possa ter. Esses objetivos normalmente resultam em muito texto. A Figura 7-2 mostra um trecho de uma landing page de carta de vendas da DigitalMarketer para um de nossos produtos.

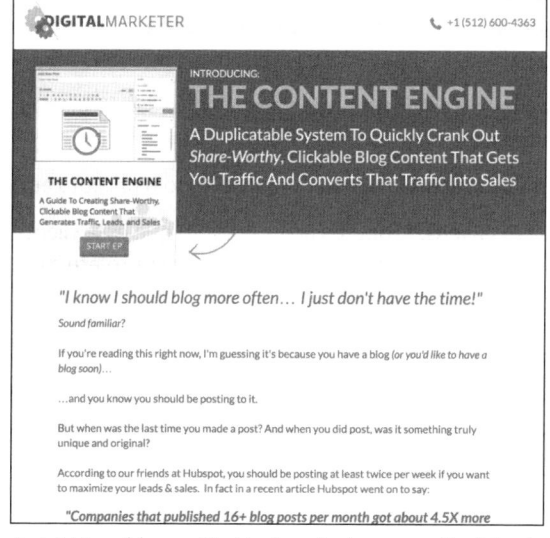

FIGURA 7-2: Um exemplo de uma landing page para um produto.

Fonte: http://www.digitalmarketer.com/lp/sbp/get-content-engine/

» **Página de detalhe do produto:** Unicamente para negócios de e-commerce, a página de detalhe do produto é básica para o comerciante digital que vende produtos físicos e, em casos raros, produtos de informação ou serviços. A Figura 7-3 exibe uma página clássica de detalhe de produto da varejista Crate & Barrel. Essa página de detalhe de produto inclui tudo o que o cliente em potencial precisa para tomar uma decisão de compra:

- **Nome do produto:** Descritivo e específico sobre o que é oferecido.
- **Chamada para ação:** O botão "Add to Cart" (adicionar ao carrinho) deve ser fácil de achar.
- **Preço do produto:** O preço deve estar em um local intuitivo e é mostrado lado a lado a um preço sugerido.

- **Imagens/vídeos do produto:** Várias fotografias de alta qualidade do produto mostrando tudo o que você receberá.

- **Descrição do produto:** Inclui uma visão geral, detalhes e dimensões do produto.

- **Opção de quantidade:** A capacidade de selecionar mais de um produto.

- **Resenhas do produto:** Resenhas fáceis de localizar de clientes anteriores que compraram o produto.

- **Lista de desejos:** A capacidade de adicionar o produto a uma lista para ser comprado mais tarde. A chamada para ação da Crate & Barrel para esse recurso é "Add to Registry" (adicionar ao registro) e "Add to Favorites" (adicionar aos favoritos).

- **Botões de redes sociais:** A capacidade de compartilhar a página do produto em redes sociais como Facebook e Pinterest.

- **Informações de envio:** Informações de envio são fáceis de localizar e a política, fácil de entender.

- **Vídeos do produto:** Um vídeo demonstrando o produto em ação.

- **Upsells/Cross-sells:** Produtos adicionais em que esse cliente em potencial possa se interessar. A Crate & Barrel se refere a isso como "People who viewed this item also bought" ["pessoas que viram este item também compraram"].

FIGURA 7-3: Uma página clássica de detalhe de produto da monstruosa do e-commerce Crate & Barrel.

Fonte: http://www.crateandbarrel.com/w%C3%BCsthof-classic-ikon-12-piece-knife-block-set/s532597

Escrevendo uma carta de vendas

Dominar o copywriting é um pouco como dominar um trabalho manual, como cerâmica ou pintura a óleo: envolve uma quantidade tremenda de arte. Dito isso, escrever um texto persuasivo começa com a compreensão dos componentes fundamentais de uma carta de vendas. Na verdade, você pode aplicar os princípios que englobam uma carta de vendas persuasiva a todas as suas comunicações, incluindo e-mails, posts de blog, títulos de apresentação etc.

Um iniciante pode usar o processo que descrevemos aqui palavra por palavra, mas à medida que ficar mais confortável com o processo, sinta-se à vontade para mudá-lo para satisfazer suas circunstâncias. Uma carta de vendas, acima de tudo, deve ser verdadeira e, portanto, pode não conter alguns dos elementos esboçados nesse processo simplesmente porque não se aplicam à sua oferta.

Aqui estão os passos do processo exigido para fazer uma carta de vendas bem escrita. Você pode voltar a esse checklist para garantir que tenha incluído todos os elementos essenciais de uma carta persuasiva:

1. **Crie o título.**
2. **Escreva o subtítulo.**
3. **Escreva a abertura.**
4. **Exiba a facilidade de uso.**
5. **Preveja o futuro.**
6. **Estabeleça credibilidade.**
7. **Escreva tópicos que vendam.**
8. **Exiba provas.**
9. **Faça a oferta.**
10. **Melhore o negócio.**
11. **Comunique a urgência.**
12. **Reverta o risco.**
13. **Faça a chamada para ação.**

As seções seguintes explicam cada parte da carta de vendas.

Passo 1: Crie o título

O título é a primeira coisa que as pessoas leem e, portanto, a parte mais crucial do texto na página. Se estiver só começando, use um título "Como Fazer", porque é simples de escrever e muito eficaz. O título "Como Fazer" é aplicável a 99% das ofertas que promove. É claro, sua oferta pode exigir um tipo diferente de título. Se esse for o caso, use um mecanismo de busca como o Google para procurar uma lista de títulos comprovados. Você pode encontrar dúzias de artigos de posts de blog que fornecem fórmulas fantásticas de títulos.

Não comece com um título muito engenhoso. Comece com uma linguagem clara, simples e direta, que comunique o benefício de ler o texto da carta de vendas. Claro e direto quase sempre converte melhor do que inteligente e confuso. Mais tarde, quando ficar mais confortável com o copywriting, você pode ser mais engenhoso.

Dê uma olhada nas seguintes fórmulas de título "Como Fazer" e sinta-se à vontade para usá-las (preenchendo as lacunas com sua informação pertinente) ou para fornecer inspiração:

Como Obter *[resultado desejado]* em *[período de tempo]*

Como Transformar *[preencha]* em *[resultado desejado]*

Como *[resultado desejado]* Quando Você Não *[preencha]*

Como Acelerar *[resultado desejado]*

Como *[resultado desejado]* Mesmo Se *[algo desafiador]*

Por exemplo, essa última fórmula de título pode ser usada para escrever o título no topo de uma carta de vendas: Como Comprar uma Casa Mesmo Se Estiver Falido.

Passo 2: Escreva o subtítulo

O subtítulo é opcional, mas frequentemente necessário para explicitar o título. Novamente, você pode encontrar dúzias de artigos online que fornecem listas de fórmulas clássicas de títulos. Aqui estão algumas para você começar:

Descubra com que Rapidez Você Consegue *[resultado desejado]*

Aprenda com que Facilidade Você Consegue *[resultado desejado]*

Você Também Pode Ter *[resultado desejado]* em *[período de tempo desejável]*

O que Todo Mundo Deveria Saber sobre *[preencha]*

Como *[pessoa com autoridade]* Obteve *[resultado desejado]* em *[período de tempo]*

Por exemplo, a última fórmula de título pode ser usada para escrever o subtítulo: Como Serena Williams Ficou na Melhor Forma de Sua Vida em 14 Dias.

LEMBRE-SE: Você fez uma declaração ou promessa no título que criou no Passo 1. Seu subtítulo deve apoiar o título. Ele não deve introduzir uma nova declaração ou promessa, e certamente não deve entrar em conflito com ela.

Passo 3: Escreva a abertura

Quando os visitantes de sua landing page estiverem lendo a abertura, já leram o título e o subtítulo. Alguns leitores até foram até o final de sua carta para ver o preço e a oferta. Em outras palavras, eles estão interessados.

Se estiver só começando, tente a abertura clássica "Problema/Solução" para uma carta de vendas. No primeiro passo da abertura, você identifica o problema que o comprador em potencial tem.

DICA: Seus visitantes se perguntam se você realmente entende o problema deles. Como comerciante, seu trabalho é estabelecer um patamar comum entre você e seus visitantes. Mostre empatia pelo problema e seja específico sobre o estado de descontentamento deles.

Em seguida, você deve revelar que existe uma solução para esse problema, e é seu produto ou serviço (claro!). Você não precisa entrar em detalhes sobre o produto ou serviço a essa altura; fará isso mais tarde.

Por exemplo, se estiver vendendo serviços de declaração de impostos, pode abrir sua carta de vendas com o seguinte:

> Chegou aquela época do ano novamente. Dia 15 de abril está próximo e você tem um final de semana inteiro circulado no seu calendário para caçar todos aqueles recibos e documentos de impostos.

> Sejamos sinceros, declarar o próprio imposto é, na melhor das hipóteses, frustrante.

> Se prefere passar esse lindo final de semana de primavera com seus amigos e familiares, deixe que nossa empresa cuide do seu imposto este ano.

Passo 4: Mostre a facilidade de uso

O segredo dessa parte de sua carta de vendas é comunicar (se aplicável) que sua solução é fácil de fazer ou rápida para entregar resultados (ou ambos). Agora mais do que nunca os clientes em potencial querem resultados rápida e facilmente. Se puder demonstrar a facilidade de uso ou a velocidade dos resultados por meio de texto, imagens ou vídeos, faça.

Passo 5: Preveja o futuro

Nesta parte da página da carta de vendas, você pinta um quadro na mente de seus leitores de como será se resolverem seu problema. Você quer que seus leitores imaginem e sintam a sensação de estarem livres do problema.

A maneira mais fácil de começar essa seção da carta de vendas é completando a seguinte frase:

> Imagine como seria _____.

Por exemplo, a Empresa Ford Motor pode escrever o seguinte para vender o Mustang GT:

> Imagine pisar no acelerador e sentir a emoção do motor de 435 cavalos do Mustang.

DICA

Enfim, comprar um Mustang GT resolve qual problema? Não curará a gripe do cliente ou o livrará da dívida do cartão de crédito. No Capítulo 1, falamos sobre articular o movimento do cliente de um estado "antes" para um "depois". Em seu texto de vendas, você deve ser capaz de articular o valor desse estado "depois". No caso do Mustang, você livra as pessoas de seu carro sem graça, velho e lento do estado "antes" e lhes entrega um carro novo, lindo e emocionante.

Passo 6: Construa credibilidade

Nesse passo de escrever sua carta de vendas, você precisa abordar a pergunta na mente de seus visitantes: "Por que você?"

Ou seja, por que você ou sua organização está qualificada para resolver o problema deles? Você precisa estabelecer por que a solução que tem é confiável. Você tem várias maneiras de demonstrar sua credibilidade, incluindo:

» **Use um depoimento:** Se tiver um depoimento grande de um cliente feliz, que fortaleça sua credibilidade, coloque-o aqui.

» **Dê suas qualificações:** Forneça quaisquer qualificações que deem uma razão às pessoas para acreditarem em você como uma solução — por exemplo, você é um médico, tem um MBA, serviu como piloto na Aeronáutica ou outra qualificação relativa ao tipo de solução que oferece.

» **Empreste qualificações:** Se conhece alguém cujas qualificações são admiráveis e que endossam você e seu produto, identifique essa pessoa aqui (e inclua o endosso dela, se possível).

» **Conte sua história:** Você teve alguma experiência que o torna qualificado para resolver esse problema? (Superou seu medo de palco, aprendeu sozinho a andar novamente, perdeu 22kg?) Conte essa história.

> **Use números impressionantes:** Se tiver dados impressionantes, anos de experiência ou vários clientes de sucesso, use-os aqui.

Lembre-se de que, a essa altura, ninguém que não tem o problema que descreve lerá este texto. A essa altura da carta de vendas, você deve explicar por que é qualificado para resolver o problema.

Passo 7: Escreva tópicos que vendam

Embora você espere que o leitor de sua carta de vendas leia cada palavra que escreve, a verdade é que a maioria das pessoas só lerá a carta superficialmente. Adicionar tópicos em sua carta de vendas quebra o texto e muitas vezes faz até o leitor dinâmico mais apressado parar e ler. Você deve incluir de três a cinco tópicos que expliquem os benefícios de sua oferta. Não tenha pressa nesse passo, mas não fique empacado. Para seu primeiro esboço, esse passo deve demorar no máximo 30 minutos. Você pode voltar e passar mais tempo nesses benefícios depois de ter criado seu primeiro esboço.

DICA

Não é hora de explicar o produto ou serviço que oferece. É hora de traçar os benefícios que seu leitor receberá se comprar seu produto ou serviço.

Lembre-se de que as pessoas não compram produtos e serviços; compram um resultado desejado:

> Elas não compram remédio para gripe; compram uma boa noite de sono.

> Elas não compram uma associação na academia; compram um corpo mais em forma ou mais saudável.

> Elas não compram controle de pragas; compram uma casa mais limpa e segura para seus filhos.

Passo 8: Exiba provas

Nesse passo da escrita de sua carta de vendas, você cria o elemento mais importante do seu texto: provas. A prova não é a mesma coisa que a credibilidade ou a credibilidade de sua empresa, que você estabeleceu em um passo anterior. Estabelecer sua credibilidade cria confiança, mas, ao longo do texto, você começou a introduzir promessas a seus leitores. Agora precisa sedimentá-las fornecendo provas de suas declarações. Se estiver vendendo um produto físico, essa é uma boa hora de demonstrar, por meio de vídeos ou imagens, como o produto funciona, e mostrá-lo fazendo as coisas que descreveu nos tópicos anteriores.

Infomerciais dominaram o conceito de exibir provas. Eles mostram facas cortando pregos e, depois, facilmente fatiando um tomate, ou demonstram um limpador removendo uma mancha de vinho tinto. A prova aparece de várias formas, incluindo:

> **Demonstração:** Se puder mostrar que funciona, faça.

> **Prova social:** Se tiver depoimentos que fortaleçam as declarações que fez, as inclua aqui. Mencione quantas outras pessoas já se beneficiaram com sua solução.

> **Dados ou pesquisa:** Use dados e pesquisas que tenha conduzido ou de fontes reconhecidas.

> **Credibilidade emprestada:** Encontre e use informações de fontes reconhecidas como o *New York Times*, *Harvard Business Review* ou associações comerciais.

Quanto maior o risco envolvido em sua oferta, mais provas seus compradores precisarão para sentirem-se confortáveis em fazer a compra com você.

Se não consegue provar adequadamente uma afirmação que fez, considere removê-la. Uma declaração ou promessa sem provas faz mais mal do que bem.

Passo 9: Faça a oferta

A oferta que faz para seus leitores deve incluir exatamente o que podem esperar receber se lhe derem dinheiro. O mais importante é que sua oferta seja clara e nem um pouco confusa. Se seus leitores tiverem mesmo um mínimo de dúvidas sobre o que receberão, eles não comprarão. Aqui estão alguns exemplos de informações a serem incluídos por questão de clareza:

> Você enviará um produto? Quanto tempo vai demorar para chegar?

> Quais são as dimensões do produto? Qual é o peso?

> Quanto custa? Os termos de pagamento estão disponíveis? Você aceita American Express?

Pense nas dúvidas que seus leitores podem ter sobre a oferta e certifique-se de responder a todas essas perguntas.

Passo 10: Melhore o negócio

Você pode descobrir que bônus não são aplicáveis à sua oferta. Contudo, se puder adicionar bônus, quase certamente aumentará a resposta. Talvez possa adicionar, sem custo adicional aos compradores, um produto bônus para as primeiras 100 pessoas que responderem. Ou dar um desconto àqueles que comprarem antes de uma data específica.

Adicionar um bônus é uma ótima maneira de aumentar a urgência (tratada no Passo 11) ao retirar esses bônus depois de uma certa data ou depois que uma certa quantidade for vendida.

Passo 11: Comunique urgência

Adicionar urgência à sua oferta, se adequada a seu produto ou serviço, faz com que seus leitores realizem a ação agora, que é o que você quer. Se decidirem pensar sobre realizá-la ou deixar para depois, provavelmente não voltarão.

Você pode persuadir as pessoas a realizarem a ação agora ao comunicar a urgência de aceitar a oferta. Se acreditarem que podem voltar amanhã, na semana ou no ano que vem e receber a mesma oferta, serão menos propensas a realizar a ação agora.

Não invente a escassez ou a urgência, mas se tiver uma razão real para que as pessoas realizem a ação agora, certifique-se de comunicá-la. Aqui estão alguns exemplos:

- Inscreva-se nesse evento agora; há apenas 32 lugares restantes.
- Compre agora; essa oferta está disponível apenas até a meia-noite do dia 26 de janeiro.
- Apenas 1.000 moedas dessas foram criadas pela casa da moeda.

Outra maneira de criar urgência em sua carta de vendas é com uma declaração simples, como: "Pense no quanto lhe custa todos os dias que não toma uma atitude sobre este problema."

Passo 12: Reverta o risco

Neste passo da carta de vendas, você adiciona *reversão de risco*, que fornece a sensação de segurança sobre a compra às pessoas. Você tem várias maneiras de reduzir o risco, incluindo:

- Fornecer uma garantia.
- Oferecer um teste grátis.
- Fornecer uma política de devolução.
- Usar selos de confiança, incluir logotipos de associações, insígnia BBB, selos de compra segura, e assim por diante.

Passo 13: Faça a chamada para ação

Uma chamada para ação diz às pessoas exatamente o que você quer que façam e como fazê-lo. É uma declaração de comando simples, como: "Clique abaixo no botão Adicionar ao Carrinho."

Entendendo os elementos de uma página de detalhe de produto

Páginas de detalhe de produto, também conhecidas simplesmente como páginas de produto, são as mais importantes em um site de e-commerce. Quando clientes em potencial visitam sua página de produto e olham as imagens, leem as descrições e consomem as resenhas de clientes, estão mostrando interesse e pensando sobre comprar seu produto. A página de produto é o ponto do sucesso ou fracasso que determina o quanto sua loja de e-commerce é bem-sucedida. Sua página de produto precisa fazer as pessoas ascenderem para o próximo nível: a conversão. Então preste ainda mais atenção à página do seu produto. As seções a seguir descrevem os elementos de páginas de produto de sucesso.

Imagens do produto

Embora comprar online seja conveniente, pode ser um prejuízo, porque as pessoas não podem pegar e examinar fisicamente o produto da maneira que fariam em uma loja física. As pessoas não compram produtos na internet; compram imagens de produtos. Para superar o fato de que os clientes em potencial não podem segurar ou tocar seu produto, inclua o máximo possível de imagens de alta qualidade para transmitir completamente suas características e atributos.

LEMBRE-SE

As pessoas compram com base no que o produto parece, e quanto mais complexo ou caro for, mais imagens são necessárias para mostrá-lo com sucesso.

Zoom de imagem

Dê às pessoas a possibilidade de dar zoom na imagem do seu produto para que possam olhá-lo mais de perto, sua textura ou recursos e como é usado. O zoom de imagem também ajuda a superar dúvidas que consumidores em potencial possam ter, porque dá às pessoas uma chance de examinar um produto antes de colocá-lo no carrinho de compras.

Descrição do produto

Certifique-se de incluir uma boa descrição do produto que seja imediatamente visível na página, para que os clientes em potencial aprendam rapidamente sobre suas características sem ter que procurar mais informações na página. Não economize na descrição do produto. Descreva seus pontos de venda exclusivos e como ele resolve os problemas das pessoas ou melhora suas vidas. Tenha como objetivo criar descrições de produtos com 250 palavras ou mais, e inclua as palavras-chave que visa dentro da descrição. Incluí-las melhora o marketing de busca do produto, que discutimos no Capítulo 8. Similar às imagens de produto, quanto mais completo ou caro o produto for, mais detalhes são exigidos. Para melhorar a legibilidade e a experiência do usuário, organize a descrição do produto com títulos, tópicos e listas de passos.

Vídeo de venda de produto

O vídeo de venda do produto é um ótimo meio de demonstrá-lo em uso e uma ferramenta extremamente eficaz para fazer sua apresentação de venda. Produtos caros ou complexos se saem bem com um vídeo de venda. Além disso, o vídeo de venda de produto é uma maneira fantástica de superar objeções que clientes em potencial possam ter. Se incluir um vídeo de venda, deixe-o fácil de encontrar em vez de enterrado no final da página.

Vídeo de apresentação de terceiros

Este tipo de vídeo também é chamado de vídeo de endosso ou de imprensa, e é basicamente um segundo vídeo de venda do produto. Embora não seja essencial, endossos de terceiros aumentam significativamente a conversão de uma página de produto. O vídeo deve apresentar alguém que não é associado à sua marca recomendando ativamente sua marca e produto. Isso é similar ao endosso de celebridades, embora você não precise de uma celebridade nesse vídeo para que seja eficaz. Vídeos de apresentação de terceiros muitas vezes são roteirizados e gravados profissionalmente.

Chamada para ação

A chamada para ação em uma página de produto é o botão Adicionar ao Carrinho. Esse botão deve ser altamente visível e acessível ao consumidor. O botão Adicionar ao Carrinho deve ser fácil de localizar tanto no desktop quanto em dispositivos móveis. Na Figura 7-4, você vê dois botões Adicionar ao Carrinho [Add to Cart] altamente visíveis em uma página de produto da Best Buy — o ícone do carrinho no canto superior direito e o botão de chamada para ação Add to Cart logo acima do preço. Dependendo do tamanho de sua página de produto, considere adicionar vários botões Adicionar ao Carrinho para que as pessoas possam fazê-lo não importa onde estiverem em sua página.

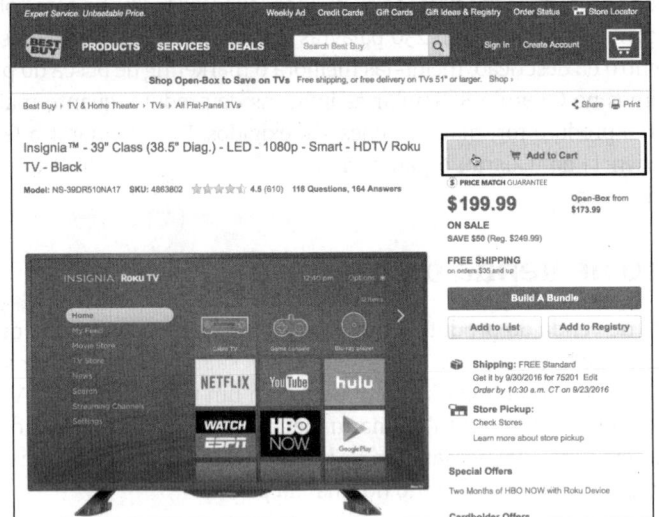

FIGURA 7-4:
A Bust Buy tem dois botões Add to Cart [Adicionar ao Carrinho] na primeira metade da página.

Fonte: http://www.bestbuy.com/site/insignia-39-class-38-5-diag--led-1080p-smart-hdtv-roku-tv-black/4863802.p?skuId=4863802

Resenhas

Inclua resenhas, conteúdo submetido por usuários e uma seção FAQ [perguntas mais frequentes] dentro de sua página de produto. As resenhas, em particular, servem como uma forma de prova social e são como uma recomendação pessoal. Resenhas de clientes não precisam existir apenas na forma escrita; também podem ser em vídeo. Resenhas de clientes em vídeo são uma das melhores formas de prova que pode incluir em uma página de produto, porque o vídeo dá aos clientes em potencial alguém para conectar-se enquanto examina seu produto.

As pessoas consideram vídeos de resenhas como mais difíceis de fingir ou manipular do que depoimentos em texto, então têm mais peso. A principal diferença entre resenhas de clientes em vídeo e vídeos de apresentação de terceiros é que os últimos são produzidos profissionalmente pelo negócio, enquanto os primeiros são gravados pelo cliente, provavelmente com a câmera do celular. Para ter mais resenhas, tanto escritas quanto em forma de vídeo, faça acompanhamento com clientes via e-mail e peça uma resenha honesta; você pode incentivar os clientes a deixarem resenhas oferecendo cupons e sorteios.

Cross-sells

A Amazon.com faz um bom cross-selling com sua seção Customers Who Bought This Item Also Bought ["Clientes que Compraram Este Item Também Compraram"], como mostrado na Figura 7-5, que o site sugere outros produtos que um cliente pode querer adicionar ao carrinho com base no produto visualizado atualmente. Cross-sells são uma maneira eficaz de aumentar o tamanho do seu carrinho ou oferecer uma alternativa relacionada ao produto que pode encaixar-se melhor às necessidades do cliente, garantindo, assim, uma venda.

FIGURA 7-5: A Amazon oferece cross-sells em uma tentativa de aumentar o tamanho do carrinho de um cliente.

Fonte: https://www.amazon.com

Avaliando uma Landing Page

Nas seções anteriores deste capítulo, falamos sobre as landing pages mais comuns e seus elementos essenciais, e nesta seção lhe damos alguns critérios com os quais avaliar a eficácia de suas páginas. Landing pages têm vários tamanhos e formatos, de páginas curtas de captura de leads a cartas de vendas longas, então alguns dos elementos inclusos nas seções a seguir podem não se aplicar à landing page que está avaliando. Por exemplo, uma carta de vendas longa que vende um serviço provavelmente não usará um formulário de captura de lead.

Avalie sua landing page com base nos critérios que se aplicam às *suas* páginas. A coisa mais importante a ser lembrada é que melhorar cada fator na lista a seguir relevante à sua landing page terá um impacto substancial na taxa de conversão da sua landing page.

» **Clareza:** Você tem uma questão de segundos para convencer novos visitantes em sua landing page de que devem continuar por lá. Use título, subtítulo, imagens e qualquer coisa imediatamente visível na página para responder às seguintes perguntas: "O que é?" e "O que isso faz por mim?"

» **Harmonia:** Nada faz com que seus visitantes da landing pages saiam correndo mais rápido do que a falta de harmonia entre o lugar do qual vieram e sua landing page. O texto, a oferta e as imagens na landing page devem combinar (idealmente de forma exata) com o texto e as imagens que estavam em qualquer anúncio ou fonte de tráfego de referência que levou o visitante à landing page. Por exemplo, se clicar em um anúncio que diga "10% de desconto em vestuário de inverno" e chegar a uma página oferecendo vestuário de verão, perderá a maior parte do seu tráfego. Mantenha o visual (cores, imagens, fontes, e assim por diante) e as ofertas em harmonia com a fonte de tráfego para a landing page e você terá mais tráfego em sua oferta.

» **Visualização:** Normalmente, uma imagem ou representação gráfica da oferta aumenta as conversões. Evite usar imagens excessivamente batidas de bancos de imagem ou sem royalties, que possam fazer com que sua oferta pareça ruim. Sempre que possível, em vez disso, use fotografias ou gráficos personalizados para representar sua oferta.

» **Número de campos:** O número de campos de formulário deve ser adequado à oferta. Por exemplo, ofertas de alto comprometimento têm formulários mais longos e de baixo comprometimento, menos campos.

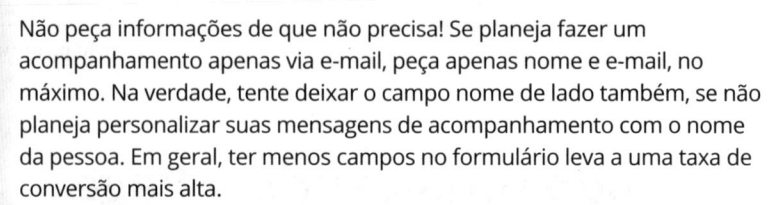

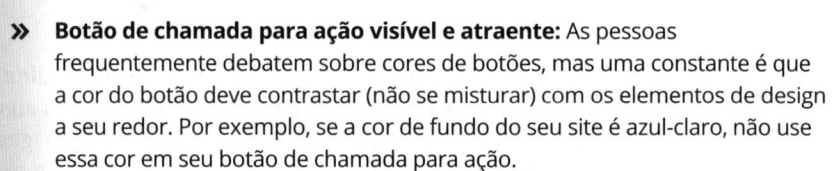

LEMBRE-SE

Não peça informações de que não precisa! Se planeja fazer um acompanhamento apenas via e-mail, peça apenas nome e e-mail, no máximo. Na verdade, tente deixar o campo nome de lado também, se não planeja personalizar suas mensagens de acompanhamento com o nome da pessoa. Em geral, ter menos campos no formulário leva a uma taxa de conversão mais alta.

» **Botão de chamada para ação visível e atraente:** As pessoas frequentemente debatem sobre cores de botões, mas uma constante é que a cor do botão deve contrastar (não se misturar) com os elementos de design a seu redor. Por exemplo, se a cor de fundo do seu site é azul-claro, não use essa cor em seu botão de chamada para ação.

Segundo, use uma declaração atraente como o texto do seu botão de chamada para ação. "Enviar" não é bom o bastante. Teste o texto do botão que dê uma ordem específica ou fale sobre o resultado final (como "Obtenha Acesso Instantâneo Grátis").

» **Design profissional:** O design de sua landing page deve ter qualidade profissional. Se estiver usando uma ferramenta de criação de landing page de qualidade, os templates fornecidos darão conta da maior parte do design e layout. (Oferecemos recomendações de ferramentas criadoras de landing pages no Capítulo 16.) Evite fazer grandes mudanças nesses layouts e designs testados até que fique mais confortável criando landing pages que convertam.

» **Ícones de confiança relevantes:** Marcas reconhecidas com as quais você faz negócios ou às quais é afiliado, logotipos "Como Visto em" e depoimentos fazem com que seus visitantes saibam que estão tomando uma decisão inteligente em lhe dar suas informações de contato ou fazer uma compra.

» **Políticas de privacidade claras:** As políticas de privacidade e os termos de serviço não só são exigidos para anunciar em alguns sites (incluindo o Google), também são bons para conversões.

» **Dicas visuais:** A landing page deve incorporar setas, caixas e outros recursos visuais para atrair os olhos para a área de chamada para ação.

> **NESTE CAPÍTULO**
>
> » Focando o básico do marketing de pesquisa
>
> » Analisando consultas de pesquisas
>
> » Otimizando para tráfego de pesquisa em sites populares
>
> » Atraindo robôs
>
> » Ganhando links para suas páginas

Capítulo **8**

Capturando Tráfego com Marketing de Busca

Nenhuma disciplina em marketing digital evoluiu ao longo dos anos tão drasticamente quanto o marketing de busca. No início da internet, os mecanismos de busca como Alta Vista, Lycos e Yahoo! não eram nada sofisticados. Comerciantes de busca que entendiam os fatores simples que esses sites usavam para classificar sites podiam direcionar tráfego de mecanismo de busca para uma página, independente de sua qualidade.

Hoje, mecanismos de busca como o Google consideram centenas de fatores ao decidir qual página exibir em uma busca. No cenário atual de marketing de busca, as melhores páginas normalmente ganham. Claro, ainda existem brechas, exploradas por comerciantes de busca nada respeitáveis, mas a balança pesa em direção àqueles que seguem as regras. Neste capítulo, você descobre essas regras e se coloca em posição de vantagem para receber tráfego de bilhões de pesquisas que ocorrem todos os dias.

As pesquisas não são limitadas a grandes mecanismos de busca como Google e Bing. Sites de redes sociais como Facebook e Pinterest também têm capacidades de busca. Além disso, a Amazon, o iTunes, o TripAdvisor e milhares de outros sites fornecem busca para seus usuários. Dependendo do seu negócio, pode ser mais valioso entender como a pesquisa opera no YouTube ou na Amazon do que no Google ou Bing.

Conhecendo os Três Principais Agentes do Marketing de Busca

Três principais agentes formam o cenário do marketing de busca, cada um com uma motivação diferente. Entender quem são e o que querem lhe dá uma compreensão melhor de como fazer o marketing de busca funcionar para seu negócio. Os principais agentes do marketing de busca são:

- **Pesquisadores:** Pessoas que digitam consultas em mecanismos de busca.
- **Mecanismos de busca:** Os programas que os pesquisadores usam para encontrar produtos, serviços, conteúdo e mais na internet.
- **Comerciantes:** Os donos de sites e outros canais que publicam conteúdo e fazem ofertas para pessoas na internet.

Como comerciante e dono de negócio, você quer maximizar a quantidade de tráfego, leads e vendas que obtém do marketing de busca. Para isso, deve dar aos pesquisadores e mecanismos de busca o que desejam.

Entendendo as necessidades dos pesquisadores

O segredo para ambos, comerciantes e mecanismos de busca, é entender a mentalidade dos pesquisadores. Ao entender o que os motiva, os comerciantes e mecanismos de busca podem lhes servir melhor.

As pessoas usam mecanismos de busca todos os dias para tudo, de pesquisa para um projeto escolar a procurar resenhas para uma compra de alto valor como um carro ou uma casa. O que motiva os pesquisadores é simples: querem encontrar as páginas mais relevantes e de melhor qualidade sobre tudo o que estiverem procurando, e querem encontrá-las *agora*.

Se os comerciantes e os mecanismos de busca puderem satisfazer os pesquisadores, todo mundo ganha. Os pesquisadores encontram o que querem; os comerciantes recebem tráfego, leads e vendas; e os mecanismos de busca ganham usuários.

Sabendo o que o mecanismo de busca quer

Uma empresa de mecanismo de busca, como o Google, é um negócio e, como qualquer outro, deve gerar renda para sobreviver. Como resultado, é útil entender como os mecanismos de busca geram essa renda. Se entender o que motiva o mecanismo de busca, pode planejar sua estratégia de busca adequadamente.

A maioria dos mecanismos de busca gera a maior parte de sua renda vendendo anúncios. A Figura 8-1 mostra um conjunto típico de anúncios em uma página de resultados de pesquisa do Google.

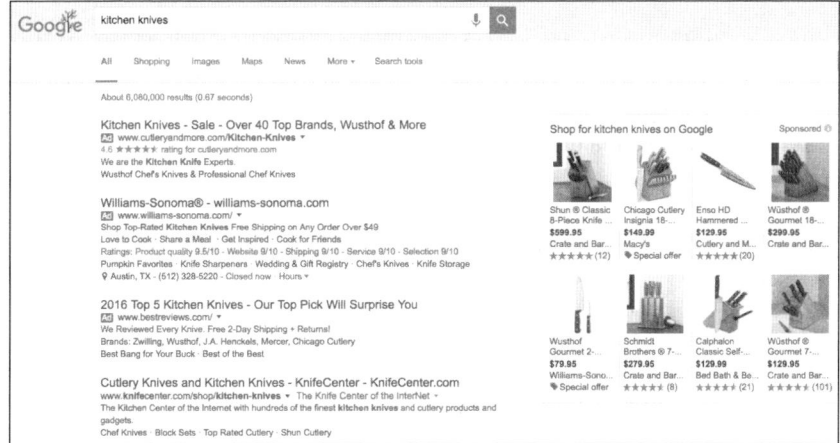

FIGURA 8-1: O Google exibe anúncios no topo e no canto direito superior das páginas de resultados de pesquisa.

Fonte: www.google.com

Como resultado, é do interesse do mecanismo de busca oferecer o conteúdo melhor, mais popular e mais relevante para os pesquisadores. Deixar de entregar o que os pesquisadores querem acaba remetendo esses pesquisadores para outro lugar para encontrar o que procuram, o que significa menos oportunidades de exibir anúncios.

> ## ⚠ BLACK HATS E WHITE HATS
> **CUIDADO**
>
> Se quiser criar uma campanha de marketing de busca bem-sucedida, você precisa ficar por dentro dos limites dos termos de serviço de cada mecanismo de busca. As táticas de marketing de busca que os violam são chamadas de *black-hat*; aquelas que seguem as regras, de *white-hat*.
>
> Táticas de marketing de busca black-hat não são apenas antiéticas (e, às vezes, ilegais), mas também ruins para os negócios. Violar os termos de um mecanismo de busca cria resultados em curto prazo, mas que não se sustentam. Mecanismos de busca como o Google atualizam continuamente os algoritmos que usam para classificar sites em um esforço para aniquilar métodos black-hat, como compra de links e keyword stuffing [sobrecarga de palavras-chave].
>
> Comerciantes que usam estratégias de marketing white-hat — que seguem os termos de serviço do mecanismo de busca e criam uma experiência de usuário melhor para os pesquisadores — são recompensados com classificações mais altas e mais tráfego, leads e vendas dos mecanismos de busca.

Outros mecanismos de busca geram renda ao estabelecer relacionamentos de afiliação com os negócios para os quais direcionam tráfego. Quando um pesquisador visita um desses parceiros afiliados e faz uma compra, o mecanismo de busca ganha uma comissão por essa venda.

Selecionando Consultas de Pesquisas

Uma maneira de as pessoas descobrirem seu negócio, marcas, produtos e serviços é usar consultas de pesquisas digitadas em mecanismos de busca. Um pesquisador navega para um mecanismo de busca, digita uma palavra-chave ou frase, aperta o botão pesquisar e o mecanismo de busca retorna resultados populares e relevantes. O pesquisador clica em um desses resultados e assim começa a atividade.

Para tornar sua marca fácil de ser encontrada e disponível para os pesquisadores, os comerciantes têm duas categorias amplas de pesquisa a lembrar:

- **Consultas de marca:** Palavras ou frases-chave que os pesquisadores digitam em mecanismos de busca quando estão procurando um negócio, marca, produto ou serviço específicos. A consulta de pesquisa "Southwest Airlines", por exemplo, é uma consulta de marca que a Southwest Airlines deveria selecionar.

> **Consultas sem marca:** Palavras ou frases-chave que os pesquisadores digitam em mecanismos de busca quando não estão procurando um negócio, marca, produto ou serviço específicos. A consulta de pesquisa "voar para Chicago", por exemplo, é uma consulta sem marca que a Southwest Airlines deveria selecionar.

Ao entender as duas categorias anteriores, os comerciantes selecionam palavras ou frases-chave para tornar sua marca fácil de descobrir e disponível para os pesquisadores.

Suponha que alguém esteja procurando uma pousada e digite a consulta "pousada histórica próxima" no Google (veja a Figura 8-2). Essa consulta é uma consulta de pesquisa sem marca. A pessoa não procura uma pousada específica; está simplesmente pesquisando e descobrindo pousadas históricas próximas.

Por outro lado, ela pode estar procurando uma pousada específica, como um Austin's Inn na Pearl Street; nesse caso, digita uma consulta como "resenhas de Austin's Inn na Pearl Street". Essa consulta é uma consulta de pesquisa de marca (veja a Figura 8-3).

FIGURA 8-2: Uma consulta de busca para pousadas locais.

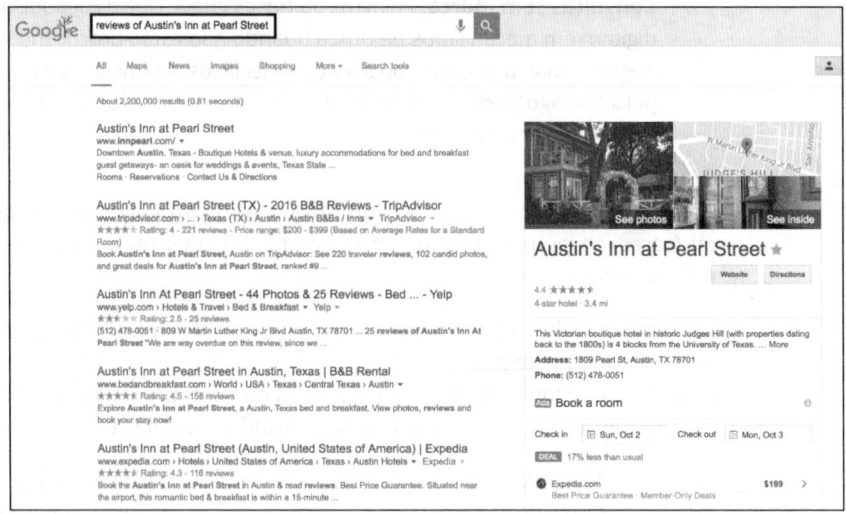

FIGURA 8-3: Uma consulta de pesquisa de marca para Austin's Inn na Pearl Street.

Definindo uma consulta de pesquisa

Cada uma das bilhões de consultas de pesquisa feitas em mecanismos de busca todos os dias contém a intenção e o contexto de um pesquisador individual. *Intenção*, como relacionada ao marketing de busca, envolve entender o que o pesquisador procura. O *contexto* da consulta é formado pela razão do pesquisador ter essa intenção. Em outras palavras, intenção é o "quê" de uma consulta e o contexto, o "porquê".

A seguir há exemplos de intenção e contexto de três pessoas que podem estar pesquisando na internet:

» **Pessoa 1:** Quero começar uma horta porque quero adicionar alimentos orgânicos à minha dieta.
- *Intenção:* Começar uma horta.
- *Contexto:* Adicionar alimentos orgânicos à dieta.

» **Pessoa 2:** Quero começar uma horta porque quero passar mais tempo fora de casa.
- *Intenção:* Começar uma horta.
- *Contexto:* Passar mais tempo fora de casa.

» **Pessoa 3:** Quero começar uma horta porque quero economizar o dinheiro das compras.
- *Intenção:* Começar uma horta.
- *Contexto:* Economizar o dinheiro das compras.

Cada pesquisador nesses exemplos tem a mesma intenção: começar uma horta. Mas cada pessoa tem uma razão ligeiramente diferente para querer começá-la. Ou seja, o contexto por trás da intenção é diferente em cada caso.

Um comerciante de busca deve focar satisfazer tanto a intenção quanto o contexto dos pesquisadores. Cada intenção e contexto representam uma consulta que vale a pena selecionar. Nos exemplos anteriores, os pesquisadores podem digitar qualquer uma das consultas a seguir em um mecanismo de busca:

- "Começar uma horta" (apenas intenção)
- "Adicionar comida orgânica à dieta" (apenas contexto)
- "Começar uma horta orgânica" (intenção e contexto)

Um negócio que venda produtos ou serviços de jardinagem para hortas se sairia bem se selecionasse todas essas palavras-chave baseadas em intenção e contexto desse cliente ideal.

DICA Vá ao avatar do cliente, descrito no Capítulo 1 deste livro. Preste atenção em particular às seções sobre objetivos, valores, desafios, dificuldades e objeções à venda. Essas seções contêm dicas de intenção e contexto dos termos que seu cliente ideal pode digitar em mecanismos de busca.

Escolhendo as consultas certas para selecionar

Cada consulta digitada em um mecanismo de busca contém intenção ou contexto do pesquisador, ou ambos. Para determinar a intenção e o contexto que seu cliente ideal digita em mecanismos de busca, você precisa fazer uma pesquisa de palavras-chave, usando ferramentas como o Google AdWords Keyword Planner [planejador de palavras-chave] (`https://adwords.google.com/KeywordPlanner`).

Pensando em palavras-chave da maneira "antiga"

Mas antes de você começar a usar ferramentas de palavras-chave, uma das melhores maneiras de fazer pesquisa de palavras-chave é debater ideias com qualquer pessoa que entre em contato com seus clientes. Afinal de contas, você conhece desejos, necessidades e dificuldades dos seus clientes melhor do que qualquer ferramenta de palavras-chave. Reúna os membros adequados de sua equipe para responderem a perguntas sobre seus clientes. Isso o ajudará a pensar em palavras e frases-chave relevantes e específicas para pesquisar com uma ferramenta de palavras-chave. Depois de completar a fase de brainstorming, prossiga para sua respectiva ferramenta de palavra-chave para ver quais palavras e frases-chave funcionarão melhor para sua campanha de marketing de busca.

Para ajudá-lo com o brainstorming, responda a perguntas como estas do exemplo a seguir, que mostram como a varejista online de sapatos Zappos responde a perguntas para vender sapatos para pessoas que planejam correr uma maratona:

» **P:** O que nosso cliente ideal pesquisa antes de comprar nosso produto ou serviço?

   R: A dieta ideal para um corredor de maratonas.

» **P:** No que nosso cliente ideal está interessado que é relacionado ao nosso produto ou serviço?

   R: Tratar músculos doloridos das pernas.

» **P:** Quais barreiras nosso cliente ideal precisa superar antes de comprar nosso produto ou serviço?

   R: Encontrar tempo para treinar para uma maratona.

» **P:** O que nosso cliente ideal espera realizar com nosso produto ou serviço?

   R: Correr uma maratona.

» **P:** De quais informações nosso cliente ideal precisa para avaliar nosso produto ou serviço comparado aos produtos ou serviços da concorrência?

   R: Comparar o peso dos tênis da Nike e Adidas para correr maratonas.

» **P:** De quais informações nosso cliente precisa para comprar nosso produto ou serviço?

   R: A política de devolução de tênis.

Usando ferramentas de pesquisa de palavra-chave

Depois de pensar, você prossegue com sua ferramenta de pesquisa de palavra-chave escolhida. Há dúzias de boas ferramentas disponíveis para compra, mas o Google AdWords Keyword Planner (`https://adwords.google.com/KeywordPlanner`), gratuita, satisfaz as necessidades da maioria dos comerciantes de busca. O Google fornece essa ferramenta gratuita para possibilitar que anunciantes investiguem o comportamento dos pesquisadores que usam seu mecanismo de busca. Anunciantes usam as informações fornecidas por essa ferramenta para escolher as palavras-chave que serão lances.

Digitar uma frase-chave como "correr uma maratona" na ferramenta Keyword Planner (veja a Figura 8-4) retorna várias palavras-chave para selecionar:

» "Evento de corrida"

» "Corredor de maratona"

» "Dicas de maratona"

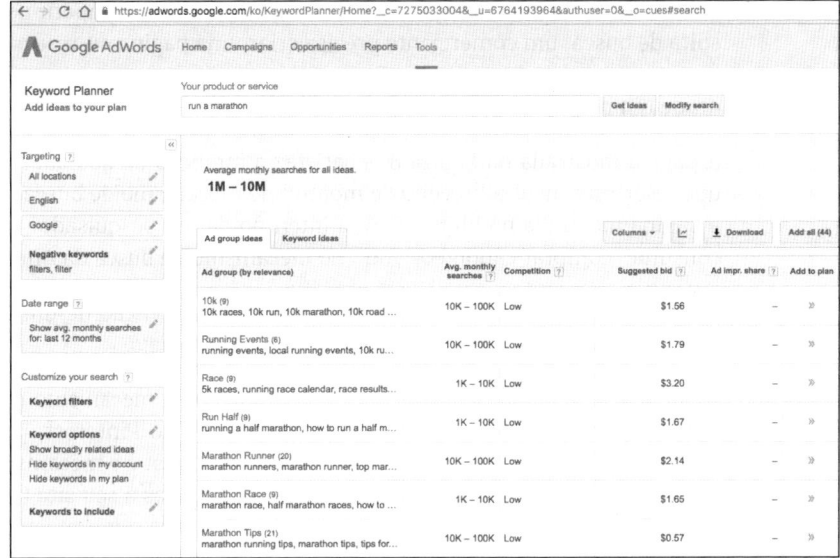

FIGURA 8-4: Planejando palavras-chave com o Google AdWords Keyword Planner.

Fonte: https://adwords.google.com/ko/KeywordPlanner/Home?_c=7275033004&_u=6764193964&authuser=0&_o=cues#search

O Google AdWords Keyword Planner lhe dá as seguintes informações sobre cada consulta:

» **Pesquisadores médios mensais:** O número médio de vezes que as pessoas pesquisaram essa palavra-chave exata com base no intervalo de datas e objetivando as configurações que você seleciona.

» **Concorrência:** O número de anunciantes dando lances nessa palavra ou frase-chave por uma campanha de tráfego pago (vá ao Capítulo 10 para informações sobre tráfego pago). Na coluna Concorrência, você pode ver se a concorrência por uma ideia de palavra-chave é baixa, média ou alta.

LEMBRE-SE

Não fique desencorajado se pesquisar palavras-chave e descobrir que o Google AdWords Keyword Planner não tem informações para relatar. A principal razão de usar essa ferramenta é pesquisar palavras-chave para selecionar na plataforma de anúncios do Google. Palavras-chave que podem ser absolutamente relevantes para seu negócio e, assim, boas para selecionar, podem não aparecer nessa ferramenta, especialmente para consultas de marca como os nomes de seus produtos, serviços ou marcas.

Satisfazendo pesquisadores

Como cães de caça em uma caçada, as pessoas muitas vezes pesquisam a web até satisfazerem sua intenção, contexto ou ambos. Para competir por uma consulta de busca, um comerciante precisa criar uma página ou recurso que satisfaça a consulta do pesquisador. Essa página ou recurso pode ser qualquer coisa, desde um post de blog até um vídeo de demonstração de produto.

A página mostrada na Figura 8-5 satisfaz a intenção de qualquer pesquisador que inserir a consulta "receita de mojito" no mecanismo de busca do Google, e a página mostrada na Figura 8-6, a intenção de um pesquisador que inserir a consulta "comprar canon eos 70d" no mecanismo de busca da Amazon.

Outros recursos que pode criar para satisfazer a intenção de um pesquisador incluem podcasts, vídeos e atualizações de redes sociais.

LEMBRE-SE A página e o recurso precisam ser encontrados pelo mecanismo de busca que o comerciante selecionou. O mecanismo de busca do Pinterest, por exemplo, descobre novos pins adicionados às pastas do Pinterest e o mecanismo de busca do Google, novas páginas e posts de blogs adicionados a seu site (supondo que você não tenha criado nenhuma barreira técnica para o mecanismo de busca). Falamos mais sobre barreiras técnicas na seção "Otimizando para robôs de mecanismo de busca", mais adiante neste capítulo.

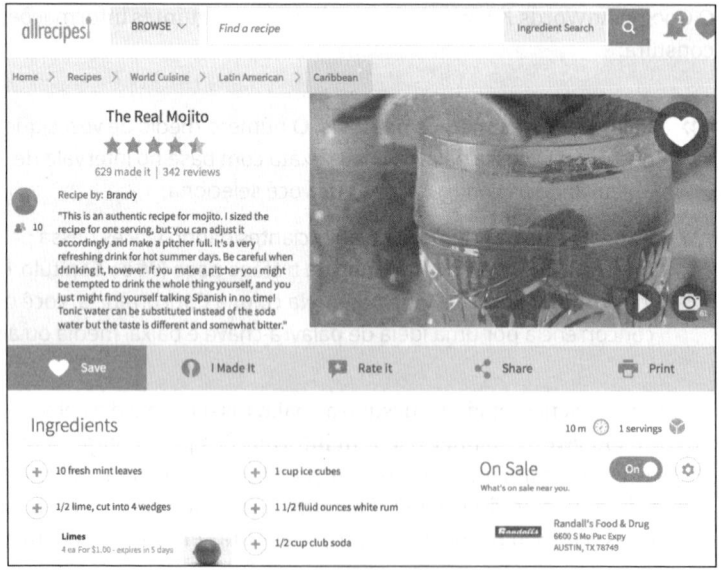

FIGURA 8-5: O allrecipes. com satisfaz a intenção de um pesquisador por uma receita de mojito.

Fonte: http://allrecipes.com/recipe/147363/the-real-mojito/

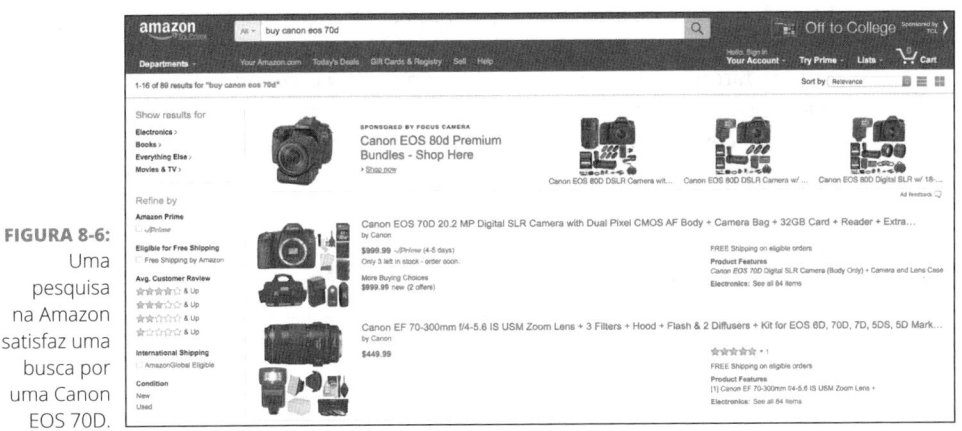

FIGURA 8-6: Uma pesquisa na Amazon satisfaz uma busca por uma Canon EOS 70D.

Fonte: `https://www.amazon.com/s/ref=nb_sb_noss?url=search-alias%3Daps&field-keywords=buy+canon+eos+70d`

> ⚠️ **CUIDADO**
>
> ## CONVERTENDO CLIENTES EM POTENCIAL EM CONSUMIDORES
>
> Não caia na armadilha de pensar que o objetivo de seu marketing de busca é conseguir classificações melhores em mecanismos de busca. Além disso, não cometa o erro de pensar que marketing de busca é só para gerar tráfego. O objetivo do marketing de busca, assim como todo o marketing, é mover seu cliente de um estágio da jornada do cliente para o próximo (tratada no Capítulo 1).
>
> Para cada pesquisador que visita seu blog, canal do YouTube ou página do Pinterest, Facebook e Instagram, você precisa fornecer uma chamada para ação para dar o próximo passo.
>
> Suponha que um pesquisador digite uma consulta indicando que está procurando uma demonstração do seu produto. Ele chega à sua página do produto e encontra um vídeo de demonstração do produto. Bom trabalho! Você antecipou a intenção do seu cliente ideal e criou uma página que a satisfaz em um canal adequado. Não desperdice essa visita deixando de fazer uma chamada para ação para o próximo passo lógico da jornada do cliente. Nesse caso, o próximo passo adequado é comprar o produto. Não fazer uma chamada de ação clara para esse próximo passo lógico não é só um marketing ruim, mas também uma experiência de usuário ruim. Essa pessoa procura uma demonstração do seu produto, o que significa que também quer comprá-lo. Forneça uma chamada para ação que ajude a movê-lo para o próximo passo em sua jornada do cliente com você.

Se a página ou o recurso que criar satisfizer intenção, contexto ou ambos de um pesquisador, tem uma chance de ser exibida para esse pesquisador. Dito isso, muitos fatores determinam quais páginas e recursos são exibidos para qualquer consulta dada. Nas seções seguintes, trazemos mais detalhes sobre esses fatores e como otimizar seus recursos para que tenham mais probabilidade de aparecer para seu pesquisador ideal.

Otimizando Seus Recursos para Canais Específicos

Depois de construir uma página ou recurso que objetiva uma intenção ou contexto específicos, ou ambos, você precisa determinar onde esse recurso "viverá". Isso significa os vários lugares em que pode hospedar suas páginas ou recursos como *canais*. Começar com intenção e contexto de um pesquisador o ajuda a determinar o canal correto a ser usado para entregar a página ou recurso. Se quiser satisfazer pesquisadores com a intenção de entender como seu produto funciona, por exemplo, você pode criar um vídeo de demonstração do produto, então faria sentido escolher o YouTube como canal para esse recurso.

Nesta seção, discutimos estratégias para usar ao otimizar seus recursos para vários canais populares.

Otimizando para o Google

Seu site é um canal que pode obter tráfego de mecanismos de busca como o Google. Esta seção explica os passos para otimizar uma página para o Google.

Passo 1: Escreva uma tag <title>

A tag <title> é o elemento classificador de pesquisa mais crucial em qualquer página. Essa tag é exibida nas páginas de resultado de mecanismos de busca e serve como uma descrição precisa e concisa do conteúdo da página, dizendo aos mecanismos de busca e pesquisadores de que trata a página. A tag <title> aparece em azul em páginas de resultados de mecanismos de busca e é o link que os usuários clicam para acessar o conteúdo relacionado (veja a Figura 8-7).

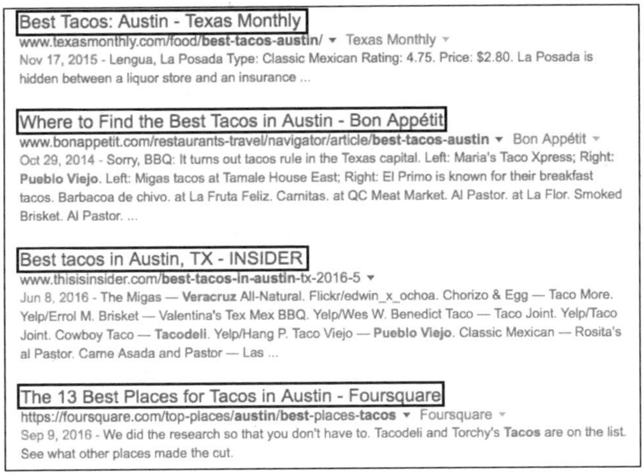
Best Tacos: Austin - Texas Monthly
www.texasmonthly.com/food/best-tacos-austin/ ▾ Texas Monthly ▾
Nov 17, 2015 - Lengua, La Posada Type: Classic Mexican Rating: 4.75. Price: $2.80. La Posada is hidden between a liquor store and an insurance ...

Where to Find the Best Tacos in Austin - Bon Appétit
www.bonappetit.com/restaurants-travel/navigator/article/best-tacos-austin ▾ Bon Appétit ▾
Oct 29, 2014 - Sorry, BBQ: It turns out tacos rule in the Texas capital. Left: Maria's Taco Xpress; Right: **Pueblo Viejo**. Left: Migas tacos at Tamale House East; Right: El Primo is known for their breakfast tacos. Barbacoa de chivo. at La Fruta Feliz. Carnitas. at QC Meat Market. Al Pastor. at La Flor. Smoked Brisket. Al Pastor. ...

Best tacos in Austin, TX - INSIDER
www.thisisinsider.com/best-tacos-in-austin-tx-2016-5 ▾
Jun 8, 2016 - The Migas — **Veracruz** All-Natural. Flickr/edwin_x_ochoa. Chorizo & Egg — Taco More. Yelp/Errol M. Brisket — Valentina's Tex Mex BBQ. Yelp/Wes W. Benedict Taco — Taco Joint. Yelp/Taco Joint. Cowboy Taco — **Tacodeli**. Yelp/Hang P. Taco Viejo — **Pueblo Viejo**. Classic Mexican — Rosita's al Pastor. Carne Asada and Pastor — Las ...

The 13 Best Places for Tacos in Austin - Foursquare
https://foursquare.com/top-places/austin/best-places-tacos ▾ Foursquare ▾
Sep 9, 2016 - We did the research so that you don't have to. Tacodeli and Torchy's **Tacos** are on the list. See what other places made the cut.

FIGURA 8-7: Exemplos de tags <title>.

Palavras-chave são essenciais para tags <title>, então comece-as com as palavras-chave mais importantes para essa página. Ao usar as palavras-chave que escolheu para a página que está otimizando, crie um título para sua peça que não tenha mais de 70 caracteres; caso contrário, o mecanismo de busca pode cortá-lo. A tag <title> deve ser lida com facilidade, porque é exibida proeminentemente na página de resultados de busca.

Passo 2: Escreva uma meta description

A meta description, frequentemente exibida diretamente abaixo da tag <title>, descreve ainda mais o conteúdo da página. Normalmente, palavras-chave pesquisadas aparecem em negrito na meta description. Embora os mecanismos de busca não usem suas metadescrições para determinar sua classificação para uma consulta de pesquisa, os pesquisadores as leem para determinar se querem clicar em seus resultados.

A meta description é o cartão de visitas de sua página, então torne-a atraente. Inclua palavras que descrevam o conteúdo da página de maneira que incite os pesquisadores a clicarem no seu resultado.

Mantenha sua meta description menor que 150 caracteres; caso contrário, é provável que seja cortada na página do resultado de busca. Considere usar uma chamada para ação em sua meta description, como "Compre agora!", "Clique aqui para o frete grátis" ou "Veja as últimas tendências".

A Figura 8-8 exibe alguns exemplos de meta description.

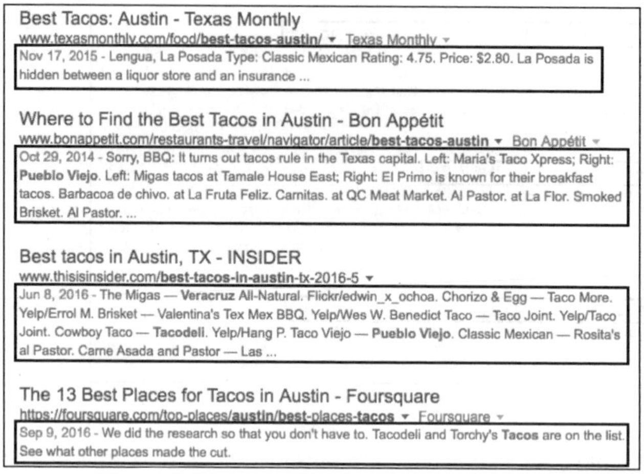

FIGURA 8-8: Exemplos de meta description.

Passo 3: Otimize a URL

A URL (Uniform Resource Locator) descreve um site ou página para visitantes e mecanismos de busca, então é importante mantê-la relevante e precisa, para que o conteúdo seja bem classificado. Uma URL (também chamada de *slug*) é estabelecida como a seguir:

```
www.NomeDoSeuSiteAqui.com/palavras-chave-que-descrevem-esta-página
```

Inclua suas palavras-chave na URL depois da barra (/). Mecanismos de busca usam as palavras-chave nessa seção da URL para determinar ainda mais sobre o que é a página e onde deve classificá-la. Embora as palavras-chave em sua URL não tenham um papel tão importante em suas classificações de busca quanto sua tag <title>, palavras-chave ainda são elementos importantes para otimizar.

Passo 4: Escreva o corpo do texto

O texto em uma página, também chamado de conteúdo ou copy, dá ao mecanismo de busca informações sobre a quais consultas sua pagina atenderá, então é importante que toda página em seu site tenha texto. Ter conteúdo em uma página também é muito útil para que a página se classifique em uma busca. Tenha como objetivo 500 palavras ou mais em cada página, mas não a encha de conteúdo de baixa qualidade só para colocar palavras na página. Em páginas cheias de vídeo — ou imagens —, é claro, você talvez tenha pouquíssimas palavras, e não tem problema. Sempre erre para o lado de satisfazer a intenção dos pesquisadores dando a eles informações suficientes para entender a página.

Ao longo do texto, use palavras ou frases-chave relevantes que descrevam a página. Inclua suas palavras-chave e variações delas nos títulos do texto. Resumindo, use as palavras-chave que selecionou e variações delas em qualquer lugar em que pareça natural fazê-lo.

Passo 5: Otimize a tag <alt>

A tag <alt> fornece informações alternativas para uma imagem em sua página, na forma de texto, para os usuários que não podem vê-la (por causa de uma conexão lenta de internet ou um erro de imagem, por exemplo). Na tag <alt>, descreva a imagem enquanto usa a frase-chave que escolheu para sua peça.

Otimizando para o YouTube

O YouTube é um mecanismo de busca e, portanto, está interessado em manter os pesquisadores dentro de sua rede para que possa mostrar aqueles anúncios de pesquisa. Como resultado, o YouTube envia tráfego para vídeos que mantêm os visitantes do YouTube envolvidos no site.

Eis como obter mais tráfego para seus vídeos do YouTube.

Passo 1: Crie miniaturas envolventes

O mecanismo de busca do YouTube mede quantas pessoas viram seu vídeo em seus resultados de busca em contraste ao número de pessoas que viram seu vídeo. Se seu vídeo for reproduzido com frequência, o YouTube o recompensa com classificações mais altas.

O fator mais importante em aumentar o número de visualizações que um vídeo tem é a miniatura, que é a imagem que os pesquisadores veem do vídeo (veja a Figura 8-9) nos resultados de busca do YouTube. Uma miniatura atraente pode ter um grande efeito em sua taxa de cliques e, assim, em classificações no YouTube.

Para envolver seu público, certifique-se de que suas miniaturas sejam claras, vibrantes e nítidas. Inclua um texto atraente para cada miniatura para contar ao público sobre o conteúdo e para persuadi-los a clicar.

DICA Se não tiver um designer gráfico, pode criar miniaturas com aparência profissional com a ferramenta chamada Canva (https://www.canva.com/). Essa ferramenta oferece muitos templates gratuitos e pagos que você pode usar. Além disso, você pode importar as próprias imagens no Canva e criar miniaturas que diferenciem seus vídeos.

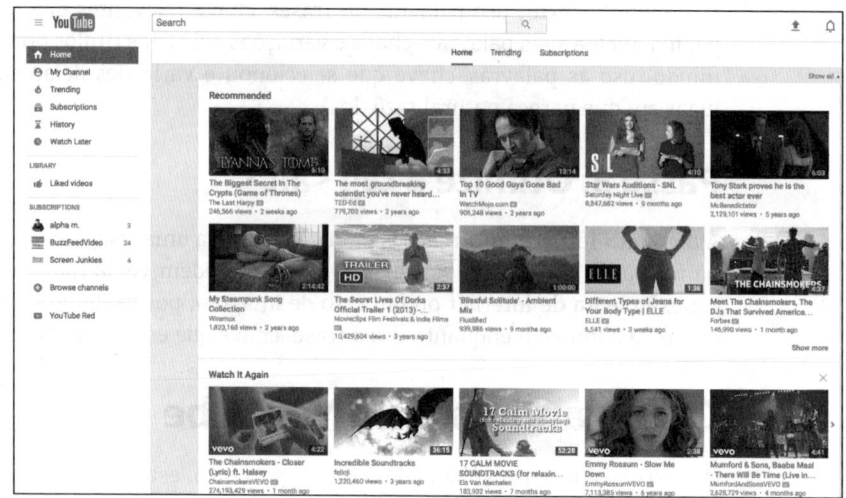

FIGURA 8-9:
Cada imagem de vídeo é uma miniatura.

Fonte: https://www.youtube.com/

Passo 2: Peça engajamento

O objetivo do YouTube é manter os pesquisadores dentro dos limites do YouTube para que exiba anúncios para eles. Os números de compartilhamentos, visualizações e comentários que seus vídeos recebem indicam ao YouTube o quanto mantêm os pesquisadores engajados.

Além disso, um vídeo com muitas visualizações, mais "gostei" do que "não gostei" e comentários favoráveis prova a qualidade do conteúdo para novos visitantes. Qualidade boa leva a mais curtidas e compartilhamentos. Na descrição e no próprio vídeo, certifique-se de pedir que o público curta, comente, compartilhe e confira mais vídeos seus.

Passo 3: Otimize conteúdo para palavras-chave

Como seu site, seus vídeos do YouTube precisam ser otimizados para palavras-chave. Certifique-se de incluir a(s) palavra(s) ou a(s) frase(s)-chave no título do vídeo, descrição, tags, nome do arquivo de vídeo que enviar e no vídeo que criar. Essa prática ajuda os usuários a encontrarem seu vídeo e melhora sua classificação e relevância na plataforma do YouTube.

DICA

Para obter mais insights sobre sua pontuação, bem como outras métricas, você pode usar uma ferramenta como o vidIQ (http://vidiq.com/) para acompanhar e gerenciar seu canal.

162   PARTE 3 **Gerando Tráfego no Site**

Passo 4: Observe a retenção

Por quanto tempo as pessoas assistem a seu vídeo é conhecido como *retenção de público*, uma métrica importante a ser medida. O pacote de relatórios do YouTube permite que você veja a métrica de retenção, como mostrado na Figura 8-10.

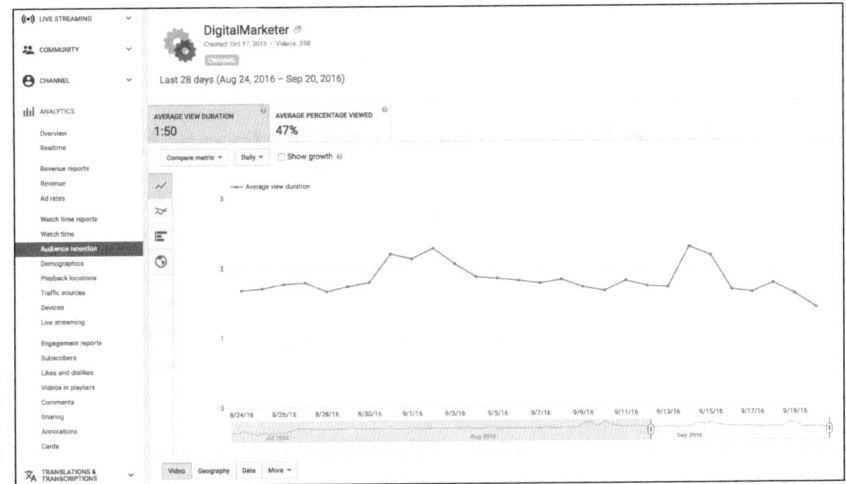

FIGURA 8-10: Examinando a retenção de vídeos no YouTube.

Fonte: https://www.youtube.com/analytics?o=U#r=retention

É normal que um vídeo perca público gradualmente; nem todo mundo assiste a um vídeo inteiro. Dito isso, preste atenção na retenção de público de vídeos isolados que se saem muito bem ou muito mal. Tente determinar por que alguns vídeos têm retenção alta enquanto outros têm problemas em manter a atenção das pessoas. Então, otimize e mude o conteúdo de seu vídeo adequadamente.

Otimizando para o Pinterest

Acredite se quiser, mas o Pinterest é um mecanismo de busca. Na verdade, é um mecanismo de busca importante de entender se você vende produtos físicos. Siga três passos para otimizar buscas para seu canal do Pinterest.

Passo 1: Melhore suas imagens

No Pinterest, tudo gira em torno de imagens. Você quer imagens grandes, bonitas e nítidas para chamar a atenção das pessoas. Em seguida, inclua uma sobreposição de texto à imagem. A sobreposição de texto serve como o título de um pin, fornecendo contexto e descrevendo-o um pouco mais.

O tamanho e formato de suas imagens são importantes no Pinterest. A plataforma é orientada verticalmente, então garanta que as imagens que usa sejam verticais, com uma proporção de tela de 2:3 a 1:3,5 e uma largura mínima de 600 pixels. Claro que você pode usar imagens horizontais para seus pins, mas imagens verticais tendem a se sair melhor.

CUIDADO

Pins com proporção de tela maior que 1:3,5 são cortados.

DICA

Como mencionado na seção do YouTube, você pode usar o Canva (https://www.canva.com/) para criar pins envolventes com imagens profissionais e fontes que chamam a atenção.

Passo 2: Otimize as capas de pastas

Os pins do Pinterest são categorizados e armazenados em pastas. Você pode encontrar suas pastas em sua página de perfil. Como as imagens que usa para seus pins, suas capas de pastas devem ser otimizadas com imagens profissionais e envolventes que tenham sobreposição de texto para descrevê-las ainda melhor. A Figura 8-11 mostra uma página de perfil do Pinterest com pastas otimizadas para palavras-chave que têm sobreposição de texto.

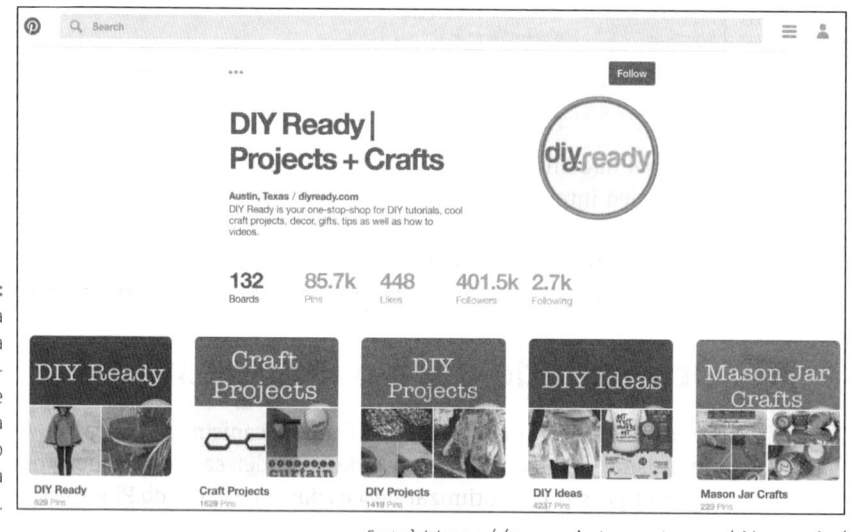

FIGURA 8-11: Uma pasta otimizada para palavras-chave da página de perfil do Pinterest da DIY Ready.

Fonte: https://www.pinterest.com/diyready/

Passo 3: Selecione palavras-chave

Criatividade é importante no Pinterest, mas evite ser fofo, inventivo ou engraçadinho. O mecanismo de busca do Pinterest é menos sofisticado do que outros, como o Google, então os resultados de busca melhorarão se você usar suas palavras-chave selecionadas exatamente como são ao nomear pins e pastas e ao adicionar descrições.

Para descobrir as melhores palavras-chave para seu pin, pasta ou descrição, use a plataforma do Pinterest para pesquisá-las, como a seguir:

1. **Digite uma palavra ou frase-chave no mecanismo de busca do Pinterest.**

2. **Anote as palavras-chave sugeridas pelo Pinterest abaixo da palavra-chave.**

    Quando pesquisa no Pinterest, ele lhe mostra palavras e frases-chave relacionadas à que está pesquisando. Isso pode ser usado para fornecer inspiração de palavras e frases-chave para otimizar para o Pinterest. Veja a Figura 8-12 para um exemplo de pesquisa por "wedding ideas" [ideias para casamentos] na plataforma do Pinterest.

FIGURA 8-12: Um exemplo de sugestões que o Pinterest dá ao fazer uma busca na plataforma.

Fonte: https://www.pinterest.com/

3. **Crie novos pins e pastas para quaisquer palavras-chave relevantes sugeridas pelo Pinterest e as inclua nas descrições desses pins e pastas.**

Otimizando para a Amazon

Se vende na Amazon, você precisa entender como seu mecanismo de busca funciona. Para que uma página de produto se classifique na Amazon, siga estes quatro passos.

Passo 1: Crie vendas com promoções e lançamentos

Para a Amazon, várias vendas em um curto período de tempo indicam que um produto é popular e deve ser mais bem classificado nas pesquisas. Use promoções, vendas e lançamentos periódicos para aumentar a velocidade das vendas e veja suas classificações dispararem.

Passo 2: Aumente as resenhas

Resenhas são extremamente importantes na plataforma da Amazon, e várias resenhas positivas indicam à Amazon que seu produto deve ser mais bem classificado nas pesquisas. Mesmo que as pessoas amem seu produto, podem não ter tempo para fazer uma resenha. Lembre e encoraje as pessoas que compraram seu produto de escrever uma resenha com ferramentas como o Feedback Genius, que o ajuda a enviar mensagens aos clientes dentro dos termos de uso da Amazon.

Passo 3: Crie um nome de produto atraente

Se quiser que as pessoas cliquem em seu produto, precisa ter um nome de produto atraente. Um nome fofo ou espertinho pode soar legal, mas pode ser vago, fazendo com que as pessoas passem batido por ele porque não sabem o que é o produto. Para aumentar a taxa de cliques, certifique-se de que o nome do produto descreve precisamente o que é e faz. Busque inspiração nos seus concorrentes; veja como apresentam seus nomes na Amazon.

LEMBRE-SE As pessoas não compram produtos na Amazon; compram fotos de produtos. Inclua quantas imagens claras e nítidas de produtos forem necessárias para satisfazer as necessidades de um cliente em potencial. Ao comprar na Amazon, seu comprador não pode segurar o produto nas mãos ou examiná-lo, então você precisa incluir imagens de qualidade que demonstrem exatamente o que o comprador receberá. Quanto mais caro ou complexo for o produto, de mais imagens provavelmente precisará.

Passo 4: Crie páginas de produto com palavras-chave selecionadas

Sua página de produto da Amazon contém texto, e cada uma dessas palavras determina sua classificação. Inclua a palavra ou frase-chave que selecionou no título da página e ao longo da descrição do produto. Tenha como objetivo uma descrição de produto com 250 palavras ou mais. No entanto, não encha a descrição com palavras-chave e lembre-se da experiência do usuário. Prefira qualidade acima da quantidade. Como com as imagens do produto, quanto mais caro ou completo for o produto, mais detalhada deverá ser a descrição.

Otimizando para o iTunes

Fazer um podcast é uma maneira eficaz e acessível de distribuir conteúdo na internet. Se você faz podcasts, precisa entender como o iTunes os classifica para que obtenha mais exposição aos usuários do iTunes. Siga três passos para melhorar sua classificação na busca do iTunes.

Passo 1: Solicite resenhas

Resenhas positivas dizem ao iTunes que seu podcast vale a pena e deveria ser mais bem classificado nas pesquisas como recompensa. Para gerar resenhas, use o próprio podcast para pedir que as pessoas o façam. Pelo menos uma vez por episódio, faça uma chamada para ação para lembrar às pessoas de deixarem resenhas do seu podcast.

Passo 2: Crie um título claro e um design de capa limpo

Você quer um título específico e um design de capa nítido não só para descrever seu podcast, mas também para atrair o público. Um título fofo provavelmente se perderá ou será subestimado, porque as as pessoas não saberiam sobre o que é exibido. Portanto, seja preciso em seu título e inclua palavras-chave que melhorem sua classificação e ajudem os pesquisadores a encontrá-lo. Nessa mesma linha, inclua palavras-chave dentro do título e descrição do episódio.

Em seguida, inclua um design de capa elegante para seu podcast — um que demonstre o tema do seu podcast, mas não seja muito cheio de informação. Lembre-se de que a capa do seu podcast é do tamanho de uma miniatura. Mantenha-a simples; caso contrário, sua mensagem provavelmente se perderá.

Passo 3: Aumente os downloads

Como as resenhas, o número de downloads que seu podcast recebe indica sua qualidade. Um resultado disso é que a velocidade de downloads tem um efeito direto nos seus resultados de busca no iTunes. Aumentos consistentes e contínuos nos downloads aumentam sua classificação.

DICA Para aumentar os downloads ao lançar seu podcast, publique de três a cinco episódios de uma só vez, porque quanto mais vezes você publicar no começo, a mais episódios as pessoas terão acesso e mais downloads verá à medida que se inscreverem. Enquanto ganha assinantes depois das primeiras duas semanas, você pode publicar em uma data fixa, como um episódio toda terça-feira, para que seu público saiba quando esperar o próximo.

Otimizando para sites de avaliações

Se estiver anunciando um negócio local, como um restaurante, hotel ou loja de varejo, você precisa focar parte de seus esforços de otimização em sites de avaliações, como Yelp e TripAdvisor. A seguir estão os dois passos a serem seguidos para otimizar para esses sites.

Passo 1: Ganhe avaliações legítimas

Você não precisa "manipular" avaliações; as que não forem legítimas podem resultar em uma revolta de seus clientes e do site de avaliações. Em vez disso, encoraje avaliações honestas ao garantir que a experiência do cliente é top de linha e merecedora de uma boa avaliação.

Dito isso, você pode certamente encorajar seus clientes a submeterem avaliações legítimas com ferramentas como o Review Express, do Trip Advisor. Um segundo método é pedir aos clientes seus endereços de e-mail e avaliações de produto ou serviço no ponto de vendas. Mais tarde, você pode acompanhar as pessoas e lhes lembrar de fazer uma avaliação lhes enviando um e-mail, e você pode persuadi--las a fazerem a avaliação oferecendo brindes e sorteios.

Depois que alguém lhe avaliar, responda agradecendo à pessoa por seu tempo e comunicando que foi ouvida. Se alguém lhe der uma avaliação negativa, responda para essa pessoa com empatia para que saiba que foi ouvida. Explique seu lado da história e, se a avaliação exigir mais atenção, mova-a para um canal privado, como e-mail ou telefone. É melhor lidar com questões de atendimento ao cliente fora de canais públicos como sites de avaliação.

LEMBRE-SE
Na maioria dos sites de avaliação, as pontuações ultrapassam o número de avaliações. Foque obter avaliações fantásticas de clientes satisfeitos. Claro, o número total de avaliações que recebe é importante, mas apenas se essas avaliações indicarem que seus clientes estão felizes com seu negócio.

Passo 2: Reivindique seu perfil

Se tiver um negócio há algum tempo, provavelmente está listado em praticamente todos os sites de avaliação, sabendo disso ou não. Visite os sites de avaliação relevantes e procure seu negócio. Então reivindique-o (ou comece um perfil, se necessário) no site ao responder perguntas e realizar verificações que provem que o negócio é seu. Ao reivindicar seu negócio, você pode gerenciar seu perfil, fazer edições e adicionar informações a ele no site de avaliações.

Resolva quaisquer imprecisões em seu perfil e adicione informações que clientes atuais e em potencial possam achar úteis, como horário de funcionamento, localização, informação de contato e histórico da empresa. Dentro da descrição, inclua palavras-chave sempre que necessário e use a categorização adequadamente para melhorar suas classificações em buscas dentro da plataforma do site de avaliação.

Otimizando para robôs de mecanismos de busca

Robôs de mecanismos de busca são programas que visitam páginas e "rastreiam" ou indexam o conteúdo delas. Contudo, se houver barreiras, o robô não faz a indexação da página, então ela não é indexada e nem exibida aos pesquisadores. Um de seus objetivos de marketing de busca deve ser facilitar o máximo possível que robôs de busca acessem e indexem suas páginas.

A essa altura, o marketing de busca pode ficar extremamente técnico. Se seu site estiver criando barreiras e "desvios de percurso" sem querer para os mecanismos de busca, você pode precisar envolver um profissional de otimização de mecanismo de busca (SEO) que entenda o lado técnico do marketing de busca.

Para determinar se seu site tem problemas de otimização de robôs, instale o Google Search Console (`https://www.google.com/webmasters/tools/home`). O Google Search Console (anteriormente, Google Webmaster Tools) é uma ferramenta gratuita que lhe permite ver seu site como o mecanismo de busca do Google o vê. Você pode ver informações técnicas importantes sobre a capacidade dos robôs de busca de indexar seu site, incluindo:

» **Status de indexação:** O número total de URLs do seu site que foram adicionadas ao índice do Google. Se seu site tem 100 páginas, por exemplo, você deveria ver esse número de páginas no relatório de status de indexação.

» **Erros de URL:** Páginas que o Google está com dificuldades de acessar. Investigue as razões de suas páginas terem erros e corrija-os.

» **Questões de segurança:** Se seu site contém um malware, ele aparecerá no Google Search Console. Um site com problemas de segurança provavelmente não receberá tráfego de mecanismos de busca como o Google. Trate dos problemas de malware imediatamente.

Ganhando Links

Um comerciante de busca deve criar um site que ganhe links de fontes externas. Links são o equivalente na internet a uma indicação positiva do seu negócio. Por exemplo, se um blog sobre finanças pessoais linka o site Quicken.com, esse link do blog diz que a Quicken tem conteúdo de qualidade, que o blogueiro considera confiável e relevante; é o equivalente na internet a uma indicação no mundo físico. As páginas com mais links apontando para elas geralmente obtêm resultados de busca melhores do que páginas com poucos links.

Links que apontam para uma página são considerados como votos para ela. Mecanismos de busca levam em conta o volume e, mais importante, a qualidade dos links para uma página para determinar quais páginas exibir em seus resultados para uma consulta específica de palavra-chave.

Nas seções a seguir, discutimos como ganhar links usando táticas de marketing de busca que seguem os termos de serviço dos mecanismos de busca e evitam táticas black-hat, como dito no box "Black-hats e white-hats", anteriormente neste capítulo.

Passo 1: Faça cruzamento de links no próprio conteúdo

O método de criar links que mais fica sob seu controle é o cruzamento de links em seu próprio site. Se um site de planejamento financeiro publica um post de blog intitulado "Dez Erros a Serem Evitados ao Planejar Sua Aposentadoria", faria sentido, tanto para o leitor quanto para o mecanismo de busca, encontrar um link cruzado desse blog para uma página explicando os serviços de planejamento de aposentadoria da empresa.

Linkar dentro do próprio site melhora a experiência do usuário e envia sinais para mecanismos de busca sobre quais páginas são importantes em seu site. Faça cruzamentos de links em seu website sempre e onde quer que faça sentido fazê-lo, enquanto mantém a experiência do usuário em mente.

Passo 2: Estude os links do seu concorrente

O próximo passo é fazer uma pesquisa competitiva. Usando uma ferramenta como o Open Site Explorer (`https://moz.com/researchtools/ose/`), você pode pesquisar seus principais concorrentes para ver quais sites dão links a eles. Então entre em contato com esses sites para ver se também estariam interessados em linkar seu site.

Passo 3: Crie conteúdo generoso

Você pode ganhar links criando o chamado *conteúdo generoso*: que menciona outras pessoas, especialmente influentes, que poderiam linkar você de volta ou compartilhar seu conteúdo em suas redes sociais. Uma maneira de criar conteúdo generoso é escrever um artigo sobre uma pessoa ou marca específica e, então, linkar para o site apropriado. Esse artigo pode ter a forma de uma biografia ou entrevista.

Outra maneira de produzir conteúdo generoso é criar um post colaborativo, que pede a especialistas para escreverem mais ou menos 100 palavras sobre o mesmo assunto e, então, linka para o site de cada especialista. Tratamos sobre criar conteúdo generoso, como o post colaborativo, em detalhes no Capítulo 6.

Resumindo, para ganhar links para seu site, você também precisa doar "links de amor". Seja generoso com seu site ao citar outros e enviar seus visitantes a páginas de que gosta. Certifique-se de que as pessoas saibam quando as linka.

Passo 4: Crie conteúdo merecedor de um link

Ótimo conteúdo fornece recursos que pessoas querem compartilhar com sua rede. Crie conteúdo extraordinário, particularmente em seu blog, que as pessoas queiram linkar porque fornece um valor tremendo. Por exemplo, um banco que queira atrair compradores de imóveis em potencial pode criar uma calculadora gratuita de financiamento mensal fácil de usar. Se outros a acharem útil, farão um link para ela e melhorarão a classificação do site desse banco em mecanismos de busca.

Passo 5: Publique pesquisa primária

Uma maneira de gerar links é publicar *pesquisa primária*: uma pesquisa nova que você mesmo fez. Como a pesquisa primária é difícil e demorada de criar, é valiosa e rara. Pesquisas primárias sólidas estão com demanda alta e frequentemente levam a links de alta qualidade, já que as pessoas as citam em seus sites.

Passo 6: Acompanhe as notícias

O último passo é criar conteúdo digno de notícia e publicá-lo enquanto o assunto em questão estiver em alta. Para fazer isso de maneira eficaz, fique atento às notícias do setor. Uma das melhores maneiras de fazer isso é usar as redes sociais, principalmente o Twitter, porque tende a ser o sistema nervoso da internet.

Esteja pronto para produzir conteúdo sobre sua área no momento da notícia ou descubra maneiras criativas para relatar assuntos dignos de nota e em alta para seu setor. Esse é um trabalho árduo, mas ser uma das primeiras pessoas a criar conteúdo pode valer muito a pena: você será uma das poucas fontes de informação sobre o tema, fazendo com que outros linkem você à medida que a história se desenvolve. Mas antes de queimar a largada, certifique-se de que pode verificar a história da notícia ou arrisque passar vergonha e causar danos à sua reputação por publicar informações imprecisas.

CRIANDO LINKS EM UM MUNDO PÓS-PENGUIN

O número de links apontando para um site tem sido um fator no acúmulo de tráfego há quase duas décadas. Nesse tempo, comerciantes de busca de reputação duvidosa desenvolveram maneiras de manipular o número de links que uma página recebe. Em 2012, o Google lançou a atualização Penguin, para impedir os sites que, acreditava-se, faziam spam de seus resultados de busca, especialmente aqueles que compravam links ou os obtinham por meio de redes de links em um esforço para aumentar suas classificações na busca do Google.

Hoje, as táticas de marketing de busca black-hat, como a compra de links, violam os termos de serviço do Google, e atualizações como o Penguin dificultam a execução de tais táticas. A única maneira sustentável de criar links para suas páginas é da maneira antiga: produzindo algo que valha a pena linkar.

Nenhum link é criado do mesmo jeito. Links de sites de autoridade e alta qualidade têm um efeito maior do que links de sites de baixa qualidade. Um link do *New York Times* ou do site da Universidade do Sul da Califórnia, por exemplo, tem mais peso do que um de um blog novo em folha sem autoridade. Mecanismos de busca consideram publicações respeitáveis e sites de faculdades, como o *Times* e o site da USC, como sendo improváveis de linkar uma página de baixa qualidade ou uma página que viole os termos de serviço dos mecanismos de busca.

> **NESTE CAPÍTULO**
>
> » Gerando leads e vendas na rede social
>
> » Ouvindo questões de reputação e atendimento ao cliente
>
> » Fazendo com que consumidores e clientes em potencial conheçam, gostem e confiem em você
>
> » Fazendo parceria com marcas e indivíduos influentes

Capítulo **9**

Aproveitando as Redes Sociais

As mídias sociais são uma maneira acessível e eficaz de alcançar clientes em potencial, leads e consumidores. Mas a comunicação de mídias sociais é uma disciplina vasta, englobando tudo, de contatos sociais em sites como o Facebook e o Twitter até plataformas de publicação de conteúdo como YouTube e Medium. E isso só para citar algumas das centenas de canais sociais disponíveis — cada qual com os próprios processos, procedimentos e protocolos de marca. As oportunidades em redes sociais são animadoras, mas às vezes podem parecer intimidantes.

Em sua essência, o marketing de mídia social não é diferente de outras formas de marketing. É basicamente só uma nova maneira de interagir com consumidores, clientes em potencial, influenciadores e parceiros. Neste capítulo, o ajudamos a entender a loucura, fazer um plano e começar a usar as mídias sociais para criar valor para sua empresa. Nós lhe contamos como gerar leads e vendas, práticas para expandir sua exposição, os usos poderosos das ferramentas de "escuta", maneiras de aperfeiçoar suas habilidades para ganhar a confiança dos seus clientes em potencial e como evitar erros em mídias sociais.

O Ciclo de Sucesso Social

A maioria dos negócios trata o marketing de mídia social como uma disciplina única, mas ele na verdade é composto de quatro partes igualmente importantes:

» **Escuta social:** Monitorar e responder a questões de atendimento ao cliente e gestão de reputação nas redes sociais.

» **Influência social:** Estabelecer autoridade nas redes sociais, muitas vezes por meio de distribuição e compartilhamento de conteúdo valioso.

» **Rede de contatos social:** Encontrar e associar-se a indivíduos e marcas de autoridade influentes nas redes sociais.

» **Venda social:** Gerar leads e vendas a partir de clientes existentes e em potencial nas redes sociais.

Entender por que e como empregar cada componente do ciclo de sucesso social é a chave para compreender o que pode parecer um caos nas redes sociais.

Como comerciante, é difícil saber por onde começar com todos os caminhos diferentes que pode tomar nas mídias sociais. A boa notícia é que todos os principais canais de mídias sociais se encaixam em apenas duas categorias — e reconhecê-las é a chave para aproveitar eficazmente os canais de mídias sociais como parte de uma estratégia abrangente de marketing.

Canais seeker são plataformas de mídias sociais às quais os usuários vão quando procuram conteúdo específico. Pense nesses canais como mecanismos de busca modificados como o Bing ou Google. Os usuários normalmente vão até o canal para procurar e descobrir conteúdo, e o consomem nesse canal. Os dois grandes destaques nessa categoria são o YouTube e o Pinterest. Quando os usuários visitam o YouTube, geralmente estão no "modo de busca". Usam sua barra de pesquisa para uma consulta específica e consomem o vídeo diretamente na plataforma. De maneira similar, as pessoas usam a barra de pesquisa do Pinterest para obter informações específicas sobre tópicos como receitas, artesanato ou moda. Apesar de ser baseado em imagens, o Pinterest também opera como um mecanismo de busca.

Esses canais seeker são perfeitos para influência social. Colocar conteúdo estrategicamente nesses sites fornece uma maneira de compartilhar informações valiosas com seu público-alvo e funciona para construir autoridade e confiança com sua marca. Canais seeker também são perfeitos para vendas sociais. Você pode otimizar vídeos no YouTube ou imagens no Pinterest com chamadas para ação que servem para transformar leads em consumidores — ou pelo menos encorajar seu cliente em potencial a consumir ainda mais conteúdo em seu site.

A Figura 9-1 mostra um vídeo do YouTube da GoPro com uma chamada para ação clara no final do vídeo para submeter imagens e vídeos para a GoPro.

FIGURA 9-1: A GoPro faz uma chamada para ação para envolver seu público com a marca.

Fonte: https://www.youtube.com/watch?v=svNfpnEr-wY

Do outro lado da moeda estão os *canais de engajamento*. Nesses meios de comunicação, os usuários primeiramente se envolvem e conectam com outros. Esse é o lugar em que conversas de usuário para usuário são comuns. Usuários conversam e trocam conteúdos em formato curto que linkam para conteúdo em formato longo em outro lugar. Um ótimo exemplo de canal de engajamento é o Twitter. Por causa do seu limite de 280 caracteres, você muitas vezes vê tuítes com fragmentos de informações e um link acompanhando que o leva para outro site fora da plataforma. Canais de engajamento são os melhores para escuta social, porque a conversa é crucial. Você encontra conversas acontecendo entre marca e cliente, cliente e cliente, cliente e cliente em potencial. Essas conversas são cenários perfeitos para monitorar e responder a seus consumidores e clientes em potencial, ou mesmo para ver como seus concorrentes se comunicam. Como a conversa é uma experiência nativa, os canais de engajamento também são situações perfeitas para a rede de contatos social. Os principais canais de engajamento disponíveis de rede social são Twitter, Facebook e LinkedIn.

Nem todo canal de mídia social se encaixa nessas duas categorias, mas a maioria dos mais usados sim. Como comerciante em um canal seeker, sua prioridade é garantir que os usuários descubram seu conteúdo ao fazerem pesquisas. Canais de engajamento tratam de escuta, compartilhamento de conteúdo e rede de contatos. Certifique-se de focar o atendimento social ao cliente e com que frequência você se envolve em conversas ativas com seus consumidores, clientes em potencial e influenciadores em canais de engajamento.

Escutando nas Redes Sociais

A escuta social envolve monitorar e responder estrategicamente às menções nas redes sociais (sejam elogios ou críticas) sobre sua marca, membros-chave de sua organização, seus produtos ou serviços ou qualquer coisa que esteja no seu nicho de atuação. Esse papel pode ser preenchido por um único indivíduo ou, dependendo do tamanho de sua organização, uma equipe inteira encarregada de monitorar as menções. Independente de você ser o único funcionário do seu negócio ou empregado por uma empresa Fortune 100, os conceitos de escuta social se aplicam de maneira geral.

Atualmente, um negócio pode fracassar nas mídias sociais de muitas maneiras. Às vezes, as mídias sociais parecem algo que foi imposto ao mundo dos negócios. Como resultado, muitos negócios resistiram a participar dos canais de redes sociais. De vez em quando, funcionários com acesso a canais sociais oficiais postam atualizações de status questionáveis que podem ter um impacto embaraçoso em empresas e seus membros principais. Mas a maior falha de todas é ignorar completamente as conversas em mídias sociais.

O fato é que clientes em potencial, leads e consumidores estão falando ativamente sobre você, sua marca e seu setor nas redes sociais. Se as empresas não ouvem ativamente essas conversas, é como se alguém tivesse instalado um telefone em sua central de atendimento ao cliente que toca sem parar e ninguém atende. Aí está o maior pecado das mídias sociais. Não é postar algo vergonhoso ou que irrite as massas com declarações politicamente incorretas — é ignorar o telefone social.

Quando pensamos sobre usuários postando reclamações e elogios nas redes sociais, tendemos a pensar no Twitter e Facebook como o local para encontrar essas menções. A verdade é que, dependendo do tipo de negócio que tem, as pessoas provavelmente estão falando de você em todos os tipos de canais, desde os tutoriais no YouTube até avaliações em sites como Yelp e Amazon. Essas conversas são as menções de que sua empresa precisa para ficar ciente e escutar ativamente nas redes sociais, e são elas que tornam um programa de escuta social tão essencial.

A escuta social é um conceito fundamental no ciclo do sucesso social. Hoje, as pessoas esperam que as organizações se envolvam na escuta social, e seus clientes em potencial, consumidores e clientes esperam sua participação nas conversas que iniciam pelas redes sociais. Se só estiver começando com as mídias sociais, não comece fazendo networking, influenciando ou vendendo — comece ouvindo. Use as mídias sociais como um canal de atendimento ao cliente e gestão de reputação que elas já são para sua marca. Para um exemplo de escuta social ágil, veja a Figura 9-2, que mostra a rede de mercearias Save--A-Lot respondendo a uma reclamação de consumidor e mostrando a ele que está sendo ouvido no Facebook.

FIGURA 9-2:
A Save-A-Lot mostra ao consumidor que ele foi ouvido.

Fonte: https://www.facebook.com/savealot/posts_to_page/

A escuta social vai muito além do atendimento ao cliente. Também informa todos os outros aspectos do seu ciclo de sucesso social:

» **Influência social:** A escuta social impacta a influência social ao mostrar que tipo de conteúdo que seu público acha mais valioso você deve compartilhar.

» **Parcerias:** Ao prestar atenção a quem, nas redes sociais, compartilha informações influentes em seu setor, sua escuta social o informa sobre parcerias em potencial e jornalistas que mencionem sua marca.

» **Venda social:** A escuta social tem um papel importante na *venda social*, quando uma marca usa as redes sociais para gerar leads e vendas. A marca responderá a perguntas de clientes em potencial e oferecerá informação até que estejam prontos para tomar uma decisão de compra. Portanto, a escuta social informa a venda social ao lhe dizer ao que as pessoas têm mais propensão de responder, o que desejam e o que pedem nas redes sociais para que seus produtos e serviços satisfaçam melhor as necessidades dos clientes em potencial.

Escolhendo uma ferramenta de escuta social

Há muitas ferramentas de escuta social disponíveis para conduzir suas campanhas. Elas requerem vários níveis de comprometimento financeiro e opções de recursos que o ajudam a iniciar um programa eficaz de escuta social. Felizmente, esteja você trabalhando sozinho ou com uma equipe grande de ouvintes sociais, há muita ajuda disponível para satisfazer seus objetivos de escuta social.

Se você não tem largura de banda ou orçamento para se envolver com ferramentas de escuta social mais avançadas, pode usar o Google Alerts (https://www.google.com/alerts) como parte de sua estratégia de escuta social. O Google Alerts é uma opção gratuita para comerciantes de redes sociais com orçamento reduzido. Como deve saber, o Google varre a rede constantemente procurando conteúdo novo. O recurso do Google Alerts lhe permite configurar alertas de e-mail sempre que o mecanismo de busca encontra menções de palavras-chave pré-selecionadas, como nomes de empresas, de produtos ou de membros de sua organização voltados ao público. É uma opção viável se seu negócio é muito pequeno e não gera muitas menções, e para aqueles que não exigem loops complexos de feedback.

Negócios pequenos com um ou dois ouvintes sociais dedicados usam uma ferramenta chamada Mention (`https://mention.com`), que tem uma busca de palavras-chave mais sofisticada e pode puxar menções diretamente de todos os aspectos das redes sociais, incluindo canais, blogs e sites novos. Além disso, existe um conjunto inteiro de ferramentas similares que concorrem com a Mention; então, se fizer sua pesquisa, pode encontrar a ferramenta que satisfaz melhor suas necessidades. Ferramentas de escuta social como a Mention têm preços e recursos medianos. Não custam os olhos da cara e fornecem recursos úteis, como métricas, opiniões e relatórios.

Indo além das ferramentas medianas, negócios de nível empresarial utilizam uma ferramenta de escuta muito mais sofisticada (e cara), como a Radian6 (`https://www.marketingcloud.com/products/social-media-marketing/radian6/`). Essa plataforma oferece recursos mais avançados de relatórios, integrações com CRMs e um software helpdesk. Ela é ideal para fluxos de trabalho avançados e também para equipes maiores de escuta social.

Planejando escutar

Anteriormente neste capítulo, discutimos o quanto é importante a escuta social como uma estratégia, mas como exatamente ela é executada? Não se engane: a escuta social não acontece acidentalmente; é um empreendimento tático. Você implementa campanhas de escuta social usando ferramentas que "escutam" palavras-chave. Antes de começar a implementar sua campanha de escuta social, você precisa determinar exatamente quais palavras-chave tem que escutar. Cinco categorias de palavras-chave se aplicam a praticamente qualquer negócio (veja a Figura 9-3):

> » **Marcas:** Essa categoria inclui o nome de sua empresa, marcas, submarcas e produtos.
>
> » **Tópicos:** Determine os tópicos relacionados ao setor que as pessoas em sua área de atuação discutem e como pode contribuir e criar sua autoridade sobre esses tópicos.
>
> » **Concorrentes:** Estabeleça quem são seus concorrentes, descubra o que as pessoas dizem sobre eles e verifique sobre quais necessidades e problemas os consumidores e clientes em potencial do seu concorrente falam nas redes sociais.

» **Influenciadores:** Estabeleça quais marcas e indivíduos influentes impactam sua área. Esteja ciente do que dizem sobre ela em comum nas redes sociais.

» **Pessoas:** Preste atenção ao que consumidores, clientes em potencial e os outros dizem sobre indivíduos públicos importantes que fazem parte de sua organização.

FIGURA 9-3: As cinco palavras-chave que se aplicam praticamente a todos os negócios.

REDE SOCIAL — Escutando

O que escutar?
- Marcas
- Tópicos
- Pessoas
- Concorrentes
- Influenciadores

A Apple, Inc., uma das maiores empresas de tecnologia do mundo, serve como exemplo de uma empresa que possivelmente se envolve muito em escuta social. A Apple provavelmente escuta sobre todas as suas marcas, como o iOS e o Apple Watch (e muitas, muitas outras de suas criações). Alertas para conversas sobre tópicos relacionados à indústria também se aplicam — pense em menções de "câmera de smartphone" ou "tecnologia wearable". A empresa provavelmente também presta muita atenção ao que as pessoas dizem sobre seus concorrentes, como Android e Jeff Bezos, o CEO da Amazon. Grandes blogs e indivíduos influenciam a opinião do público sobre a Apple, como Gigaom e John Gruber, um produtor de um blog focado em tecnologia chamado Daring Fireball. É claro, a Apple gostaria de estar ciente de conversas relacionadas a seu CEO, Tim Cook, e Arthur Levinson, o presidente do conselho. Se tudo isso parece muito para escutar, você está certo; é mesmo. Em uma organização do tamanho da Apple, uma ferramenta de escuta social de nível empresarial como a Radian6 informa equipes inteiras de pessoas que estão escutando conversas sobre todos esses exemplos — e muitas, muitas outras.

Escutando sem ferramentas pagas

Como discutimos antes no capítulo, você pode usar o Google ALerts como uma opção gratuita de ferramenta de escuta social. Contudo, às vezes pode precisar de ferramentas mais sofisticadas, mas ainda não ter o orçamento para cobrir o custo. Por exemplo, seu negócio pode ser uma startup com uma equipe pequena que atrai muita conversa nas redes sociais. Ou talvez o nome de sua marca não seja específico o bastante para puxar menções relevantes através do algoritmo do Google Alerts. A boa notícia é que existem duas ferramentas disponíveis para você usar no lugar de uma ferramenta de escuta social paga que o ajudam muito mais do que o Google Alerts: a Hootsuite e o mecanismo de busca do Google.

A Hootsuite (https://hootsuite.com/) é uma plataforma de gestão de mídias sociais que fornece um painel de controle para isso. Ela interage com a maioria das principais plataformas de redes sociais, incluindo Twitter, Facebook, Instagram, LinkedIn e YouTube. O painel de controle permite que configure "fluxos" de notificações como menções de contas do Twitter e do Facebook. Você pode monitorar atualizações de redes sociais nas quais é marcado e configurar fluxos acerca de palavras-chave específicas selecionadas. O Hootsuite lhe dá uma maneira econômica de encontrar menções de palavras-chave que possa ter perdido.

Além do Hootsuite, considere também passar suas palavras-chave por uma busca regular do Google. Como sabe, conversas sobre você não estão acontecendo apenas em grandes sites de mídias sociais. Também aparecem em locais como Tumblr e Medium, bem como fóruns e blogs. Coloque suas palavras-chave entre aspas para que o Google procure apenas o termo completo, e voilà! Você tem uma lista curada de conteúdo que menciona sua frase. Não é preciso passar por todas as páginas, mas dê uma boa olhada nos primeiros 10 a 20 links que aparecem; são os mais essenciais para sua gestão de reputação.

Utilizando o loop de feedback

Após localizar as menções à sua marca nas redes sociais, é melhor responder dentro de sua campanha de escuta social, e você faz isso criando e implementando vários loops de feedback. De um modo geral, um *loop de feedback* é um procedimento que ajuda os negócios a responderem e lidarem com as questões dos consumidores nas redes sociais. Normalmente funciona nos bastidores das mídias sociais voltadas ao público, mas é um passo importante para garantir que seus clientes em potencial e consumidores sintam-se valorizados e ouvidos. Loops de feedback (mostrados na Figura 9-4) buscam realizar uma resolução comunicada para as questões do consumidor com um prazo predeterminado.

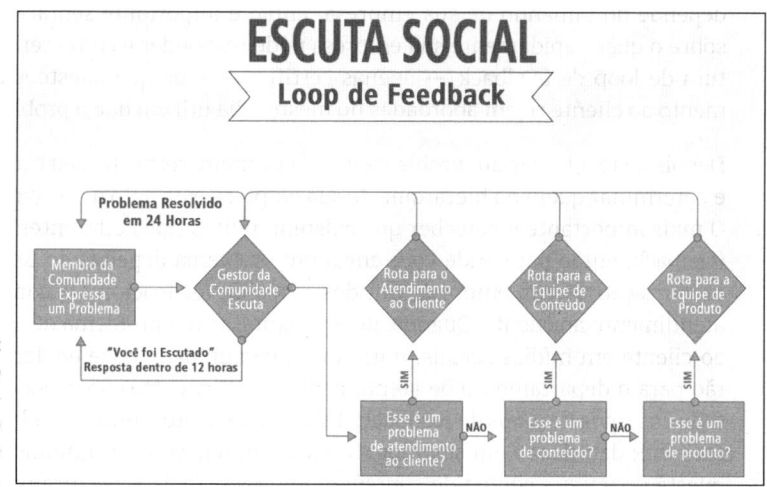

FIGURA 9-4: Um gráfico de fluxo estabelecendo loops de feedback.

Digamos que um cliente mostre uma preocupação que envolve direta ou indiretamente sua empresa, produtos ou serviços e poste no Twitter, para todo mundo ver. Na era das redes sociais e da comunicação digital, essa é uma ocorrência comum. É por isso que a primeira linha de defesa no loop de feedback é seu gestor de comunidade, a pessoa em sua empresa que monitora as conversas acontecendo nas redes sociais. Sua empresa pode usar uma ferramenta paga como a Mention ou Radian6, descritas anteriormente, para escutar essas reclamações enquanto acontecem. Você pode ter vários gestores de comunidade, ou *você* pode ser o gestor. Em todo caso, alguém deve escutar as redes sociais quando seu consumidor expressar o problema.

Às vezes as questões simplesmente não podem ser resolvidas imediatamente, e tudo bem. Apenas mostrar que a mensagem de seus consumidores foi recebida é suficiente para que se sintam respeitados e apreciados, e lhe dará algum tempo para encontrar uma solução. Imagine ser um garçom em um restaurante movimentado durante a happy hour e uma mesa com dez pessoas é inesperadamente adicionada à sua seção. No momento, você não tem tempo para pegar o pedido dessa mesa ou mesmo para levar água. O que pode fazer para ganhar algum tempo? Você passa pela mesa, reconhece verbalmente a chegada de seus clientes e os informa que voltará em breve.

Chamamos isso de resposta "Você Foi Escutado", e é uma maneira poderosa de contornar as situações — tanto para restaurantes movimentados quanto para redes sociais. O universo das mídias sociais se move na velocidade da luz. Vinte e quatro horas se transformam em eternidade, especialmente quando clientes insatisfeitos estão envolvidos. É por isso que é crucial ter alguém em sua empresa que escuta o que é dito e responde às questões rapidamente. Tentamos responder a mensagens do Facebook dentro de 12 horas e do Twitter ainda mais rápido, um canal com menos paciência ainda. Esse tempo de primeira resposta depende do tamanho de sua empresa, então é importante sentar-se e pensar sobre o quão rapidamente sua empresa pode responder e como será sua estrutura de loop de feedback — apenas certifique-se de que questões de atendimento ao cliente sejam abordadas no mesmo dia útil em que o problema surgiu.

Depois de identificar um problema e dar a primeira resposta, seu próximo passo é determinar quem na hierarquia de sua empresa está apto a resolver a questão. O mais importante é perceber que existem muitos tipos diferentes de loops de feedback, então para onde você envia um problema depende do tamanho e da organização de sua empresa. Um dos loops de feedback mais comuns é o de atendimento ao cliente. Quando alguém expressa um problema de atendimento ao cliente em mídias sociais, o gestor da comunidade pode enviar essa questão para o departamento de atendimento ao cliente. Mas você pode estruturar todos os tipos de loops de feedback. Talvez um cliente o informe sobre um vídeo com link danificado em seu blog. Nesse caso, o gestor de comunidade envia a questão para sua equipe de conteúdo ou, talvez mais especificamente, para o editor-chefe de seu blog. Os clientes podem ter todos os tipos de problemas técnicos com seus produtos e frequentemente levar suas frustrações para as redes sociais. Lidar com as preocupações rapidamente e garantir que as pessoas certas em sua empresa saibam sobre o problema são as ações mais importantes a serem tomadas.

Os loops de feedback não são, de jeito algum, limitados às categorias mencionadas. Talvez sua equipe jurídica precise saber de certas questões. Talvez seu CEO queira tratar de questões que as pessoas expressam nas mídias sociais. Ou sua equipe de produtos queira saber como os clientes descrevem e se sentem sobre as características de seus produtos.

Independente do tipo de loop de feedback que seu gestor de comunidade identifica, estabelecer um procedimento consistente de resposta é crucial. Se uma resolução é requerida para resolver uma questão, quem responde ao cliente — o gestor de comunidade? A equipe de atendimento ao cliente? Ou você deveria atribuir pessoas específicas em cada departamento para lidar com as respostas? Por fim, a decisão depende do que funciona para sua equipe. Só lembre-se de que, em um mundo perfeito, uma resolução deve ser apresentada ao cliente dentro de 24 horas da reclamação original.

Há muitas ferramentas de escuta social disponíveis para facilitar esse processo. As ferramentas que mencionamos anteriormente neste capítulo, como a Mention e a Radian6, capacitam seu gestor de comunidade com fluxos ao vivo de alertas de mídias sociais com base em palavras-chave especializadas. Essas plataformas também atribuem comentários e tuítes individuais para membros específicos de sua equipe, facilitando a implementação do processo de loop de feedback.

Tratando de problemas de atendimento ao cliente

A internet facilita que clientes insatisfeitos desabafem suas frustrações publicamente no calor do momento. Quem quer que esteja designado em sua equipe como ouvinte social deve ser treinado para comunicar-se com clientes insatisfeitos pela web. Aqui estão os três passos para um ouvinte social seguir ao lidar com um cliente insatisfeito em um canal público de redes sociais:

1. **Responder em tempo hábil.**

    Responda o problema dentro de um período de tempo determinado. Se puder comunicar uma resolução imediatamente, faça. No entanto, com frequência, outras pessoas em sua organização precisam ser envolvidas na conversa. Enquanto isso, o cliente deveria receber, pelo menos, a resposta "Você Foi Ouvido" em um período de tempo razoável. Seu negócio deve decidir qual é esse período, mas lembre-se de que se esperar mais de 12 horas para entrar em contato com o cliente, você arrisca causar ainda mais frustração.

2. **Ter empatia.**

    Ter empatia é concordar que você se sentiria do mesmo modo se estivesse no lugar da pessoa. Isso significa que você não é um robô, então respostas automáticas ou muito elaboradas não servirão aqui. Fazer uma declaração de empatia — simplesmente comunicando que entende que a situação é frustrante — ajuda muito a diminuir a tensão. Um exemplo de declaração de empatia é: "Sentimos muito por ter causado esse inconveniente."

3. **Mover a conversa para um canal privado.**

    Não tente resolver problemas de atendimento ao cliente em um fórum público como o Twitter ou em uma página de Facebook voltada ao público. É muito mais fácil lidar com problemas em particular. Dar atenção individual aos clientes também os faz se sentirem cuidados e ouvidos. Muitas questões de atendimento ao cliente envolvem informações particulares, como endereço de e-mail e informações de cartão de crédito, então você precisa ser discreto sobre os detalhes privados de seus clientes. Sua empresa decide onde essa conversa privada acontece, seja por telefone, serviço de suporte ou uma mensagem privada em um canal social.

Qualquer empresa com um serviço sólido de atendimento ao cliente usa esse plano de três passos. A Figura 9-5 mostra um exemplo da rede de hotéis Best Western respondendo a uma questão de atendimento ao cliente postada no Facebook e movendo a conversa a um canal privado para ser resolvida.

FIGURA 9-5:
A Best Western move uma reclamação para um canal privado.

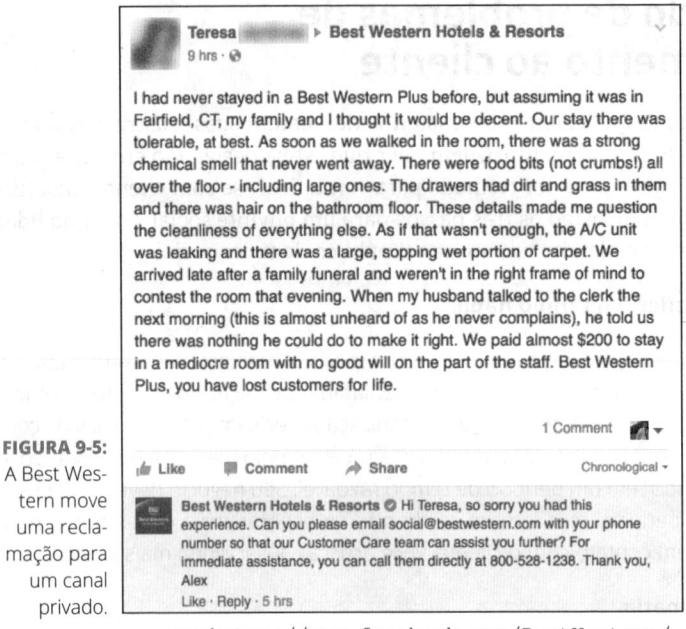

Fonte: https://www.facebook.com/BestWestern/posts_to_page/

Influenciando e Criando Autoridade de Marca

LEMBRE-SE

Influência social é o ato de estabelecer autoridade nas redes sociais, frequentemente por distribuição e compartilhamento de conteúdo valioso. Embora a influência social não tenha efeito direto na receita ou despesas de seus negócios, tem um efeito direto gigantesco no valor do seu negócio.

Como estabelecer autoridade nas redes sociais afeta indiretamente o balanço final? A resposta está no marketing de conteúdo. Compartilhar descrições e links para conteúdo de autoridade criado por sua marca leva a mais tráfego para seu site a partir de canais sociais. Mais importante, a influência social aumenta o "mind share". Em outras palavras, quanto mais poderosa é sua campanha de influência social, mais seu público entenderá o que sua organização faz, os produtos que vende e as soluções que oferece. Quando você influencia os outros, começa a ocupar um espaço em suas mentes. A influência social trata de usar as redes sociais para marcar seu lugar para as pessoas com as quais se conecta.

Para um exemplo de influência social, veja a Figura 9-6, que mostra a empresa de reformas domésticas Lowe's linkando um conteúdo a seu site via Twitter. Compartilhar consistentemente conteúdo de autoridade como esse aumenta a consciência do que a Lowe's oferece, estabelece-a como uma autoridade no espaço de reformas domésticas e ensina aos consumidores e clientes em potencial da empresa como ter sucesso com os produtos que vende.

FIGURA 9-6: A Lowe's usa o Twitter para linkar para seu site e criar consciência e autoridade da marca.

Fonte: https://twitter.com/Lowes/status/780098549962928128

Aumentando seus seguidores

Você pode obter mais fãs, seguidores ou conexões em seus canais de redes sociais ao aplicar os mesmos princípios para todos os seus canais de redes sociais em seu esforço de expandir seus seguidores. Plug-ins de compartilhamento social, otimização de perfil e séries de e-mails instrutivos são todas táticas que ampliarão seus canais sociais.

A maioria das ferramentas de gestão de conteúdo (CMS), como WordPress, Shopify ou Squarespace, oferece a possibilidade de adicionar plug-ins de compartilhamento social a vários lugares diferentes em seu site. Use-os para facilitar que os usuários compartilhem seu conteúdo nos principais canais de redes sociais com o clique de um botão. Sempre que vir algo em suas páginas que pode ser social, certifique-se de aplicar a funcionalidade de compartilhamento social.

Otimizar seus perfis de mídias sociais também o ajuda a ganhar seguidores. Mecanismos de busca em canais de redes sociais são notoriamente fracos e muitas vezes dependem de informações que fornece em seu perfil para melhorar as funções de busca. Certifique-se de usar tamanhos adequados de imagens em suas capas e perfis, e complete todos os campos relevantes em seu perfil para que o mecanismo de busca do canal o encontre facilmente quando conexões em potencial estiverem procurando você, sua marca, os assuntos que discute e sobre os quais compartilha conteúdo. Inclua palavras-chave quando apropriado, mas lembre-se de que você está nas redes sociais para se relacionar primeiro com seres humanos, então garanta que sejam legíveis. Certamente, inclua o nome de suas marcas, pessoas relevantes e localizações, se isso for um aspecto importante do seu negócio. Adicione links relevantes conforme adequado. Também é importante ser acessível ao ter conversas ativas com clientes em potencial, clientes, consumidores e influenciadores.

Se seu negócio estiver implementando uma estratégia de e-mail marketing, seu e-mail de boas-vindas inicial para novos assinantes é outro caminho perfeito para aumentar seus seguidores de mídias sociais. Novos assinantes estão mais animados e engajados com você e sua marca quando assinam pela primeira vez, então use este e-mail como uma oportunidade de pedir que se conectem também com seus canais sociais. Para saber mais sobre criar campanhas eficazes por e-mail, veja o Capítulo 11.

Alavancando seguidores

Aumentar a frequência de suas mensagens de marketing amplia a intimidade com os clientes e clientes em potencial mais rapidamente. Quanto maior a frequência com que seus clientes em potencial e consumidores entram em contato com sua mensagem, mais familiares se tornam com sua marca. Felizmente, você não precisa de um orçamento de marketing enorme para aumentar a frequência. Você pode usar as redes sociais para levar as pessoas de um canal social para o outro, criando intimidade com sua marca pelo caminho.

Por exemplo, você pode enviar um e-mail para sua lista, que envie seus assinantes para um post de blog. O post, então, faz um link com um vídeo do YouTube. A ideia aqui é que alguma porcentagem do seu público reaja de maneiras específicas — como assinando seu canal do YouTube. Isso aumenta a frequência com que eles veem suas mensagens de marketing porque agora, além de receberem seus e-mails, também receberão suas atualizações via YouTube. Em vez de investir em anúncios caros na TV, rádio, mídias impressas ou outdoors, você aproveita os canais digitais de custo relativamente baixo para ampliar a frequência. Dê uma olhada em seus recursos atuais e veja como pode alavancar seu público de um canal para o outro para alcançá-lo com mais frequência.

Mantendo seu conteúdo interessante

O conteúdo que compartilha nas redes sociais não tem um mapa direto de volta aos produtos e serviços que oferece. Na verdade, canais sociais incrivelmente tediosos são os que transmitem mensagens de marketing sobre produtos ou serviços que não envolvem tópicos que valham uma conversa. Ao contrário, o comerciante de redes sociais excepcional discute tópicos excelentes que seu mercado existente acha interessante.

Rosetta Stone, um software de aprendizado de idiomas, é particularmente adepto a essa estratégia. A empresa não fala só sobre seu software, oferece toda uma gama de tópicos que vários segmentos de seu público gostam de discutir. Como a Rosetta Stone está no negócio de aprendizado de idiomas, posta atualizações de redes sociais sobre viagens e culturas internacionais, pesquisa sobre teorias do aprendizado e informações sobre pessoas poliglotas. A Rosetta Stone percebe que seu público não quer falar sobre seu software nas redes sociais; seus seguidores são muito mais propensos a discutir música alemã, cultura celta ou como o cérebro funciona.

Pense sobre como seu próprio negócio pode expandir conversas além dos confins dos produtos e serviços que vende. Pesquise e mapeie os assuntos que são relevantes para seu público e o que os interessa fora de seu nicho específico. Revisite o avatar do cliente discutido no Capítulo 1, se necessário.

Socializando conteúdo de blog

A maioria dos posts de blog tem um período de vida curto. Mesmo se os enviar para seus assinantes de e-mail, a maioria dos posts de blog experimentam o pico de tráfego nas primeiras 24 a 48 horas. Mas como você pode usar as redes sociais para maximizar o impacto de longo prazo do seu conteúdo de blog? Por meio do processo de distribuição social, seu post pode ter uma vida longa e feliz. Esse processo não só notifica conexões sociais assim que seu post é publicado, mas também garante que o post continue o ciclo por seus feeds sociais por dias, semanas e até meses depois.

Nas seções seguintes, descrevemos seis maneiras de compartilhar adequadamente um novo post de blog nas redes sociais.

Splinter

Fazer *splinter* do seu conteúdo é o processo de dividi-lo em pedaços e postá-los separadamente. Quando uma peça de conteúdo é publicada e está pronta para ser compartilhada, você tem todo o material fonte necessário para fazer um splinter de conteúdo compartilhável para posts de redes sociais. Você pode separar títulos, citações, imagens, perguntas e estatísticas encontradas em seu conteúdo e distribuí-las por seus canais de mídia social.

Visualize

O conteúdo visual é necessário para direcionar engajamento e cliques em redes sociais. Buffer, uma empresa de aplicação de software projetada para gerenciar contas em redes sociais, viu um aumento de 18% nos cliques, 89% nos favoritos e 150% em retuítes ao usar imagens, que servem para mostrar que você está deixando de lado muito alcance de distribuição se não incorporá-las à sua estratégia social. A imagem usada (que normalmente aparece no topo dos posts do seu blog) costuma ser o primeiro recurso visual que deve compartilhar em canais de mídias sociais. Mas uma imagem não é o suficiente; você precisa criar um recurso visual para cada splinter. Imagens de citação, um dispositivo visual com uma imagem simples e uma citação individual, por exemplo, são perfeitos para Facebook e Twitter. Não pense que isso é impossível caso não possa pagar um designer gráfico. Canva (https://www.canva.com/) é uma ferramenta gratuita para criar imagens que você pode compartilhar nas redes sociais. Só se certifique de que suas imagens estejam dentro das orientações dos canais de redes sociais. A Figura 9-7 mostra uma citação de um post de blog da DigitalMarketer que foi transformada em uma imagem de citação e, então, tuitada.

FIGURA 9-7: Usando uma citação de um post de blog e transformando-a em um tuíte visual.

Fonte: https://twitter.com/DigitalMktr/status/780361297116495872

Transmita

Depois de criar seus splinters e recursos visuais, é preciso transmitir seu conteúdo em canais de redes sociais. Foque seu texto nos benefícios, direcione para o artigo e mantenha personalidade e tom consistentes em suas páginas sempre que possível. Então, como você lida com seu público nos canais sociais? Você normalmente fala com ele de maneira leve e descontraída ou usa uma linguagem mais séria e direta? Agrade seu público ao manter esse tom nas atualizações de redes sociais.

Ao transmitir seu conteúdo no Facebook, Instagram, Twitter, LinkedIn e outros, use imagens relacionadas. Para transmitir no Twitter, em particular, você pode usar várias ferramentas de gestão de mídias sociais para agendar posts (recomendamos a Hootsuite). Como os posts do Twitter têm um período de vida mais curto que de outras redes sociais, você distribui seu artigo com mais frequência. Crie três tuítes para serem publicados a cada três ou quatro horas:

» **Tuíte 1 — Título:** Simplesmente tuíte o título do post e um link para ele.

» **Tuíte 2 — Citação:** Retire uma citação do post e tuíte-a, seguida por um link para o post.

» **Tuíte 3 — Pergunta:** Faça uma pergunta nesse tuíte a que o post responderá e, como sempre, inclua um link para ele.

Marque

Ao transmitir um post, marque pessoas e marcas sempre que for conveniente. Você pode marcar o autor ou quaisquer empresas e marcas mencionadas em seu blog à medida que cria o texto para sua atualização de mídia social. Ao fazer isso, você dirige tráfego para seu post e chama atenção de seus influenciadores sociais e seguidores. Além disso, use hashtags sempre que for apropriado — particularmente em redes como o Twitter. Uma hashtag é uma maneira simples de as pessoas procurarem tuítes com um tópico em comum. A Figura 9-8 mostra os Hilton Hotels tuitando um concurso com a hashtag #ATL (para Atlanta, Geórgia) e #MusicMonday. Qualquer um que monitore essas hashtags ou tópicos vê esses tuítes.

FIGURA 9-8: Hilton promove um concurso ao usar hashtags.

Fonte: https://twitter.com/Hilton Hotels/status/757613891610406913

CAPÍTULO 9 **Aproveitando as Redes Sociais** 189

Monitore

A maioria das ações de redes sociais ocorre nas primeiras 24 a 48 horas da vida de um post de blog. Durante esse tempo, você precisa monitorar o desempenho desse post nas redes sociais. Uma ferramenta que pode usar para esse monitoramento é um encurtador de URL chamado Bitly. Encurtadores de URL como o Bitly criam links mais curtos, que são mais fáceis de lembrar, e, mais importante, fornecem análises. Por exemplo, os relatórios do Bitly sobre quem clica para esse canal, onde as pessoas compartilham seu conteúdo e qual transmissão e plataforma de mídia social se saíram melhor. Eles também lhe dizem a que horas seu post chegou ao pico de performance, aonde no mundo seu conteúdo chega e até mesmo quais tuítes se saíram melhor para que determine o melhor texto para seu público no Twitter. Na Figura 9-9, você vê o painel de controle de relatórios disponível para um link do Bitly.

Agende

Uma peça de conteúdo normal e não distribuída geralmente cria um pico de cliques antes de desaparecer do mundo social. É por isso que a distribuição automática de longo prazo (ou agendamento) é necessária. Agendar seu conteúdo em uma ferramenta de gestão de mídia social resulta em compartilhamento e distribuição de conteúdo perpétuos sem que precise realizar ação alguma depois de colocá-lo em sua biblioteca.

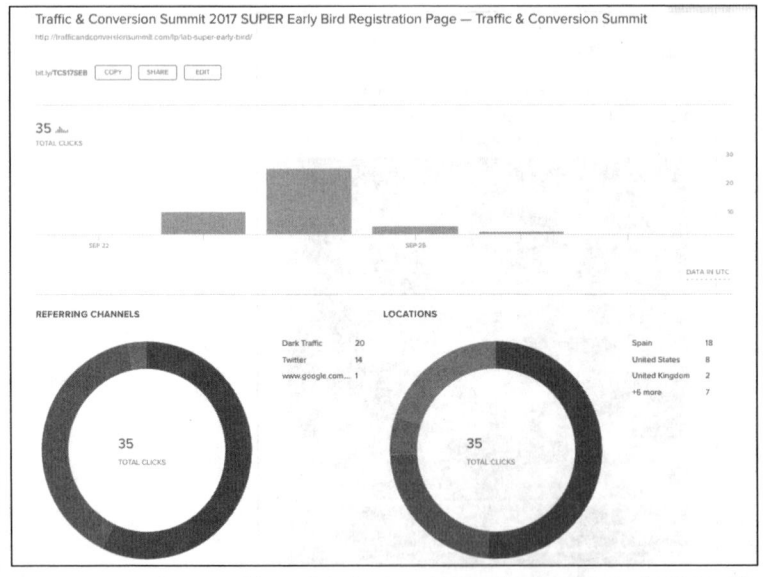

FIGURA 9-9: Dados de relatório de um link do Bitly.

Fonte: https://app.bitly.com/default/bitlinks/2d6HMtC#

Ferramentas como Edgar (www.meetedgar.com) ou MLabs (app.mlabs.com.br) são perfeitas para agendar e automatizar para Twitter e LinkedIn. Edgar permite que você crie categorias e escolha a que horas publicar conteúdo usando-as. Então, a biblioteca posta conteúdo no modo aleatório para que você não bombardeie seu público com os mesmos tuítes todos os dias. Lembre-se de que quando você está transmitindo seu conteúdo, já têm tudo o que precisa agendar. Depois de configurar seus três tuítes de transmissão (veja a seção "Transmita", anteriormente neste capítulo), no primeiro dia em que seu conteúdo é publicado, pegue esses mesmos tuítes e carregue-os em uma ferramenta como o Edgar. Fazer isso coloca seus tuítes em rotação automatizada e mantém o tráfego social fluindo para seus posts de blog.

CUIDADO Use seu melhor julgamento ao automatizar suas atualizações sociais. Por exemplo, você pode pausar sua agenda automática durante uma crise ou desastre natural. Seu público pode vê-lo como desrespeitoso ou indiferente se sua agenda automática continuar tuitando sobre sua última venda quando um furacão acabou de devastar a costa.

Networking que Transforma

Você provavelmente já ouviu o velho ditado "Não é o que você sabe, mas quem conhece", que, é claro, significa que é preciso fazer networking. É ele que cuida do lado das relações públicas do seu negócio. Em empreendimentos tradicionais de relações públicas (RP), você busca terceiros, como jornalistas, que possam expandir sua mensagem de marketing. O networking social realiza essa mesma meta ao encontrar e associar-se a indivíduos e marcas de autoridade e influentes nas redes sociais.

Embora a influência social trate de distribuir o próprio conteúdo como posts de blog, podcasts e vídeos para estabelecer autoridade, você pode se conectar a outros via networking social ao compartilhar o conteúdo de outras pessoas com seu público. Como com o networking de pessoa para pessoa, no networking social você usa as redes sociais para buscar e estabelecer conexões na esperança de criar parcerias mutuamente benéficas com um indivíduo ou marca. Essas parcerias mutuamente benéficas podem envolver posts de escritores convidados para o blog de cada um ou ganhar um palestrante para um evento que sua empresa esteja organizando.

Você pode usar o networking social para alcançar jornalistas, blogueiros e podcasters que passam tempo juntos em canais de redes sociais. Marcas com autoridade em publicações impressas ou estações de rádio também entram nessa categoria. O networking social é uma atividade de alto impacto que transforma positivamente os negócios a passos largos.

Aproveitando a mídia de nicho

Considere uma startup de software com um ótimo produto e desejo de ganhar menções na mídia para aumentar a conscientização do seu negócio. Essa empresa poderia mirar em figurões, como a rede NBC, com o potencial de alcançar milhões. Ou poderia mirar em blogs de tamanho médio especializados em startups, como o TechCrunch, um editor online que trata primariamente de negócios, desde startups até empresas estabelecidas. O alcance do TechCrunch é mais lento do que o da NBC, mas ainda é significativo. Seria maravilhoso ser apresentado em pontos de alcance enormes; contudo, como regra geral, a dificuldade de ganhar menção na mídia em uma plataforma aumenta com o alcance.

A boa notícia é que milhares de agentes da mídia de nicho têm blogs, podcasts, canais do YouTube e outros. Embora você sacrifique a quantidade de alcance que pode obter com qualquer ponto de nicho de mídia, assegurar menções de mídia nessas propriedades de nichos é muito mais fácil do que em grandes pontos. Menções suficientes de mídia de nicho podem, no geral, exceder o alcance até mesmo de grandes redes como a NBC.

Alcançando a mídia de nicho

Empresas de mídia de nicho são pequenas ou médias, e também focam publicar conteúdo sobre um tópico específico. Essas pequenas editoras podem criar ótimos conteúdos, mas muitas vezes não são bem conhecidas nacionalmente ou mesmo em seus campos. Para alcançar as propriedades de mídia de nicho em massa, você precisa entender o que elas querem. Mas isso não é difícil, porque é a mesma coisa que toda propriedade de mídia precisa: ótimo conteúdo de fontes confiáveis. Agentes pequenos da mídia de nicho, no entanto, não têm acesso a equipes de jornalistas e criadores de conteúdo trabalhando 24 horas por dia para produzir novos conteúdos. Estão constantemente buscando mais conteúdo para seu público.

Quando você entra em contato com propriedades de mídia de nicho, precisa falar sua língua e lidar com suas dificuldades. Faça com que saibam que você é confiável, tem autoridade e vai contribuir muito com seu público — e tudo o que você precisa em retorno é de um crédito que link para seu site ou landing page. Lembre-se de que ótimos conteúdos educam, inspiram ou divertem o público, e que é exatamente isso que essas propriedades de mídia de nicho procuram.

Fazendo networking por assunto

À medida que trabalha para ganhar menções de mídia e criar parcerias por meio do networking social, pense em tópicos excelentes que se relacionem à sua empresa e use-os como uma maneira de fazer networking com os outros. Provavelmente você determinará vários assuntos em sua sessão de brainstorming que estão fora da especialidade de sua organização. Você pode usar a oportunidade para localizar marcas e indivíduos que sejam autoridades nesses assuntos e usar estratégias de networking social para formar conexões e parcerias com eles. Compartilhe seus conteúdos com seu público com frequência e marque os autores ou marcas quando fizer isso. Assim, você associa e potencialmente forma uma parceria com essas marcas e indivíduos como parte da fase de networking do seu mix de marketing de mídia social.

Por exemplo, se a empresa de software de aprendizado de idiomas Rosetta Stone quiser compartilhar conteúdo sobre viajar para a Espanha em sua página do Facebook, poderia postar um artigo sobre esse assunto de uma marca de viagens confiável, como a Lonely Planet ou a TripAdvisor. Ao compartilhar conteúdo sobre algo que interesse clientes em potencial, a Rosetta Stone estaria simultaneamente fazendo networking com marcas influentes.

Criando uma "seleção" de mídia social

Criar uma "seleção" dessa natureza envolve um processo específico que usa o Twitter para organizar pessoas e marcas com que fazer networking. Se tem uma coisa que é mais valiosa para propriedades de mídia do que novas fontes de conteúdo, é ganhar mais exposição ao conteúdo que elas já têm. Isso significa que compartilhar o conteúdo de seus influenciadores com seu público nas redes sociais é uma maneira certeira de criar boa vontade e aumentar a probabilidade de o influenciador notar você e retornar o favor em agradecimento. Contudo, o excesso de conteúdo do Twitter torna desafiador rastrear e organizar o conteúdo dos seus influenciadores. Você precisa de uma maneira para identificar e compartilhar o conteúdo facilmente. É aí que entram as seleções.

Há várias ferramentas disponíveis para ajudá-lo a identificar os personagens-chave de seu setor, nicho, e outros tópicos relevantes para seu público. Ferramentas pagas, como GroupHigh e Inkybee, permitem que rastreie blogueiros influentes, organizados por assunto. Recursos grátis, como Klout (https://klout.com/home) ou Kred (http://home.kred/), são plataformas sociais de avaliação que dão nota a usuários de mídias sociais com base em quanto são influentes sobre assuntos específicos.

Mais provavelmente, no entanto, você já tenha uma ideia das pessoas e marcas que podem melhorar seu negócio! Encontre seus perfis do Twitter e crie uma lista do Twitter com seus usuários. Em seguida, estabeleça um stream para sua nova seleção usando a Hootsuite. Você pode, então, extrair pessoas e marcas para fazer networking do caos do Twitter. Pode referenciar facilmente o conteúdo que estão compartilhando, participar de conversas e criar alguma boa vontade ao compartilhar o conteúdo delas com seu público. Comece com 10 a 20 influenciadores e, então, fique de olho em com quem fazem networking para que aumente e amarre sua lista. Mantenha-a atualizada. Se um influenciador começar a vagar fora do reino do seu tópico, remova-o e comece a procura novamente.

Virando o script sobre alcance de mídia

A rede tem tanta abundância de informação que um fenômeno em relações-públicas digitais tem se desenvolvido: o alcance reverso de mídia. Não só você está trabalhando para alcançar a mídia de cauda longa, mas a mídia, em geral, também usa a internet para encontrar fontes confiáveis para seu conteúdo. Propriedades de mídia usam mecanismos de busca como o Google para encontrar especialistas que possam entrevistar, citar e usar para criar conteúdo para suas propriedades de mídia. Para se aproveitar desse fenômeno, você precisa se posicionar como um especialista e tornar-se disponível para esses agentes da mídia.

Para atrair a mídia para seu negócio, crie conteúdo de autoridade e relevante em um cronograma regular e distribua-o por seus canais sociais. Ao tornar-se um criador de conteúdo, você aumenta a possibilidade de contato de editores tradicionais e de nicho para obter informação para o conteúdo que produzem para seus públicos. Segundo, aceite entrevistas. Se mostrar pouca inclinação em fornecer notas para blogs ou aparecer como um convidado em um podcast, não pedirão que o faça com frequência. Permita que a mídia entre em contato com você, aceite as entrevistas e mais pedidos virão.

Terceiro, aprenda o básico de SEO para o conteúdo que cria. A mídia usa mecanismos de busca como o Google para localizar suas fontes, então você precisa entender como um mecanismo de busca encontra você, suas informações e seus produtos ou serviços. Para aprender mais sobre otimização para mecanismos de busca, veja o Capítulo 8.

Ficando em conformidade com a lei

Se você der qualquer tipo de incentivo ou recompensa a uma propriedade de mídia por uma menção — seja um blog, vídeo, podcast ou outro tipo —, certifique-se de expor essa informação no conteúdo. Incentivos podem incluir dinheiro, amostras grátis ou qualquer coisa que dê em troca da menção.

Vendendo em Canais Sociais

Como você gera vendas em canais de mídias sociais? A resposta é que você não o faz — pelo menos não diretamente. Em vez disso, use uma estratégia de valor primeiro para gerar leads e vendas. O objetivo final com a venda social é mover clientes em potencial e leads dos canais que não possui, como Twitter, Facebook e YouTube, para os que possui, como sua lista de e-mails. Ao fazer isso, seus clientes em potencial e leads se tornam aptos a se envolver com você em um canal que controla.

LEMBRE-SE

Começar com conteúdo é a principal regra de estratégia de valor primeiro nas mídias sociais. O conteúdo é o meio nativo de comunicação nas redes sociais; todo mundo quer informações que divirtam, inspirem ou eduquem. Use esse conteúdo em sua venda social para levar as pessoas de canais sociais, como o Facebook, para seu site e, por fim, para sua lista de e-mails.

Começando com valor

O conceito primário para entender a venda social é que ela é contingente da implementação substancial de escuta, influência e networking social. Clientes em potencial são muito mais propensos a tornarem-se consumidores leais e reincidentes se conhecerem, gostarem e confiarem em sua marca. Fornecer valor primeiro significa que você dá a seus seguidores das redes sociais uma razão para conhecer, gostar e confiar em você ao fornecer atendimento ao cliente, conteúdo sólido e participar de conversas com seus clientes em potencial, consumidores e influenciadores. Depois de dar uma razão para que seus seguidores de redes sociais confiem em você, só então vê os resultados de seus esforços de vendas sociais.

Projetando ofertas "valor primeiro"

Aborde a venda social com cuidado; ofertas complexas e de valor alto não só vão contra o protocolo da maioria dos canais sociais, como também não se saem bem. Em vez disso, foque ofertas que forneçam valor antes de pedir que seu cliente em potencial ou consumidor faça um comprometimento enorme. Você pode colocar três ofertas diferentes em qualquer um de seus canais de mídias sociais que permitam que venda sem mover seus clientes em potencial pela jornada do cliente rápido demais:

- **Ofertas abertas:** Pedir que alguém leia seu post é considerado uma oferta. Ler um post pode não custar dinheiro, mas custa tempo. A maioria de suas ofertas em redes sociais deve ser aberta.

- **Ofertas fechadas:** Esse é o conteúdo que requer informações de contato (nome, e-mail e outras informações) para acessar. Lembre-se de que você não está pedindo dinheiro nesse ponto; está pedindo permissão para entrar em contato com um lead.

- **Descontos altos:** Vendas relâmpago ou ofertas com 50% de desconto ou mais são ofertas de valor primeiro adequadas para marketing de rede social.

Discutimos ofertas abertas, fechadas e de descontos altos com mais detalhes no Capítulo 3.

Evitando Erros de Redes Sociais

Nenhuma discussão sobre marketing de mídias sociais estaria completa sem reconhecer alguns grandes erros a serem evitados nas redes sociais:

» **Não responda quando estiver nervoso.** Alguns usuários de redes sociais tentam fazê-lo responder de maneira não profissional. Se alguém o deixar nervoso, dê a si mesmo tempo para esfriar a cabeça antes de responder ou atribua a situação a alguém em quem confie. Sempre seja profissional em suas respostas.

» **Não compre seguidores/conexões.** Não faz sentido ético ou corporativo ter robôs ou contas falsas seguindo você em canais sociais. Foque os recursos em criar uma ótima experiência para os seguidores que tem e seus canais sociais crescerão naturalmente.

» **Não tente estar em todos os lugares.** As redes sociais são grandes demais para você ser onipresente. Domine alguns canais em que tenha influência, faça networking e venda seus produtos e serviços. Use uma ferramenta (discutida neste capítulo e também no Capítulo 16) para conduzir escuta social em canais em que não tem uma presença ativa.

» **Não seja um vendedor.** Há momento e lugar para a venda social. Seja estratégico e intencional com ofertas adequadas para canais de mídias sociais.

» **Não automatize tudo.** Seus canais sociais devem ser agradáveis e acessíveis Evite automatizar todas as atualizações e deixe espaço para que seus usuários se conectem a você em um nível humano.

Sabendo Quando Automatizar

Embora tenhamos terminado a seção anterior avisando para não automatizar tudo, há vezes em que automatizar seu conteúdo nas redes sociais é aceitável. Na verdade, você melhora muito seus esforços de influência social com ferramentas de automatização. Dizemos o mesmo sobre vendas sociais. Ferramentas automatizadas podem manter suas ofertas fechadas e de grande desconto na frente de seus seguidores sem esforço manual. Por outro lado, você pode parecer muito artificial se tentar automatizar conversas que ocorrem no estágio de escuta e networking social. Essas conversas requerem uma pessoa de verdade respondendo em tempo real, esteja você lidando com problemas de atendimento ao cliente ou participando de discussões com influenciadores nas redes sociais.

> **NESTE CAPÍTULO**
>
> » Decidindo qual plataforma de publicidade digital escolher
>
> » Configurando anúncios que fazem um "bumerangue" de tráfego para seu site
>
> » Resolvendo problemas e otimizando sua campanha de tráfego pago

Capítulo **10**

Aproveitando o Tráfego Pago

Como você leva tráfego para seu site? Essa é a primeira pergunta que os donos de negócios fazem sobre marketing digital. A verdade é que levar tráfego para um site não é um problema. De fato, milhares de plataformas de tráfego, incluindo Google, Facebook e Twitter, permitem que você compre anúncios e adorariam enviar tráfego para seu site. A pergunta não é como obtê-lo, é o que fazer com o tráfego quando o recebe. Qual produto ou serviço você deveria oferecer? Qual conteúdo deveria exibir para seus visitantes? Você deveria pedir que deem informações de contato ou já pede de cara que comprem um produto ou serviço?

O tráfego pago está disponível sob muitas formas, como anúncios pagos por clique usando plataformas como Google AdWords, anúncios de banners e anúncios pagos em redes sociais que incluem Facebook e Twitter. O tráfego pago é uma ferramenta poderosa porque ajuda a construir sua marca, deixa as pessoas conscientes dos seus produtos ou serviços e gera leads e vendas.

Neste capítulo, discutimos as principais plataformas de publicidade e quando você deve escolher usar cada uma delas. Também lhe mostramos como configurar uma forma poderosa de publicidade chamada redirecionamento e como resolver problemas de suas campanhas de anúncios para obter o máximo de cada uma que implementar.

Visitando a Loja de Tráfego

Imagine que você e seu amor estejam vendo receitas para decidir o que jantar esta noite. Vocês decidem por um prato de arroz que querem provar há algum tempo. O único problema é que vocês não têm arroz à mão.

Como devem proceder? Deveriam plantar arroz para seu jantar hoje à noite? Isso seria ridículo, certo? Em vez disso, vocês vão ao supermercado e compram um pacote de arroz.

Arroz é um produto comprado e vendido todos os dias — e o tráfego de sites, também. Se quiser tráfego, você precisa ir à loja de tráfego.

Depois de entender o tráfego pago, você pode rapidamente testar conteúdo e ofertas ao ligar e desligar o tráfego como uma torneira. Essa capacidade é importante porque permite que teste rapidamente novas ofertas, landing pages e conteúdo sem esperar fontes mais lentas de tráfego como SEO e mídias sociais. Quando começa a tratar o tráfego do site como o produto que é, você finalmente tem uma fonte previsível e confiável de tráfego.

LEMBRE-SE Não existe uma loja de tráfego perfeita. Por exemplo, seu público pode não usar certas plataformas ou sua marca pode encarar restrições de publicidade em certas plataformas (indústrias como cigarros eletrônicos, de encontros e dietas enfrentam essas situações). Para determinar a loja adequada, você deve fazer pesquisas, como discutimos. Além disso, a estratégia e o sistema que examinamos ao longo deste capítulo se aplicam a qualquer loja de tráfego na qual escolher comprar.

Entendendo a Temperatura do Tráfego

Você move as pessoas em direção a uma conversão ao criar relacionamentos com elas. À medida que implementa campanhas de tráfego pago, você precisa entender onde está em seus relacionamentos com seus leads e clientes. Eles estão começando a aprender sobre você; estão cientes, mas não compraram nada ainda; compraram alguma coisa e agora você está trabalhando para transformá-los em clientes vitalícios e fãs ardorosos?

Na nossa empresa, nos referimos ao nosso estágio no relacionamento com um cliente em potencial ou consumidor como temperatura do tráfego. Para criar um sistema de tráfego eficaz, a estratégia que precisa empregar é saber com quem está falando ao definir seu público-alvo e o estágio do seu relacionamento, para que faça uma oferta adequada na hora certa. A temperatura do tráfego consiste em três níveis diferentes (veja a Figura 10-1):

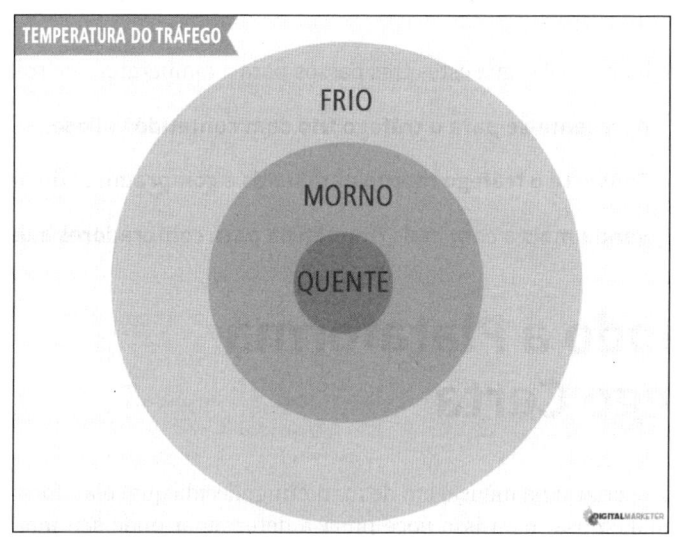

FIGURA 10-1: Os três estágios da temperatura de tráfego.

» **Tráfego frio:** São as pessoas que nunca ouviram falar de você, sua marca, produto ou serviço. Você não tem um relacionamento com elas, mas são importantes porque levam novos leads e vendas para seu negócio. Você deve ganhar confiança, credibilidade e autoridade com seu tráfego frio. Antes que concordem em comprar de você, precisam saber que sua marca vale o investimento de seu tempo e dinheiro. Faça ofertas abertas para conteúdo valioso em seu blog, podcast ou canal do YouTube para o tráfego frio. Vá para o Capítulo 3 para mais informações sobre ofertas abertas.

» **Tráfego morno:** São as pessoas que já ouviram falar de você ou já se envolveram com sua marca, mas não compraram de você ainda. Podem ter lido seu blog, ouvido seu podcast ou assinado a newsletter de e-mail. As pessoas no estágio de tráfego morno estão avaliando se gostam do que diz e estão interessadas em aprender mais e possivelmente comprar de você. Estão decidindo se sua empresa é a melhor opção para resolver seus problemas. Também estão avaliando sua concorrência para ver se são melhores ou mais em conta. Faça ofertas de ponto de entrada e ofertas fechadas para essas pessoas para que entrem sem muito risco. Veja o Capítulo 3 para mais informações sobre ofertas de ponto de entrada e ofertas fechadas.

» **Tráfego quente:** Como você provavelmente adivinhou, essas são as pessoas que compraram de você. Podem ser compradores de primeira viagem ou repetidos. São os clientes com que já gastou tempo, dinheiro e energia para adquirir. O maior erro que os comerciantes cometem é concentrarem-se apenas em gerar novos leads e vendas. O comerciante experiente também usa o tráfego pago para vender mais e com mais frequência para os clientes que já tem. Faça ofertas maximizadoras de lucros para o tráfego quente. Para mais informações sobre maximizadores de lucros, veja o Capítulo 3.

Resumindo, você segue estes três passos para a temperatura de tráfego:

1. Apresente-se para o tráfego frio com conteúdo valioso.
2. Converta o tráfego morno para leads e compradores de baixo valor.
3. Venda mais e com mais frequência para compradores existentes.

Escolhendo a Plataforma de Tráfego Certa

Antes de criar uma mensagem de marketing, decida qual plataforma de tráfego seu público usa, para isso você precisa determinar onde seu mercado "passa tempo" online. A plataforma de tráfego na qual faz sua oferta é essencial para o sucesso de sua campanha. Mesmo com uma mensagem de marketing perfeita, se seu anúncio estiver na plataforma de tráfego errada, sua campanha inteira fracassará. Por exemplo, se seu público-alvo não usa o Twitter, você não deveria gastar dinheiro fazendo propaganda nele.

Há milhares de lojas de tráfego para escolher, mas qual delas é a melhor para seu negócio? Se estiver querendo comprar tráfego, faça a partir de uma fonte que o ajude a alcançar seu mercado. Para alcançá-lo, você deve primeiro definir seu avatar do cliente (veja o Capítulo 1 para aprender mais sobre criar seu avatar do cliente).

Lojas de tráfego, como Twitter, Pinterest, YouTube e outras, reúnem milhões de usuários, e cada uma delas tem dados demográficos levemente diferentes. Use a informação demográfica mais ampla (como idade, gênero e renda) para determinar a loja de tráfego correta que seu público usa, e assim a melhor loja para alcançá-lo. Para criar seu avatar do cliente, use ferramentas de pesquisa, como a empresa de software de análises Alexa. Esse tipo de ferramenta dá os dados demográficos de usuários de lojas de tráfego e sites. Além disso, pesquise os interesses específicos do seu público (como hobbies, livros e blogs que leem, figuras de autoridade que seguem e dificuldades que têm) para determinar como direcioná-lo depois que estiver na plataforma.

Essa pesquisa leva tempo, mas, quando feita corretamente, o ajuda a determinar a loja de tráfego correta para fazer a propaganda e a mensagem que usa para alcançar seu público. A próxima seção examina as seis principais lojas de tráfego nas quais você pode alcançá-lo.

Apresentando as seis principais plataformas de tráfego

Dissemos antes, mas vale a pena repetir: você tem milhares de lojas de tráfego disponíveis para negócios e comerciantes. Nesta seção, no entanto, discutimos as seis principais lojas de tráfego na web hoje:

- » Facebook
- » Twitter
- » Google
- » YouTube
- » Pinterest
- » LinkedIn

Provavelmente seu mercado passa tempo em uma ou mais dessas lojas de tráfego, permitindo que alcance seu público-alvo de modo eficiente. As seis principais são lojas de tráfego eficazes porque:

- » Experimentam um grande volume de usuários e têm os recursos necessários que lhe dão a capacidade de escalonar campanhas.
- » Suas interfaces de anúncios são fáceis de usar.
- » Suas opções de direcionamento (normalmente) são melhores do que de outras lojas de tráfego na rede. Essas plataformas de tráfego permitem que direcione anúncios para pessoas com base em tudo, seus dados demográficos, interesses, as palavras-chave que digitaram em um mecanismo de busca e as páginas que visitaram em seu site. Por exemplo, se vende piscinas em São Paulo, você pode direcionar seus anúncios com base em qualquer um dos seguintes critérios:
    - Pessoas que moram em São Paulo.
    - Pessoas que têm interesse em esportes aquáticos.
    - Pessoas que digitaram a consulta "piscina de solo São Paulo" em um mecanismo de busca.
    - Pessoas que visitaram a página do produto piscina de solo em seu site.

Você pode, na verdade, combinar essas opções de direcionamento para, por exemplo, segmentar pessoas que moram em São Paulo e têm interesse em esportes aquáticos.

Não importa o nível de experiência ou o setor do seu negócio, as seis principais plataformas são eficazes para alcançar quase qualquer mercado, em quase qualquer parte do mundo. Nas seções a seguir, tratamos dos melhores usos e nuances relacionadas a lidar com essas lojas de tráfego.

Facebook

Com bem mais de 1,7 bilhão de usuários ativos mensalmente (usuários que logaram no Facebook dentro dos últimos 30 dias), o Facebook permite que você alcance quase qualquer mercado. Seu Gerenciador de Anúncios é fácil de usar e oferece uma infinidade de opções de direcionamento, para que possa ser bem específico ao direcionar seu mercado, tornando, assim, seus anúncios mais pessoais e eficazes. Como o Facebook é fácil de usar e relativamente barato de comprar tráfego, é um bom lugar para começar se for novo para o tráfego pago ou estiver testando uma nova estratégia. Além disso, pode aplicar muitas estratégias usadas no Facebook em outras plataformas de publicidade.

Anúncios no Facebook são como comerciais na TV ou no rádio: você está exibindo sua mensagem para seu público, mas também o está interrompendo. Então precisa se certificar de colocar seus anúncios na frente das pessoas certas e dar a seu público uma razão para clicar no seu anúncio, que é o que a empresa de registro de domínio e hospedagem de sites GoDaddy faz no anúncio do Facebook mostrado na Figura 10-2:

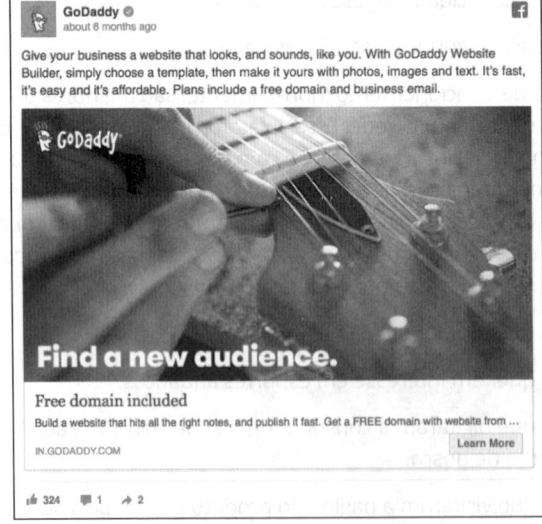

FIGURA 10-2: A GoDaddy oferece uma razão para clicar em seu anúncio do Facebook.

Fonte: https://adespresso.com/academy/ads-examples/41161-godaddy/?_sf_s=ford&lang=en

O Facebook fornece muitos objetivos para que os comerciantes escolham. Escolher seu objetivo é a parte mais importante ao configurar sua campanha, porque é sua maneira de dizer ao Facebook exatamente o que você quer que sua campanha realize. Portanto, antes de lançá-la, determine seu objetivo final (como enviar pessoas a seu site, promover a página do Facebook de sua empresa, aumentar as conversões em seu site, obter visualizações de vídeos ou qualquer uma de muitas possibilidades) e o alinhe com seu objetivo do Facebook. Para determiná-lo, pergunte-se: "A quem estou direcionando e onde quero enviá-los?"

Depois de completar o primeiro passo para configurar sua campanha (escolher seu objetivo), você segue com a configuração do público que pretende alcançar. Esse passo é essencial. Se escolher o público errado, seu anúncio do Facebook provavelmente fracassará ou, no mínimo, não alcançará seu potencial máximo. Para garantir que alcance o público certo, seu direcionamento precisa ser específico. Quanto mais específica for sua campanha, melhor se sairá. Para melhorar a especificidade dela, responda às seguintes perguntas sobre seu mercado-alvo para *todos* os anúncios que planeja implementar no Facebook:

» **Quem são as figuras, pensadores ou grandes marcas em seu nicho?** Provavelmente membros do seu público seguem esses influenciadores no Facebook.

» **Que livros, revistas e jornais seus clientes ideais leem?**

» **Que eventos frequentam?**

» **Que sites acessam?**

» **Onde moram?**

» **Que ferramentas usam?** Essas ferramentas podem ir de programas como Photoshop ou Evernote até ferramentas físicas, como varas de pescar ou equipamento de cuidados com o gramado.

» **O que é especificamente único sobre seu público?**

Ao saber as respostas dessas perguntas, você direciona seu anúncio especificamente para os gostos, comportamentos e localizações de seus públicos no Facebook, tornando-o mais pessoal e propenso a ser visto por um público aberto à sua mensagem. Além disso, direcioná-lo para gostos e interesses específicos limita o tamanho do seu público em potencial, o que é bom, porque ele não deve ser amplo demais; se for, seu anúncio será menos eficaz.

Na nossa empresa, temos o maior sucesso, em termos de conversões e Pontuações de Relevância (o algoritmo que o Facebook usa para julgar a qualidade do seu anúncio; similar ao Índice de Qualidade do Google) com nossos anúncios do Facebook quando o público é entre 500 mil e 1 milhão de pessoas (mais ou menos alguns milhares — o número não precisa ser *exatamente* 500 mil, há espaço de folga). Dessa maneira, você mostra seu anúncio não somente para um público grande o suficiente, mas também para um público específico que o achará relevante.

Se seu negócio for local (diferente de uma empresa nacional ou internacional) e você especificar uma cidade, estado ou região, não precisa se preocupar com o tamanho do seu público. Com frequência, o tamanho do público para anúncios locais no Facebook não alcança entre meio e um milhão de pessoas; a cidade para a qual os direciona pode nem ter uma população desse tamanho. Negócios locais não precisam se preocupar com o tamanho do público, mas sim em como o segmentam. Todos os outros negócios, que não são locais, devem focar como segmentar esse público *e* seu tamanho.

O próximo passo é criar o texto de seu anúncio. Ao escrevê-lo, fale com seu público com base nos pontos críticos em que se concentra e no nível do relacionamento. Por exemplo, você não fala com alguém que acabou de conhecer do jeito que fala com alguém que conhece há dez anos, e o mesmo vale para seu texto. Pense em seus anúncios no contexto do estágio de seu relacionamento com seu lead ou cliente.

Em seguida, siga estas dicas ao escrever o texto do seu anúncio:

» Chame a atenção do seu público com uma chamada. Por exemplo, você pode fazer uma chamada para sua cidade-alvo, como: "Ei, Curitiba!", usar a forma como os residentes se chamam: "Ei, Curitibanos!" ou até mesmo chamar as pessoas por seus interesses, como: "Ei, fãs de luta amadora!"

» Dentro do texto, fale de uma das dificuldades que seu público-alvo tem e, então, dê a solução às pessoas (sua oferta, é claro).

» Se tiver espaço, adicione uma frase para eliminar dúvidas e superar uma razão pela qual o cliente poderia escolher não comprar.

» Por fim, considere o que deseja que as pessoas façam depois que terminarem de ler seu anúncio. Inclua uma chamada para ação forte para levá-las para o próximo nível.

Depois, certifique-se de que a imagem que acompanha seu texto retrate e apoie sua mensagem de marketing. A imagem amarra o anúncio e faz com que seja congruente. Você não quer uma imagem que não tenha nada a ver com o texto ou com a oferta. A imagem deve se destacar e ser atraente, mas não parecer spam, então evite muitas setas ou cores desagradáveis. Por fim, você quer que a imagem se relacione com o mercado. Se fazer imagens não for seu ponto forte, ou não tiver um designer gráfico, considere usar ferramentas como Canva (https://www.canva.com/) ou terceirizar seus gráficos com serviços como Fiverr (https://www.fiverr.com/) ou Upwork (https://www.upwork.com/) para criar imagens profissionais para seus anúncios.

A Figura 10-3 retrata os elementos que formam um anúncio do Facebook e o que precisa incluir.

DICA Para públicos frios, você não quer que seu anúncio do Facebook "grite" que é um anúncio; em vez disso, quer que seja informativo e forneça valor. Lembre-se de que você está criando credibilidade com seus públicos. O texto do anúncio direcionado a públicos frios normalmente é mais longo do que para públicos mornos e quentes. Ele também contém mais informações sobre a oferta e o que acontece quando as pessoas clicam no anúncio. Em contrapartida, sua linguagem pode ser um pouco mais informal e seu texto, mais curto com públicos mornos e quentes.

DICA Você encontra mais detalhes e orientações no Facebook Blueprint (www.facebook.com/blueprint), um recurso educacional criado pelo Facebook que oferece cursos online gratuitos para ajudar as pessoas a levar suas campanhas do Facebook para o próximo nível.

Twitter

Com o Twitter, você alcança quase qualquer mercado, e segmentar no Twitter é bem similar ao Facebook. As pessoas usam o Twitter para consumir conteúdo e esperam encontrá-lo em seu feed, o que faz dessa uma ótima plataforma para direcionar tráfego para públicos frios. Use seus tuítes para apresentar-se e levar pessoas a conteúdos, como seu blog, que forneçam valor, estabeleçam sua marca como uma autoridade e comecem a construir um relacionamento com seus públicos.

Você pode criar muitos anúncios pagos diferentes no Twitter, esteja buscando ganhar mais seguidores ou gerar cliques e conversões no seu site. Como com os esforços do Facebook, os objetivos de sua campanha do Twitter devem alinhar-se a seus objetivos ou metas finais gerais de campanha. A Figura 10-3 retrata um tuíte promovido pela Liberty Mutual que claramente declara seu benefício e inclui uma chamada para ação. Note como a imagem que a empresa usa é congruente com o texto do tuíte.

FIGURA 10-3: Um tuíte promovido pela Liberty Mutual.

Fonte: https://twitter.com/LibertyMutual/status/738760608796053504

Para encorajar o engajamento com seus tuítes (ou seja, ganhar retuítes e favoritos), linke a algo de valor e não faça seus tuítes muito "panfletários". Os tuítes patrocinados mais eficazes são aqueles com a mesma aparência e impressão de um tuíte normal. Não mencionam um produto nem vendem nada. Esses tuítes são menos invasivos e são conhecidos como *anúncios nativos*. Anúncios nativos seguem a forma e a função do meio em que se localizam. Um anúncio nativo não é exclusivo do Twitter e é encontrado em outras plataformas de tráfego pago. Anúncios nativos do Twitter se parecem com qualquer outro tuíte e consistem de um texto bom que desperta o interesse e liga a conteúdo informativo que leva tráfego da plataforma do Twitter para sua landing page predeterminada (veja o Capítulo 7 para saber mais sobre landing pages).

Com o Twitter, você normalmente direciona conteúdo para conscientizar sobre suas marcas, produtos e serviços para o tráfego frio. Portanto, em vez de direcionar tráfego para uma landing page tradicional de venda do seu produto, direcione-o para artigos informativos de blog que forneçam valor e ganhem credibilidade. Então, em seu artigo, mostre chamadas para ação para uma oferta relevante que

LEMBRE-SE leve as pessoas à próxima temperatura de tráfego. Retorne aos Capítulos 5 e 6 para estratégias de blog para usar em suas landing pages do Twitter.

Para ser eficaz, cada artigo de landing page precisa ter um valor individual. Em outras palavras, os leitores derivam valor de uma landing page independente de aceitarem a oferta ou não. Para evitar ter um impacto negativo em seu relacionamento com um cliente em potencial e estragar suas chances de ganhar um consumidor, certifique-se de que sua landing page cumpra a promessa que fez dentro do seu tuíte. Por exemplo, se seu tuíte é sobre ideias para chás de panela e o link que você fornece não entrega isso, as pessoas o verão como menos confiável e associarão seu conteúdo a uma isca negativa.

DICA Ao usar o Twitter, procure tuítes que tenham se saído excepcionalmente bem. Se um dos seus tuítes resultar em envolvimento alto, provavelmente se sairá bem como um anúncio. Considere investir dinheiro nesse tuíte e promovê-lo para seus públicos frios.

Google

O Google AdWords é uma ótima plataforma de tráfego porque você apresenta anúncios para pessoas quando elas estão buscando ativamente por uma solução. O programa AdWords, do Google, mostra anúncios para pessoas com base em palavras-chave que digitam no mecanismo de busca do Google. Por exemplo, se um pesquisador digita "comprar petiscos para cães" no Google, uma empresa que os vende pode dar um lance para mostrar um anúncio na página de resultados, como mostrado na Figura 10-4. As pessoas usam o Google para pesquisar produtos e serviços, e as consultas que fazem oferecem insights sobre as dificuldades que têm e as soluções e benefícios que procuram.

Em comparação a outras plataformas, os anúncios do Google são vistos como menos interruptivos e invasivos, e requerem menos apresentação para seus clientes em potencial porque as pessoas estão ativamente buscando uma solução. Embora o AdWords seja geralmente mais caro do que outras lojas de tráfego, é muito eficaz em gerar leads e clientes de alta qualidade: mesmo que nunca tenham ouvido falar de você, esses clientes em potencial buscam soluções ativamente e estão frequentemente mais abertos a se tornarem leads e consumidores.

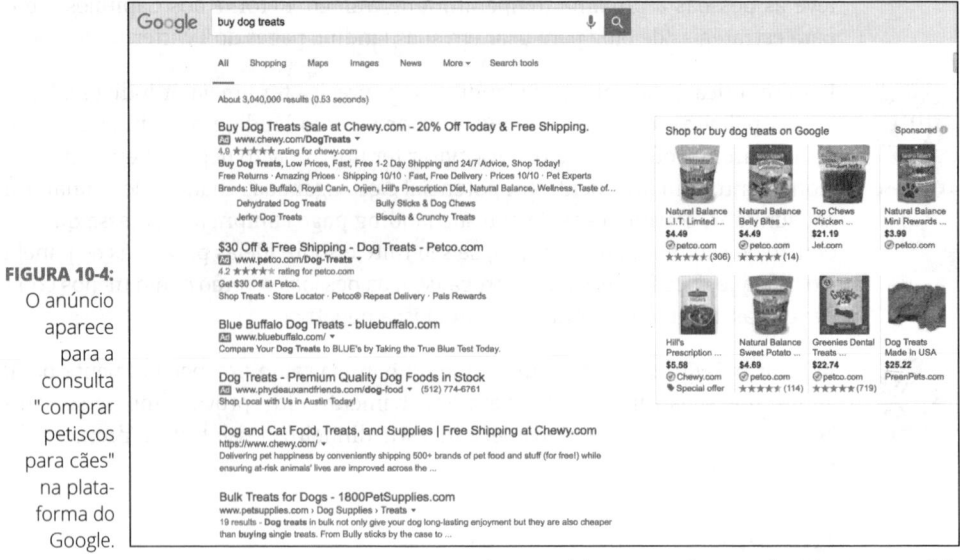

FIGURA 10-4:
O anúncio aparece para a consulta "comprar petiscos para cães" na plataforma do Google.

Fonte: https://www.google.com/webhp?sourceid=chrome-instant&ion=1&espv=2&ie=UTF-8#q=buy%20dog%20treats

Aqui estão alguns aspectos a serem observados sobre o Google AdWords:

» **Você precisa de um objetivo:** O AdWords não é uma plataforma em que entra para conseguir algum tráfego e testar seu mercado. Decidir um objetivo antes de começar sua campanha é crucial. Se você é novo nesse tipo de coisa, pode começar com uma loja de tráfego que seja mais barata, como o Facebook, para testar o mercado antes de passar para o AdWords.

» **Você paga com base em cliques:** Você só paga quando alguém realmente clica no seu anúncio (o que ajuda a controlar seu orçamento).

» **Você pode direcionar por localização:** Há uma grande oportunidade de geodirecionamento para negócios locais, então você pode "falar" especificamente com mercados locais. Esse recurso funciona bem para negócios locais e empresas maiores buscando segmentar uma campanha nacional ou internacional.

Você deveria começar pesquisando as palavras-chave nas quais pretende dar lances para seu anúncio. Ao conduzir a pesquisa de palavras-chave, lembre-se destas dicas:

» Use ferramentas para ajudá-lo a encontrar ideias de palavras-chave e estimar como podem se sair. O Google Keyword Planner (https://adwords.google.com/KeywordPlanner) é uma dessas ferramentas e é um serviço fornecido gratuitamente pelo Google AdWords.

» Insira palavras e frases-chave relacionadas a seu negócio.

» Use ferramentas de espionagem, como iSpionage (https://www.ispionage.com/), SEMrush (https://www.semrush.com/) ou SpyFu (https://www.spyfu.com/), para pesquisar seus concorrentes ou outras empresas em seu nicho para ter ideias sobre as palavras-chave que usam.

À medida que conduz sua pesquisa de palavras-chave, esteja ciente de que pode estabelecer quatro tipos de parâmetros em suas palavras-chave dentro do AdWords. Eles são conhecidos como tipos de correspondência de palavra--chave. Você os usa para configurar e controlar quais pesquisadores visualizam seu anúncio depois de digitarem uma consulta. Aqui estão os tipos de correspondência de palavra-chave junto a exemplos para cada um:

» **Correspondência exata:** Esse tipo de correspondência significa que alguém digitou sua palavra ou frase-chave exatamente como aparece em sua campanha para que seu anúncio seja exibido. Você designa a correspondência exata colocando palavras-chave entre chaves. Por exemplo:

[serviços para gramado]

Se tiver a correspondência exata da palavra-chave [serviços para gramado] em sua campanha AdWords, seu anúncio somente aparece quando alguém digita a consulta *serviços para gramado* no Google.

» **Correspondência de frase:** Sua palavra-chave deve aparecer na *mesma ordem* que aparece em sua campanha para disparar seu anúncio. A correspondência de frase é designada por uma palavra-chave entre aspas, como a seguir:

"serviços para gramado"

Se tivesse a frase *"serviços para gramado"* em sua campanha AdWords, seu anúncio seria disparado pelas seguintes consultas:

- Melhores serviços para gramado
- Serviços para gramado São Paulo
- Serviços para gramado e paisagismo do Juca

Os termos anteriores disparam seu anúncio de correspondência de frase porque as palavras *serviços*, *para* e *gramado* aparecem próximas umas das outras na consulta. Contudo, com a correspondência de frase, seu anúncio não seria disparado pelas seguintes consultas:

- Serviço de aparar gramado
- Serviços de gramado e paisagismo

Seu anúncio não seria disparado por essas consultas porque as palavras *serviços, para* e *gramado não* aparecem na *mesma ordem* que estão em sua campanha.

» **Correspondência ampla:** Com a correspondência ampla, o Google mostra seu anúncio para frases similares e variações relevantes da palavra-chave. Isso inclui plurais, sinônimos, erros de digitação e variações relacionadas e relevantes.

Se sua correspondência ampla for *serviços para gramado*, o Google dispara seu anúncio para consultas que incluem:

- Preços de serviços para aparar gramado
- Serviços para gramado próximos
- Ideias de nomes de serviços para gramado
- Nomes criativos de serviços para gramado

Apesar desse tipo de correspondência exibir seu anúncio para um público amplo, pode não exibi-lo para o público *certo*. Como a correspondência ampla dispara muitos resultados, não a recomendamos para alguém começando com o AdWords.

» **Modificador de correspondência ampla:** Esse tipo de palavra-chave dispara seu anúncio para variações próximas, como erros de ortografia (mas não sinônimos), em qualquer ordem. Modificadores de correspondência ampla ficam entre a correspondência ampla e a correspondência de frase, na qual você tem mais controle do que na ampla, mas não é tão restritiva quanto a de frase. Você designa um modificador com um sinal de mais (+) na frente de suas palavras-chave:

+serviço +para +gramado

O Google sabe que palavras-chave com um + na frente *devem* aparecer em algum lugar da consulta, mas não necessariamente na ordem em que aparecem na campanha. Consultas que disparam esse anúncio incluem as seguintes:

- Serviços para aparar gramado
- Serviços de gramado e paisagismo
- Serviços profissionais de cuidados com o gramado

Depois de pesquisar suas palavras-chave e decidir sobre que tipo de correspondência usar em sua campanha, você seleciona quanto dar de lance nas palavras-chave. Lembre-se destas dicas ao escolher sua estratégia de lances no AdWords:

- Selecione a opção Configurar Manualmente Meu Lance por Clique, que permite que controle seu orçamento. Caso contrário, seu orçamento é automatizado pelo Google AdWords.

- Ao começar uma campanha, use um lance padrão de R$1–R$2 até que descubra o quanto suas palavras-chave são concorridas.
- Configure um orçamento diário; novamente, para manter seu orçamento sob controle.

Quando finalmente estiver pronto para escrever seu anúncio, siga estas dicas e truques para criar o texto para seu anúncio do Google:

» **Inclua uma chamada para ação.** Qual é a ação final que você quer que seu público-alvo realize depois que as pessoas terminarem de ler seu anúncio? Diga a elas o que deseja que façam em seu anúncio. Chamadas para ação incluem "ligue agora", "baixe nosso relatório grátis" e "peça hoje", entre outras possibilidades.

» **Use suas palavras-chave.** Inclua as palavras-chave nas quais estiver dando lances dentro do texto do anúncio. Isso não só ajuda com seu Índice de Qualidade (o algoritmo que o Google usa para determinar quanto você deve pagar no fim por um clique), mas também deixa suas palavras-chave que correspondem à consulta da pessoa em negrito, o que faz seu anúncio se destacar mais.

» **Faça uma pergunta.** Considere usar perguntas para chamar seu público. Perguntas muitas vezes chamam mais a atenção das pessoas do que afirmações. Por exemplo, em vez do texto "Livre-se dos cupins" tente "Infestação de cupins?" Ou, em vez de "Encanador experiente e segurado em Salvador", tente "Procurando por um encanador confiável em Salvador?"

» **Faça referências a feriados ou eventos locais.** Quando seu anúncio menciona eventos ou feriados que estão por vir, parecem mais atuais e relevantes aos pesquisadores.

» **Foque os benefícios e fale sobre as dificuldades dos seus clientes em potencial.** Não inclua as especificações do seu produto no anúncio, como tamanho, cor ou mesmo o que faz. Isso não incita as pessoas a clicarem; em vez disso, as pessoas querem saber como seu produto melhorará a vida delas. No seu anúncio, foque os resultados emocionais que seu produto fornece, não as especificações técnicas. (Você inclui especificações técnicas dentro da descrição do produto em sua landing page de vendas, como descrito em detalhes no Capítulo 7.)

YouTube

O YouTube é uma ótima plataforma de tráfego para criar relacionamentos com clientes e clientes em potencial. Por causa dos diferentes tipos de anúncios que pode criar com essa plataforma, você estabelece relacionamentos e move as pessoas de clientes em potencial frios para compradores recorrentes quentes, tudo dentro da plataforma do YouTube. Por exemplo, você pode usar o YouTube para se estabelecer como uma autoridade e proporcionar valor a seu mercado, e então enviar às pessoas mais conteúdo com os quais aprendem, como outro vídeo ou um post de blog, depois do qual você as redireciona (detalhamos o redirecionamento na última metade deste capítulo) com anúncios de vídeo para fazer uma oferta de ponto de entrada. Veja o Capítulo 3 para mais informações sobre ofertas de ponto de entrada.

Note que as pessoas estão condicionadas a pular anúncios do YouTube. Com as propagandas que tocam antes do vídeo de todo mundo, como a da empresa de câmeras GoPro retratada na Figura 10-5, você só terá cinco segundos para chamar a atenção do seu público antes que clique no botão Pular Anúncio.

Depois do limite de cinco segundos, as pessoas frequentemente têm a chance de pular seu anúncio e, se não lhes der uma razão para ficar, provavelmente pularão seu anúncio para ver o conteúdo a que originalmente foram assistir. Para evitar que pulem, faça uma ou mais das coisas a seguir dentro dos primeiros cinco segundos:

FIGURA 10-5: Um anúncio de YouTube da GoPro com um botão de Pular.

» Faça uma chamada para seu público que chame sua atenção. Por exemplo, você pode fazer uma chamada para seu mercado com base em onde as pessoas moram (cidade ou estado) ou falar de um de seus interesses.

» Faça uma pergunta com a qual se identifiquem. Por exemplo, uma empresa de reformas domésticas pode colocar um anúncio em um vídeo sobre substituir a pia do banheiro, e abrir esse vídeo com a pergunta: "Você está reformando seu banheiro?"

- » Fale sobre uma dificuldade que enfrentam ou um benefício que procuram.
- » Divirta-os.
- » Dê ao público-alvo uma razão para ficar ao fornecer valor imediatamente, para que as pessoas queiram visitar seu canal ou site para saber mais.

Outra maneira de garantir que seu anúncio chame a atenção do seu público é incluir uma miniatura atraente (a imagem que aparece antes que alguém reproduza o vídeo) e um título forte, também chamado de manchete. O título e a miniatura explicam e demonstram sobre o que é seu vídeo. Sua miniatura é uma das primeiras coisas que as pessoas veem, então garanta que sua primeira impressão seja atraente e que chame a atenção. Se fazer imagens de aparência profissional estiver fora de sua alçada, use serviços como o Fiverr ou ferramentas como Canva para criar miniaturas de alta qualidade. Então, acompanhe sua imagem com um título ou manchete envolvente. Inclua suas palavras-chave relacionadas no título (e na descrição do vídeo) para melhorar o direcionamento.

Pinterest

Essa rede social tem mais de 100 milhões de usuários ativos. Portanto, uma ótima loja de tráfego. Os usuários do Pinterest são, na maioria, mulheres: elas formam 85% do Pinterest (e, dessas, 42% são mulheres adultas com poder de compra). Embora o Pinterest seja uma plataforma ideal para direcionar para mulheres, a plataforma está crescendo internacionalmente entre homens adultos: o Pinterest é a rede social que cresce mais rápido em porcentagem, e um terço das novas contas são criadas por homens.

Os usuários do Pinterest têm uma mentalidade aberta para compra. Na verdade, 93% deles planejam compras usando-o. Estudos revelaram que quando o tráfego do Pinterest fazia referência ao Shopify, resultava em uma compra média de US$50 no Shopify. Como uma loja de tráfego, o Pinterest tem, no mínimo, muito potencial.

Para anunciar no Pinterest, você cria o que é conhecido como *pin promovido*, um anúncio que permite que você segmente seu mercado com base em dados demográficos, localizações e dispositivos usados, bem como interesses e consultas que as pessoas digitam. O Pinterest, como o Google, funciona com base em custo por clique (CPC), com um orçamento que pode ser especificado, e você só paga quando alguém clica no pin para seu site. Similar ao Twitter, o Pinterest é um sistema de publicidade nativo; crie anúncios que se misturem à plataforma, para que o anúncio siga a forma e função de qualquer outra peça de conteúdo dela. A Figura 10-6 retrata um pin promovido pela Kraft, na metade direita da figura, para sua pasta de receitas.

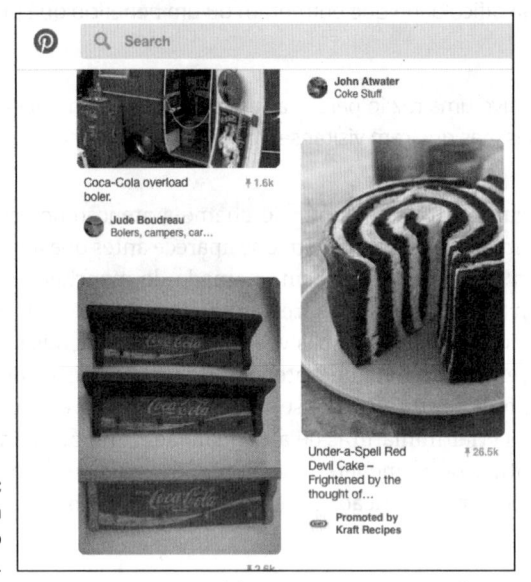

FIGURA 10-6: Um pin promovido pela Kraft.

Fonte: https://www.pinterest.com/pin

Antes de criar seu pin promovido, pesquise as palavras-chave que pretende escolher. Você pode fazer sua pesquisa de palavras-chave diretamente na plataforma do Pinterest. Comece digitando a principal palavra-chave para seu mercado na barra de pesquisa do Pinterest. À medida que digita, o Pinterest lhe sugere pesquisas, consultas mais comumente feitas que incluem sua palavra-chave. Essa técnica o ajuda a escolher as palavras-chave no Pinterest. Você também pode usar ferramentas online, como SpinKeywords, para pesquisar palavras-chave para sua campanha de pin promovido.

Cada pin promovido permite apenas até 20 palavras-chave, então, ao selecionar as que deseja, escolha as mais relevantes. Se selecionar mais de 20 palavras--chave, seu pin promovido pode ser negado no Pinterest. Portanto, tente ficar entre 15 a 20 palavras-chave por pin promovido.

Em seguida, ao criar seu pin promovido, selecione sua imagem com cuidado. A plataforma do Pinterest foca imagens grandes e bonitas, e, para que seu pin promovido se destaque, você deve usar uma imagem chamativa e de alta qualidade. Dentro de sua imagem, considere adicionar um texto simples e claro sobrepondo-se à sua imagem, que sirva como título e forneça contexto a ela. O tamanho e formato de sua imagem são importantes no Pinterest; essa plataforma é verticalmente orientada; então, embora imagens horizontais até funcionem como pins promovidos, use verticais sempre que possível. Uma imagem de 600x900 pixels é boa para começar como sua imagem do pin.

Você quer que seu pin promovido seja funcional, apresentável e viável. Depois de selecionar uma imagem que o ajude a criar tal pin, escreva uma descrição detalhada que dê valor a seu mercado, destaque uma dificuldade e demonstre o benefício do produto que apresenta em seu pin promovido. Lembre-se de que nesse ponto as pessoas não se preocupam com os pontos de venda únicos do produto; mas com o que o produto faz por elas e como melhora suas vidas. Trate dessas preocupações dentro da descrição do seu pin promovido.

> **DICA**
>
> Dentro dos primeiros 75–100 caracteres da descrição do seu pin, inclua o link para a landing page do produto (veja o Capítulo 7 para saber mais sobre landing pages). Incluir esse link em seu texto garante que ele apareça destacado no topo, deixando sua landing page a um clique de distância da plataforma do Pinterest.

> **CUIDADO**
>
> Não use mais do que quatro imagens individuais por pin. Suas imagens devem ser grandes e bonitas para que seus pins promovidos se destaquem, e ter mais de quatro imagens cria um pin cheio de imagens pequenas. Se decidir colocar mais de uma imagem em um pin promovido, certifique-se de que cada uma tenha um foco e um tema claros. Você não quer vender uma variedade de produtos aleatórios em um pin; os produtos devem ser complementares.

LinkedIn

O LinkedIn se destaca das outras lojas de tráfego porque se direciona a um mercado específico. O LinkedIn tem foco profissional e é centrado em B2B (negócio para negócio). Embora seja um recurso poderoso para ser empregado para geração de leads e implementação de anúncios para tráfego frio, assim como são o Twitter e o Facebook.

Você pode escolher dentre várias maneiras de segmentar seu público dentro do LinkedIn, de dados demográficos, como idade e gênero, a títulos profissionais, e habilidades que os usuários têm listadas em seus perfis, como "atendimento ao cliente" ou "marketing de mídia social". E, com um número maior que 450 milhões de usuários, que não para de aumentar, o LinkedIn oferece um mercado grande para alcançar.

Qual deve ser o tamanho do seu público ao rodar tráfego no LinkedIn? Alguns comerciantes argumentam que 300 mil são o ideal. Contudo, diferente do público do Facebook, o tamanho do seu público no LinkedIn não precisa ser um problema. O mercado é menor e mais específico na plataforma do LinkedIn, e o alvo são profissionais de negócios. Outras lojas de tráfego, como Facebook e Twitter, englobam um público muito mais amplo. Quando você anuncia no LinkedIn, o tamanho do seu público é menos relevante. A principal preocupação, assim como em todas as lojas de tráfego, é colocar a mensagem certa na frente do público certo. Por exemplo, se você se concentrar em CEOs, não se preocupe com o tamanho do público, mas foque criar anúncios e ofertas que achem relevantes.

Assim como em outras lojas de tráfego, seu anúncio do LinkedIn precisa do seguinte:

» Um texto específico que atraia seu público e seja relevante para ele
» Uma imagem profissional e cativante
» Uma chamada para ação que mova o público para o próximo passo

Uma maneira de direcionar tráfego no LinkedIn é patrocinar conteúdo e enviar pessoas a ele, como seus posts de blog. Para ser eficaz, o conteúdo para o qual envia tráfego deve educar e oferecer valor a seu público. Então, dentro do blog, forneça chamadas para ação ou anúncios de banner para uma oferta que seu público do LinkedIn ache relevante. Essa estratégia é uma maneira de obter um retorno sobre investimento (ROI) de suas campanhas do LinkedIn.

Embora o LinkedIn seja uma das plataformas mais caras, a natureza específica de sua loja de tráfego o faz gerar leads de alta qualidade abertos à sua mensagem.

Escolhendo a plataforma de tráfego certa

Você têm muitas lojas de tráfego disponíveis e cada uma dela tem seus pontos fortes. Resumindo, aqui estão os cenários nos quais considerar usar uma ou mais das seis principais:

» **Facebook:** Essa plataforma funciona em quase qualquer mercado, a não ser que ele não seja aprovado pelos TDS (termos de serviço) do Facebook, como a indústria de vaping (visite as políticas de anúncios do Facebook para saber mais detalhes sobre seus TDS em `https://www.facebook.com/policies/ads/`). Com o Facebook, você usa um processo conhecido como redirecionamento, o qual definimos e explicamos na próxima seção.

» **Twitter:** Anuncie no Twitter quando quiser segmentar um mercado mais jovem ou especializado em alta tecnologia. O Twitter é uma plataforma grande com muitos usuários, então funciona para quase qualquer mercado.

» **Google:** Use o Google se tiver uma oferta comprovada que se saiu bem em outras fontes de tráfego, ou uma difícil de direcionar em termos dos interesses ou dados demográficos dos clientes em potencial e, portanto, requer direcionamento por palavra-chave. Com o Google, o objetivo é o redirecionamento.

» **YouTube:** Essa loja de tráfego funciona em quase qualquer mercado, especialmente se tiver uma oferta que requeira demonstração ou direcionamento por palavra-chave. Com essa plataforma, também, o objetivo é o redirecionamento.

- **Pinterest:** Pense sobre usar pins promovidos quando estiver vendendo produtos físicos, especialmente para mulheres, ou quando criar conteúdo com várias imagens originais ou curadas.
- **LinkedIn:** Vá ao LinkedIn quando estiver vendendo produtos ou serviços B2B dispendiosos. Considere também anunciar nessa plataforma quando estiver promovendo um webinar para um público B2B ou quiser alcançar pessoas por seus cargos.

Configurando um Tráfego Bumerangue

Não é preciso dizer que nem todo mundo que vai a seu site será convertido na primeira visita; na verdade, para a maioria dos sites, apenas 2% do tráfego se converte de primeira. Então como você faz com que os outros 98% façam uma "rota de bumerangue" e voltem a seu site? Você faz isso por meio de uma estratégia conhecida como redirecionamento.

Por exemplo, digamos que entre na loja online de sapatos e roupas Zappos. Você procura um par de sapatos e sai da Zappos sem comprar. Em seguida, visita o *Huffington Post* para ler um artigo e nota um anúncio do mesmo par de sapatos que acabou de considerar na Zappos.com. Você está sendo redirecionado. Nas próximas seções, entramos em mais detalhes sobre o que é o redirecionamento e como empregá-lo.

Definindo redirecionamento de anúncios

Depois que as pessoas visitam seu site, página de vendas ou de rede social, você pode supor seguramente que estão interessadas em saber mais. Mesmo que tenham ido embora sem comprar, você também pode supor que elas não disseram não; só não tiveram tempo de realizar a ação na hora ou precisaram de mais tempo para pensar sobre sua oferta. Para encorajá-las a voltar a seu site (como um bumerangue), você usa a estratégia de redirecionamento de tráfego pago.

O objetivo do redirecionamento (às vezes chamado de remarketing) é levar as pessoas de volta a seu site e deixá-las um passo mais próximas da conversão. Você faz isso ao servir visitantes antigos com anúncios baseados em seu envolvimento anterior com seu site. Com o redirecionamento, você não tenta fazer os visitantes antigos mudarem de ideia; mas os lembra de sua oferta.

Embora existam outras formas de redirecionamento, focamos o que é usado com mais frequência: redirecionamento com base em site. *O redirecionamento com base em site* usa pixels de rastreio e cookies para exibir seu anúncio a visitantes antigos do site, como explicamos na próxima seção.

Configurando cookies e pixels

Um *pixel de rastreamento* (simplesmente chamado de pixel) é um pedaço de código que você coloca em seu site para disparar um *cookie*, o arquivo de texto que armazena informações sobre a visita do usuário a seu site. O cookie usa um código simples em JavaScript e permite que redes de anúncios e plataformas de tráfego identifiquem usuários quando estão visitando outro site e, então, exibe anúncios direcionados com base em suas preferências. Em termos práticos, o pixel de rastreamento entrega informações para um servidor e o cookie armazena informações no navegador de um usuário para que o servidor as leia novamente mais tarde. O cookie armazena a visita ao site, mas não armazena nenhuma informação sigilosa, como nome, endereço ou qualquer uma que identifique o visitante pessoalmente.

Quando as pessoas vão a seu site, um cookie é estabelecido e, depois de algum tempo, os usuários saem e visitam outros sites. O cookie faz com que sua plataforma de redirecionamento, como Facebook ou Google, saiba quando um desses visitantes "com cookies" vão a um site em que é possível exibir anúncios redirecionados. Se há um espaço de anúncio disponível, seu anúncio de redirecionamento pode ser exibido. Esse processo inteiro é automatizado e ocorre em frações de segundos.

Quando feito da maneira correta, o redirecionamento permite que faça ofertas relevantes a públicos específicos, e quanto mais específica e relevante é a oferta, mais provavelmente o público se identificará com ela e ela levará à conversão. A próxima seção lhe fala sobre como criar ofertas redirecionadas específicas.

Segmentando com conteúdo

O maior erro que um comerciante digital comete com campanhas de redirecionamento é supor que todos os visitantes são parecidos e mostrar o mesmo anúncio a todos. O segredo para um redirecionamento de sucesso é a segmentação do público (também discutimos segmentação de conteúdo no Capítulo 4). Deixar de segmentar seus visitantes leva a resultados ruins de campanha, a perda de muitas de suas impressões (visualizações do seu anúncio) e gastos com anúncios. Por exemplo, você não gostaria de redirecionar um usuário que viu receitas veganas com um anúncio de banner para uma churrascaria.

Quando você segmenta seus públicos, identifica e entende sua intenção. A segmentação permite que redirecione e envie ofertas com base nos interesses das pessoas; assim, personalizando a experiência de redirecionamento e tornando o anúncio muito mais atraente.

Para segmentar seu público, examine seu site ou blog e divida seu conteúdo em categorias ou tópicos. Por exemplo, um blog de culinária pode separar seu conteúdo por tipos de estilos de vida, como vegano, sem glúten e vegetariano. Quando as pessoas visitam conteúdo sobre comida vegetariana, estão mostrando interesse em comida vegetariana. Você tem uma oferta relevante para um vegetariano? Se sim, redirecione aqueles que visitaram seu conteúdo vegetariano a essa oferta relevante e específica.

Resolvendo Problemas de Campanhas de Tráfego Pago

Depois de configurar uma campanha de tráfego pago, implemente-a de três a cinco dias para começar a coletar dados. Quando esse tempo acabar, avalie e resolva problemas de sua campanha. Embora esteja procurando problemas ou a razão pelas quais os objetivos não estão sendo satisfeitos, resolvê-los não significa necessariamente que há algo de errado com a campanha. O objetivo da resolução de problemas é consertar quaisquer problemas que possam ter surgido desde o lançamento, mas também buscar maneiras de otimizar e possivelmente, se justificável, ampliá-la.

Examinamos quatro áreas nas quais se concentrar e os passos a serem seguidos ao resolver problemas em campanhas de tráfego pago, como a seguir:

» A oferta

» O direcionamento

» O texto e a parte criativa do anúncio

» A congruência do anúncio

Com o tráfego pago, há muita tentativa e erro envolvidos em uma campanha, mesmo se fez tudo certo. Em nossa empresa, por exemplo, para cada dez campanhas pagas que implementamos, apenas uma ou duas se transformam em lucro. Mas isso não significa que você deveria jogar fora uma campanha que não se saiu bem e começar tudo de novo. Pensando um pouco, pode descobrir o que está prejudicando a campanha e voltar ao caminho certo.

CUIDADO

Certifique-se de examinar cada uma das seguintes áreas, uma de cada vez, para que isole o problema específico de sua campanha. Se tentar avaliar todas as áreas de uma vez, não entenderá a raiz do problema ou o que acabou corrigindo-a, então pode acabar encontrando o mesmo problema no futuro. Implemente um passo, execute seu anúncio por mais cinco dias e colete mais dados, então siga para os próximos passos, se necessário.

Continue lendo para saber mais detalhes sobre resolução de problemas em cada uma dessas áreas.

Fortalecendo sua oferta

O primeiro aspecto no qual se concentrar quando sua campanha não sai como o esperado é sua oferta. Pergunte-se: As pessoas querem o que estou vendendo? Se você não oferecer algo que seu mercado realmente quer ou precisa, não obterá conversões. Para ver se sua oferta é atraente, responda a estas três perguntas:

- » Você está resolvendo um problema para um grupo específico de pessoas?
- » Existe uma necessidade específica para o que oferece?
- » Você fornece valor a seu mercado?

Se sua resposta for "Não" para qualquer uma dessas perguntas, já descobriu seu problema.

Não importa o quanto o texto de sua landing page seja atraente ou sua imagem, chamativa, a melhor campanha de marketing do mundo não resolve um problema de oferta. É por isso que sua oferta é tão crucial e é a chave para o sucesso ou fracasso de sua campanha. Uma campanha de marketing mal executada com uma ótima oferta se sai melhor do que uma ótima campanha com uma oferta ruim. Se seu problema for uma oferta ruim, você precisa criar uma nova e melhor antes de levar tráfego a ela. Veja o Capítulo 3 para saber mais sobre como criar ofertas vencedoras.

Ajustando seu direcionamento

Outro grande culpado de uma campanha de anúncios com dificuldades é seu direcionamento. Se concluiu que sua oferta não é o problema e tem provas para apoiar isso, examine se está direcionando para as pessoas certas. Independente de ter a melhor oferta e mensagem de marketing, exibi-las para o público errado significa que sua campanha fracassará. Você está direcionando para pessoas que realmente comprarão?

O maior erro de direcionamento que pode cometer é ser abrangente demais com medo de perder clientes em potencial. Ao começar sua campanha, você quer que seu mercado seja o mais específico possível. Se estiver em dúvida sobre o tamanho do público a quem direciona, tente um menor. Então, se a campanha satisfizer ou exceder as expectativas para esse público menor, você pode ampliá-la e aumentar um pouco seu público.

Se acredita que seu direcionamento está errado, reavalie seu avatar do cliente. Você pode ter uma concepção errada do público. Volte e certifique-se de que está sendo específico o suficiente e que sua informação sobre seu público é correta.

Outro grande problema que obstrui seu direcionamento é anunciar na plataforma de tráfego errada. Você pode estar colocando anúncios em uma plataforma em que seu mercado não passa tempo online. Retorne à seção "Escolhendo a Plataforma de Tráfego Certa", anteriormente neste capítulo, para garantir que esteja colocando seu anúncio em uma plataforma em que seu mercado está ativo.

Examinando detalhadamente o texto e a parte criativa do seu anúncio

Depois de confirmar que sua oferta é instigante e que a está exibindo para as pessoas certas, examine sua mensagem de marketing. O texto e a parte criativa (a imagem) do anúncio são a transição entre sua oferta e seu mercado-alvo. O texto e a imagem garantem que as pessoas vejam o benefício final de sua oferta. Se sua mensagem de marketing não chama a atenção do público e não dá às pessoas uma razão para clicar, sua campanha fracassará, porque você não está gerando tráfego.

Inspecione o texto do seu anúncio para garantir que faz o seguinte:

- » Faz uma chamada para seu público
- » Trata de uma dificuldade que seu público tem
- » Dá uma solução ou benefício (uma razão para clicar) a seu mercado

Em seguida, a imagem precisa:

- » Ser chamativa
- » Corresponder à mensagem de marketing

No geral, verifique se sua imagem e seu texto não dizem coisas diferentes. Eles precisam combinar ou você corre o risco de confundir seu público. Além disso, essa harmonia deixa seu texto e imagem mais atraentes, o que também leva à próxima área da resolução de problemas.

Verificando a congruência de uma campanha

Finalmente, você precisa resolver o problema de congruência do seu anúncio enquanto move os clientes em potencial para o próximo passo do funil de marketing. Por exemplo, depois que as pessoas clicam no seu anúncio e visitam sua landing page, recebem o que esperavam? Se sua landing page não tiver a mesma aparência ou impressão de seu anúncio, as pessoas podem achar que foram para o lugar errado ou que você não entrega o benefício prometido no anúncio.

Algo parece errado para os visitantes do site, fazendo com que cliquem no botão Voltar em seus navegadores.

Então você não só quer que cada passo da campanha siga o anterior, mas também que a campanha permaneça inteiramente coerente. Para manter a congruência, considere manter a harmonia nos seguintes elementos em seu design de anúncio por todo o caminho da campanha:

» Esquema de cores

» Layout

» Imagens

» Tipo, tamanho e cor de fontes

Em seguida, se fez uma oferta ou tocou em uma dificuldade ou benefício no anúncio, faça essa referência novamente na landing page. Certifique-se de que esses itens apareçam rapidamente e que não estejam enterrados na página, ou você corre o risco de perder o cliente em potencial. A maneira mais fácil de garantir a proeminência desses itens é com o texto: use exatamente a mesma linguagem do seu anúncio no título, subtítulo e texto de sua landing page. Também inclua nela as mesmas imagens do anúncio.

Ao garantir que seu anúncio e landing page retratem o mesmo benefício, dificuldade, oferta e design, você mantém a familiaridade e preserva a coerência.

> **NESTE CAPÍTULO**
>
> » Revendo os tipos de e-mail marketing
>
> » Criando um calendário promocional
>
> » Escrevendo e preparando e-mails marketing
>
> » Garantindo que seus e-mails sejam entregues

Capítulo **11**

Acompanhando com E-mail Marketing

Imagine que são 7h de uma terça-feira. Você acorda com o despertador tocando, rola da cama e tropeça até a cozinha, onde o café que você programou ontem à noite para ser feito acabou de finalizar seu ciclo de gotejamento. Você pega uma caneca, adiciona leite e um pouquinho de açúcar, e se senta à mesa da cozinha. Então, verifica seu e-mail.

Se você é como a maioria dos adultos, essa rotina pode ser familiar. O e-mail não é só uma parte de nosso cotidiano, mas também uma das principais fontes de informação. Provavelmente não é uma surpresa para você o e-mail ter um retorno maior do investimento do que qualquer outra campanha até agora. Na verdade, o e-mail retorna uma média de 4.300% do investimento para negócios nos Estados Unidos.

O e-mail tem um papel importante no marketing digital, porque move os clientes de um estágio da jornada do cliente (veja o Capítulo 1 para saber mais sobre ela) ao próximo de modo que produz um retorno sobre investimento alto. Como o e-mail é eficaz em termos de custo e tempo, sem falar em ser um dos primeiros canais que os clientes procuram, normalmente produz os melhores resultados.

Neste capítulo, lhe mostramos como criar um plano de e-mail que dá a seus clientes uma razão para voltar repetidamente ao mesmo tempo que desenvolve seu negócio através do marketing dinâmico com base em relacionamentos.

Entendendo E-mails Marketing

Para começar, é importante entender os tipos de e-mails marketing que os negócios enviam. O segredo para o sucesso no e-mail marketing é empregar o tipo certo de e-mail na hora certa.

A Figura 11-1 mostra as metas de três tipos de e-mails — promocional, relacional e transacional — e como são usados na estratégia de marketing.

OBJETIVO PRINCIPAL POR TIPO DE E-MAIL						
	ATENDIMENTO AO CLIENTE	CONSCIÊNCIA DA MARCA	GERAÇÃO DE LEADS	RETENÇÃO & LEALDADE	ENVOLVIMENTO & CUIDADO	VENDAS & UPSELLS
TRANSACIONAL:	✓	✓	✓	✓	✓	✓
RELACIONAL:			✓	✓	✓	✓
PROMOCIONAL:			✓	✓	✓	✓

FIGURA 11-1: Os objetivos primários de cada tipo de e-mail.

E-mails promocionais

E-mails promocionais apresentam uma oferta aos leads e clientes em sua lista de e-mails. As ofertas podem ser de conteúdo promocional, uma oferta fechada, como um white paper ou webinar (veja o Capítulo 3 para saber mais sobre ofertas fechadas), um anúncio de marca, lançamento de produto, anúncios de eventos ou ofertas de teste, só para citar algumas.

E-mails promocionais são os e-mails marketing mais comuns. Isso não é surpreendente. Como 66% dos consumidores fizeram uma compra como resultado direto de uma mensagem de e-mail marketing, sabemos que funcionam.

LEMBRE-SE E-mails promocionais fornecem valor e ajudam a realizar vendas. São ótimos para geração de leads, retenção, lealdade, engajamento, cuidado, vendas e upsells. Eles devem fazer parte de qualquer estratégia de e-mail marketing. O problema é que muitas empresas os utilizam como a única parte de sua estratégia de e-mail marketing, então perdem oportunidades de se relacionar com os clientes de diversas maneiras que são frequentemente mais eficazes.

E-mails relacionais

E-mails relacionais entregam valor a seus clientes fornecendo conteúdo e informação gratuita, como boas-vindas para o assinante, newsletters, artigos de blog, guias de webinar, pesquisas, atualizações sociais, anúncios de concursos e mais.

E-mails relacionais podem não vender um produto ou marca diretamente, mas constroem relacionamento com o cliente adicionando valor antecipadamente. Por exemplo, quando seus assinantes recebem uma peça de conteúdo de alta qualidade em uma newsletter via e-mail, interagem com sua marca de maneira mais profunda e significativa.

E-mails transacionais

E-mails transacionais são enviados em resposta a uma ação que um cliente realizou com sua marca. Incluem mensagens como confirmações de pedidos, recibos, códigos de cupons, notificações de envio, criação de contas, tíquetes de suporte, lembretes de senha e confirmações de retorno de produtos e de cancelamento de assinaturas.

A QUÍMICA DOS E-MAILS TRANSACIONAIS

Pense na última vez que comprou algo que amou — um par de botas que queria há anos, um novo snowboard, uma ótima garrafa de vinho ou um jantar em seu restaurante favorito. Agora considere como se sentiu quando fez essa compra. Você ficou animado, certo?

Quando compra algo que esteve esperando, seu cérebro é inundado de endorfinas boas. Você fica feliz com aquele produto. Talvez uma hora mais tarde, você receba uma confirmação de envio com informações sobre os recursos-chave daquele snowboard ou um e-mail listando receitas para pratos que combinam com aquele vinho. Você já fez uma compra boa e, quando o comerciante o envolve novamente quando ainda está feliz, você vai ainda mais longe na jornada do cliente.

> ## TRANSFORMANDO AÇÕES NEGATIVAS EM AÇÕES POSITIVAS
>
> Muitos negócios tendem a minimizar o contato quando um cliente realiza uma ação negativa, como devolver um produto ou cancelar a assinatura de uma lista de e-mails. Mas acreditamos que esses eventos são horas perfeitas para fazer um acompanhamento com e-mails transacionais, por essas razões:
>
> - **Devolução de produtos:** A Nordstrom, por exemplo, permite que os clientes devolvam qualquer item a qualquer hora por qualquer razão. Essa política de retorno é altamente atraente e faz as compras parecerem menos arriscadas. Quando a Nordstrom faz o acompanhamento com os clientes que devolveram produtos, ela confirma a experiência positiva que eles tiveram com sua política de devolução.
>
> - **Cancelamento de assinaturas:** Quando um cliente cancela a assinatura de sua lista de e-mails, primeiro responda a essa ação negativa cancelando a assinatura dele (dê a ele o que quer). Depois, envie uma confirmação de cancelamento de assinatura que liste outras maneiras pelas quais ele pode envolver-se com sua marca, como mídias sociais ou lojas físicas. Lembre-o que você fica feliz em comunicar-se com ele da forma mais adequada às necessidades dele.

Esses e-mails envolvem novamente os clientes que já haviam se envolvido com seu negócio de alguma maneira (veja "Campanhas de Reengajamento", mais tarde neste capítulo) e dão ao cliente uma ideia da voz por trás de sua marca.

Você faz um acompanhamento rapidamente e entrega o que prometeu? Tem sistemas posicionados para oferecer um valor real ao cliente? Respeita os desejos do seu cliente? Os leads e clientes em sua lista de e-mails observam como conduz seus negócios, e seu e-mail transacional é uma grande parte disso.

E-mails transacionais satisfazem todas as metas principais do marketing (veja a Figura 1-2). Oferecem uma experiência de atendimento ao cliente, falam sobre a sua marca a eles, geram leads, aumentam a retenção e lealdade dos clientes, os envolvem e até ajudam com as vendas. Ainda assim, a maioria dos negócios raramente usa e-mails transacionais adequadamente, supondo erroneamente que e-mails promocionais e relacionais são mais eficazes.

No entanto, pesquisas mostram que e-mails transacionais têm as maiores taxas de abertura dos três tipos e produzem de 2% a 5% mais renda que o e-mail de massa padrão. Chegamos a uma conclusão fascinante: e-mails transacionais são quimicamente mais propensos a serem bem-sucedidos (veja o box "A química dos e-mails transacionais").

Enviando E-mails de Transmissão e Disparados

As melhores práticas sobre e-mails dizem que você não deve enviar todos os e-mails para todos os assinantes em sua lista, e as melhores práticas sobre gestão de tempo, que você não pode passar o dia todo enviando e-mails a seus clientes. Por isso, seus e-mails devem ser divididos em dois tipos: transmissão e disparados.

E-mails de transmissão

E-mails de transmissão são os que envia manualmente para toda a sua lista em um dado momento. Não são respostas a ações dos clientes; você os envia em uma hora específica e para um propósito determinado. O que falaremos a seguir pode deixá-lo um pouco chateado, mas falaremos mesmo assim: usar e-mails de transmissão demais prejudica seus relacionamentos com os clientes e faz com que parem de avançar na jornada do cliente. E-mails de transmissão devem ser usados apenas para três propósitos:

- » **Newsletters:** Você deve enviar seu e-mail regular de newsletter todos os dias, semanas ou meses para sua lista inteira, como prometido quando seus assinantes fizeram a assinatura.
- » **Promoções:** Nem todas as promoções devem ser transmitidas para todo o seu público. Apenas grandes promoções que acha que entregam valor para toda a sua base de clientes devem ser enviadas para todos. O resto deve ser enviado a uma lista segmentada (veja o próximo parágrafo).
- » **Segmentação:** Envie um e-mail de transmissão para toda a sua lista para determinar os interesses específicos de certos clientes e, então, segmente sua lista.

E-mails disparados

A maioria dos e-mails que envia deve ser *e-mails disparados*, totalmente automatizados. Depois que preparar o conteúdo, deixe que seu provedor de serviços de e-mail faça o trabalho por você.

E-mails disparados automaticamente vão para clientes que realizam uma ação específica. Mas há uma pegadinha: só porque pode disparar alguma coisa, não significa que deva. Nessa época de automação digital detalhada, você provavelmente tem dados para disparar um e-mail sempre que seus clientes logam em um computador ou servem uma xícara de café. Mas isso só os irrita.

Ações específicas que disparam um e-mail automático para cada ato do cliente incluem:

- E-mail de boas-vindas para um novo assinante
- E-mail de ofertas fechadas (veja o Capítulo 3 para saber mais sobre elas)
- Confirmações de registro
- Recibos de compra
- Promoção segmentada
- Pedidos de indicação depois que um cliente deixa uma resenha
- Abandono de carrinho de compras
- Reengajamento depois que o assinante ignorou os e-mails de sua marca por um período específico

Criando um Calendário Promocional

A primeira pergunta que muitos donos de negócios nos fazem é quando enviar um e-mail. Essa pergunta é boa porque uma ótima campanha de e-mails envolverá os clientes como nunca antes se enviados no momento certo. Em contrapartida, se um e-mail é enviado na hora errada, não será tão eficaz quanto poderia ser.

A primeira coisa que deveria fazer como dono de negócio ou comerciante depois de decidir começar uma estratégia de e-mail marketing é criar um calendário promocional. Dessa maneira, você saberá quando enviar as mensagens que seus clientes precisam quando querem recebê-las.

LEMBRE-SE Usar um calendário promocional lhe dá a oportunidade de evocar ação. Ela mobiliza seus assinantes a fazerem alguma coisa que você quer que façam — comprar algo, pedir informação, ligar para você ou ir a uma loja, por exemplo. A mensagem certa entregue na hora certa evoca ação.

Catalogando seus produtos e serviços

Antes de criar um calendário promocional preciso e abrangente, você precisa saber exatamente o que está promovendo. Passe algum tempo catalogando cuidadosamente cada produto e serviço que seu negócio oferece e entendendo como promovê-los do melhor jeito. Na DigitalMarketer, usamos uma folha de recurso (veja a Figura 11-2) para manter um registro detalhado de nossos recursos. Toda vez que lançamos um novo, adicionamos uma folha de recurso à lista. E, sempre que atualizamos nosso calendário promocional ou implementamos uma campanha de e-mail, passamos algum tempo atualizando essas folhas de recurso.

Certifique-se de que qualquer registro que mantém de seus recursos promocionais contenha as seguintes informações:

- Nome do produto ou serviço
- Preço (tanto o total quanto o de venda)
- Onde a transação ocorre
- Se vendeu esse produto ou serviço por e-mail antes
- Se os esforços de marketing anteriores funcionaram (e por que sim ou não)
- Quando promoveu esse produto ou serviço pela última vez
- Quantos e-mails enviou sobre esse produto
- Se o produto está disponível atualmente para ser promovido (e, se não, por quê)

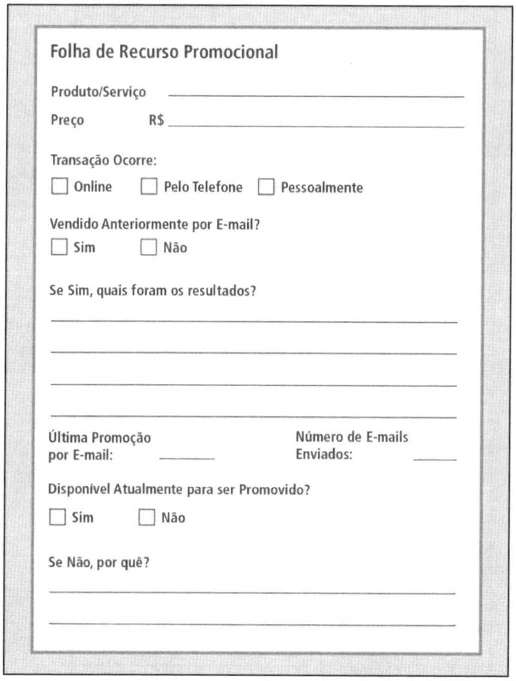
Folha de Recurso Promocional

Produto/Serviço ____________

Preço R$ ____________

Transação Ocorre:

☐ Online ☐ Pelo Telefone ☐ Pessoalmente

Vendido Anteriormente por E-mail?

☐ Sim ☐ Não

Se Sim, quais foram os resultados?

____

Última Promoção por E-mail: ______ Número de E-mails Enviados: ______

Disponível Atualmente para ser Promovido?

☐ Sim ☐ Não

Se Não, por quê?

____

FIGURA 11-2: Uma folha de recurso promocional.

Você pode se perguntar por que deveria passar tanto tempo catalogando seus esforços de marketing. Não seria melhor usar esse tempo comercializando esses recursos, talvez? A verdade é que, ao acompanhar cuidadosamente as vendas dos seus produtos, bem como as campanhas de marketing que correspondem a elas, o trabalho do marketing desses recursos fica muito mais fácil. Quando você sabe o que tem disponível para vender e os resultados das promoções que empregou no passado, pode simplesmente fazer mais do que está funcionando e menos do que não está.

O tempo que passa catalogando e analisando esses recursos e as campanhas acerca deles é um tempo de marketing valioso. Acreditamos que todos os comerciantes devem reunir os recursos promocionais de todos os produtos e serviços que oferecem para que saibam exatamente o que podem vender, como, para quem e (talvez mais importante) quando.

Criando um plano promocional anual

Depois de catalogar seus recursos, crie um plano promocional anual. Esse plano alinha suas metas de orçamento de 12 meses com suas promoções e esforços de marketing anuais para ajudá-lo a alcançar seus objetivos. A Figura 11-3 mostra uma planilha de amostra.

MESES	OBJETIVOS	PROMOS ESTABELECIDAS	METAS DE LUCROS	PROMOÇÕES EM POTENCIAL
1 JAN			META: R$ ESPERADO: R$ RESTANTE: R$	
2 FEV			META: R$ ESPERADO: R$ RESTANTE: R$	
3 MAR			META: R$ ESPERADO: R$ RESTANTE: R$	
4 ABR			META: R$ ESPERADO: R$ RESTANTE: R$	
5 MAI			META: R$ ESPERADO: R$ RESTANTE: R$	
6 JUN			META: R$ ESPERADO: R$ RESTANTE: R$	
7 JUL			META: R$ ESPERADO: R$ RESTANTE: R$	
8 AGO			META: R$ ESPERADO: R$ RESTANTE: R$	
9 SET			META: R$ ESPERADO: R$ RESTANTE: R$	
10 OUT			META: R$ ESPERADO: R$ RESTANTE: R$	
11 NOV			META: R$ ESPERADO: R$ RESTANTE: R$	
12 DEZ			META: R$ ESPERADO: R$ RESTANTE: R$	

FIGURA 11-3: Uma planilha de planejamento promocional anual.

DICA Você pode fazer o download de sua própria planilha de planejamento promocional de 12 meses no site da editora (www.altabooks.com.br — procure pelo nome do livro ou ISBN).

Desenvolvendo um plano de marketing

Criar e desenvolver um plano de marketing anual leva tempo, mas depois de feito, você tem uma estrutura sólida para criar seu calendário promocional. Siga estes passos:

1. **Escreva suas metas de lucro de 12 meses.**

   Considere suas metas-alvo de lucro e descubra onde quer estar a cada mês para alcançá-las.

2. **Liste suas metas não relativas a lucro.**

   Esta lista poderia incluir oportunidades de crescimento não relativas a lucros, como o lançamento de um blog, podcast, livro ou a inclusão de uma nova localização.

3. **Encaixe promoções de feriados nos meses adequados.**

   Para muitos negócios varejistas, novembro e dezembro são as épocas-chave de vendas e, assim, exigem estratégia de marketing. Outros negócios têm picos promocionais em tempos diferentes, como antes de uma grande conferência ou durante uma certa estação.

4. **Disponha promoções anuais pelos meses adequados.**

   Essas promoções incluem grandes vendas, lançamentos de produtos ou eventos.

5. **Anote a sazonalidade.**

   Todo negócio tem meses movimentados e outros não, então anote-os em seu plano para que crie promoções adequadas durante essas épocas.

6. **Defina metas não relacionadas a lucros para os meses adequados.**

   Você planeja lançar um novo livro ou blog em março? Precisa de espaço no calendário promocional para essas iniciativas não relacionadas a lucros.

7. **Divida suas metas de lucros em lotes mensais.**

   Tenha a sazonalidade em mente (veja o Passo 5).

8. **Adicione sua projeção padrão de lucros.**

   Inclua esforços promocionais, grandes eventos, contratos padrão de cobrança e assinaturas.

9. **Subtraia sua renda esperada da renda-alvo.**

Depois de fazer isso, considere como pode preencher a renda restante necessária. É neste passo que seus esforços de marketing entram em jogo.

10. **Pense em ideias promocionais adicionais que gerem a renda de que precisa para alcançar suas metas.**

Você precisará adicionar novos produtos ou serviços promocionais para alcançar sua renda-alvo? Consegue encontrar novas maneiras de oferecer produtos e serviços que já tem?

11. **Verifique e ajuste.**

Pergunte-se se o seu calendário satisfaz suas metas de maneira eficaz e prática.

12. **Liste itens adicionais de que precisa para satisfazer seu público-alvo.**

Você pode precisar de um novo produto ou serviço, ou criar uma apresentação de vendas, por exemplo.

Criando um calendário de 30 dias

O próximo passo é entrar nos detalhes do que fará nos próximos 30 dias.

Uma campanha promocional deve ter três objetivos:

» **Monetização:** Ganhar dinheiro ou fazer uma venda.
» **Ativação:** Mover seu cliente pela jornada do cliente
» **Segmentação:** Ficar mais consciente das necessidades e desejos dos clientes para que segmente sua lista e entregue valor.

Para seus primeiros 30 dias, recomendamos que estabelecer uma dessas metas promocionais por semana e reservar a quarta semana para uma campanha extra. Uma campanha extra lhe dá a oportunidade de tentar algo novo, ser criativo, testar novas ideias ou tentar replicar as campanhas de mais sucesso.

Você pode usar uma planilha de planejamento mensal (veja a Figura 11-4) para acompanhar facilmente qual promoção está executando e como se sai. Você também pode planejar uma promoção alternativa para cada campanha caso a primária fracasse, para que ainda alcance as metas de lucro independente de como as campanhas se saiam.

FIGURA 11-4: Uma planilha de planejamento promocional de 30 dias.

> **DICA**
>
> Você pode fazer o download de sua própria planilha de planejamento mensal de e-mails no site da editora (www.altabooks.com.br — procure pelo nome do livro ou ISBN).

Criando um calendário rotativo de 90 dias

Quando seu plano promocional de 30 dias estiver pronto e ativo, você pode planejar um pouco além com um calendário rotativo de 90 dias. Chamamos isso de *calendário rotativo* porque, ao repetir promoções similares mais ou menos a cada 90 dias, você mantém seus clientes informados e envolvidos sem fazer as mesmas ofertas com as mesmas metas de campanha repetidamente.

> **DICA**
>
> Use um aplicativo de calendário como o Google Calendar ou pendure uma lousa com um modelo de calendário de 90 dias em seu escritório para que você e sua equipe mapeiem rotineiramente um cronograma que satisfaça suas metas de renda sem repetir as mesmas promoções com muita frequência. Ao visualizar seu calendário de 90 dias, você pode descobrir que há três campanhas de monetização em abril, mas nenhuma em maio. Mover uma ou duas campanhas de monetização para maio tornará mais provável alcançar suas metas de renda em maio e reduzirá o número de ofertas de monetização que enviará para sua lista de e-mails em abril.

Criando Campanhas de E-mails

Como você cria campanhas de e-mails que movam seus clientes pela jornada do cliente de maneira que crie engajamento de longo prazo com a marca? E como você faz isso sem fazer spam ou irritar seus clientes da maneira que tantas marcas o fazem? Esta seção orienta você por cinco tipos de campanhas de e-mails para que você saiba como criar campanhas de e-mail que funcionarão para o seu negócio.

Uma página de estrutura de campanha (como a da Figura 11-5) o ajudará a acompanhar cada campanha e o propósito de cada e-mail na campanha.

AMOSTRA DE ESTRUTURA DE CAMPANHA
EXEMPLO DE NEGÓCIO: Loja de Colchões (Física ou e-commerce)

DIA Nº	TIPO DE E-MAIL	ASSUNTO
1	Bem-vindo	Seja bem-vindo à Loja de Colchões (cupom de 20% de desconto)!
2	Melhor de nº1	O Facebook está lhe deixando sem dormir?
3	Melhor de nº2	Isso me fez pensar em você

FIGURA 11-5: Uma amostra de estrutura de campanha.

Campanhas de instruções

Uma *campanha de instruções* é disparada imediatamente depois de uma assinatura inicial. Essa campanha é projetada para ensinar os novos assinantes sobre sua marca e convencê-los de que tomaram uma boa decisão ao entrar para sua lista de e-mails e, por consequência, tornar-se parte de sua comunidade. Veja a Figura 11-6 para um exemplo de um e-mail de instruções.

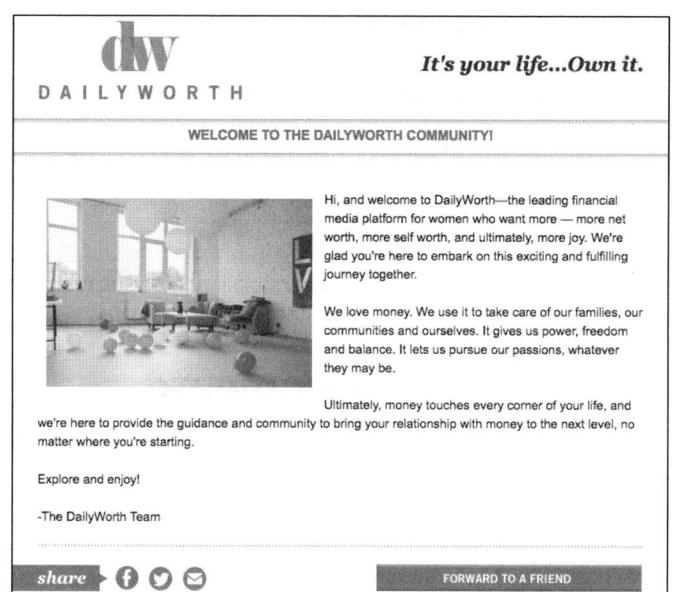

FIGURA 11-6: Um exemplo de e-mail de instruções que dá boas-vindas ao novo assinante.

Clientes não assinam suas listas de e-mail por capricho. Provavelmente foram apresentados à sua marca e, então, consideraram o valor de sua lista de e-mails. Talvez tenham tido a oportunidade de obter valor antecipadamente com uma oferta fechada. (Aprenda mais sobre ofertas fechadas no Capítulo 3.) Ou talvez tenham feito a assinatura ao fazer uma compra ou quando se engajaram com o site. Em todos os casos, uma campanha de instruções reafirma a ação positiva e mostra a seus clientes que fizeram a escolha certa.

O fato de que os clientes fizeram uma escolha positiva ao entrarem para sua lista de e-mails, no entanto, não significa que estejam completamente engajados com sua marca. Eles não conhecem você bem o bastante para antecipar cada uma de suas palavras. Podem não reconhecer seu nome em suas caixas de e-mail e ainda estar indecisos sobre o valor a esperar de você.

Uma campanha de instruções cuidadosamente criada move os clientes pelo caminho de suas jornadas do cliente. (Veja o Capítulo 1 para saber mais sobre a jornada do cliente.) No geral, quando adiciona uma campanha de instruções, vê um efeito positivo nas taxas de abertura e cliques dos e-mails que envia a esses assinantes, porque conhecem, gostam e confiam mais em você.

Campanhas de instruções geralmente envolvem de um a três e-mails e apresentam os clientes à marca em um nível mais profundo. Essas campanhas o ajudam a dar sua melhor impressão a novos assinantes, apresentando-os a quem você é e ao que acredita.

Sua campanha de instruções deve fazer o seguinte:

- Dar boas-vindas e apresentar os novos assinantes à sua marca.
- Reafirmar os benefícios de ser um assinante.
- Dizer aos assinantes o que esperar.
- Dizer a eles o que fazer em seguida.
- Apresentar os assinantes à voz ou personalidade de sua marca.

Campanhas de engajamento

Uma *campanha de engajamento* é disparada, baseada em interesse, imediatamente depois da ação de um assinante. É projetada para fazer uma oferta relevante e potencialmente uma venda para os assinantes. Seu papel é transformar assinantes em conversões ao prescrever o próximo passo lógico com base no que sabe sobre o interesse dessas pessoas.

Antes de criar uma campanha de engajamento, responda a duas perguntas:

- **Qual é o próximo passo que deseja que seu cliente dê?** Você pode querer que ele faça uma compra, aceite uma oferta fechada ou envolva-se com sua marca em seu site.
- **Você acredita que o cliente está pronto para dar esse próximo passo?** Se não estiver pronto, você só o irritará e alienará se o empurrar para dar esse passo.

CUIDADO

Às vezes, perguntar ofende — especialmente quando se está pedindo muito e cedo demais a um cliente valioso.

Sua campanha de engajamento deve fazer o seguinte:

- Transformar assinantes em conversões. A conversão pode ser comprar um produto ou serviço, agendar um compromisso ou registrar-se em um webinar.
- Considerar no que o cliente está interessado agora e no que terá no futuro. Volte à jornada do cliente e projete suas campanhas de engajamento para mover o assinante de e-mail para seu próximo estágio.
- Fazer referência à ação positiva anterior.
- Superar ou se prevenir contra objeções conhecidas à conversão.
- Prescrever o próximo passo lógico.
- Dar uma ordem ou um próximo passo.

Campanhas de ascensão

Uma *campanha de ascensão* é disparada imediatamente depois de uma compra para começar o loop de valor projetado, que transforma compradores normais em compradores reincidentes de sua marca.

Se uma cliente acabou de comprar uma barraca e quatro sacos de dormir, por exemplo, você poderia supor que ela planeja acampar e lhe enviar um cupom com código para um fogareiro de acampamento. Se um cliente acabou de comprar uma assinatura para um evento de treinamento de mídia social, você poderia lhe oferecer treinamento consecutivo em e-mail marketing.

Uma campanha de ascensão é uma ótima maneira de mover os clientes pela jornada do cliente e criar um relacionamento de longo prazo com eles. Nela, você dá aos clientes o que eles querem, e depois um pouco mais.

Uma campanha de ascensão deve fazer o seguinte:

» Superar ou se prevenir contra objeções conhecidas.
» Prescrever o próximo passo lógico.
» Aumentar o valor médio de clientes vendendo mais a eles e com mais frequência.
» Aumentar a confiança dos clientes.
» Fazer virarem fãs.

Campanhas de segmentação

Uma *campanha de segmentação* é uma campanha manual enviada para toda a sua base de dados como uma promoção projetada para segmentar seus assinantes por interesse.

Considere uma pequena empresa de publicações que venda livros de não ficção de alto interesse para professores e bibliotecários. Essa empresa está lançando uma série de livros técnicos sobre jardinagem e crescimento de plantas. Os livros têm conteúdo similar, mas alguns são direcionados a principiantes, outros, a alunos do ensino fundamental e outros ainda, do ensino médio. O departamento de marketing, sendo sábio e astuto nas melhores práticas de e-mail marketing, decide enviar uma campanha de segmentação. Os funcionários do departamento criam um e-mail listando os livros disponíveis, com orientações claras sobre o nível de idade para as quais cada livro é adequado. Então eles enviam o e-mail como uma campanha de transmissão para toda a lista de e-mails da empresa. Essa campanha conscientiza toda a lista sobre o novo produto, e, possivelmente mais importante, os dados de cliques resultantes permitem que a empresa segmente a lista em quais assinantes estão interessados em conteúdo para iniciantes, para o ensino fundamental e para o ensino médio. O departamento de marketing pode criar segmentos de público e enviar e-mails adicionais que satisfaçam exatamente os interesses dos clientes. A Figura 11-7 mostra um e-mail de segmentação do Home Depot. O e-mail lista seis categorias nas quais os assinantes podem economizar. Quando um assinante seleciona uma dessas categorias, a equipe de marketing sabe que essa pessoa respondeu a esse e-mail e clicou em uma categoria particular do produto. Essa pessoa seria, então, segmentada, e a Home Depot provavelmente enviaria e-mails de acompanhamento sobre o produto que o assinante selecionou.

FIGURA 11-7: Exemplo de um e-mail de campanha de segmentação.

Campanhas de reengajamento

Uma *campanha de reengajamento* é disparada para qualquer assinante que não tenha aberto ou clicado em um e-mail nos últimos 30 a 60 dias. Essa campanha é projetada para reengajar esses assinantes com a marca. Talvez os assinantes tenham ficado extremamente ocupados e não verificaram seus e-mails cuidadosamente. Podem ter passado por mudanças de vida e agora ter interesses diferentes.

A Figura 11-8 mostra um e-mail eficaz de reengajamento.

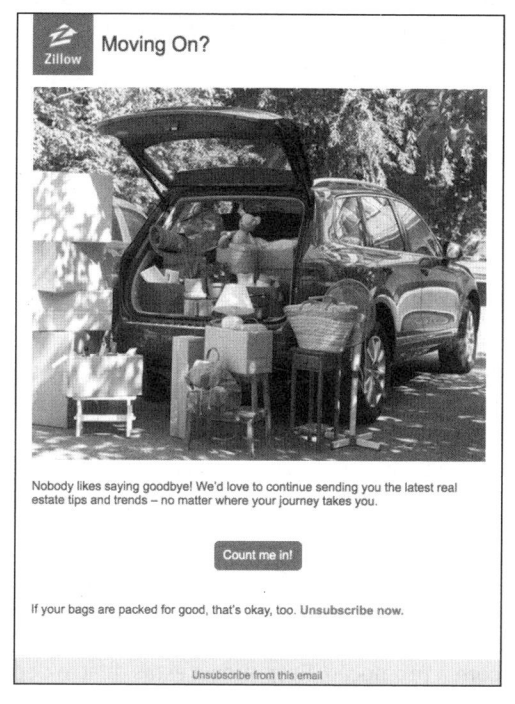

FIGURA 11-8: Um exemplo de campanha de reengajamento.

LEMBRE-SE A entrega de e-mails é altamente afetada por usuários não engajados. As melhores práticas em gestão de listas de e-mails requerem que os clientes que não estão engajados sejam reengajados ou removidos da lista. Se implementou uma campanha de reengajamento e ainda não obteve uma resposta de alguns clientes, você pode cancelar a assinatura deles e proteger sua lista de e-mails dos problemas de entrega.

Escrevendo e Preparando E-mails Eficazes

Se quiser que as pessoas leiam seus e-mails, precisa escrever e preparar e-mails que elas queiram ler. Mas com milhares de empresas escrevendo e enviando e-mails todos os dias, você precisa fazer os seus se destacarem.

Embora a escrita e o design dos e-mails seja uma arte e não uma fórmula, esta seção lista algumas dicas para aperfeiçoar seu texto e design de e-mails para que suas mensagens se destaquem.

Separando textos de e-mail comprovados

Vá para sua própria conta de e-mail e verifique as últimas dez mensagens que abriu. Olhe o texto e o design. Então responda a estas perguntas:

- » O título chamou sua atenção?
- » Que ganchos e ligações o desenvolvedor de conteúdo usou?
- » Quais benefícios do produto ou serviço são mencionados?
- » Quais provas ou histórias se destacaram para você?
- » Qual era a chamada para ação?

Quando ler e-mails que chamam sua atenção, veja se pode usá-los como modelos para e-mails que satisfaçam suas metas de negócios. Não há necessidade de reinventar a roda se ela já foi inventada para você. (Se quiser usar os e-mails de exemplo que incluímos neste livro e aperfeiçoá-los para que sirvam para suas metas de marketing, sinta-se à vontade.)

Respondendo a quatro perguntas

Para escrever um ótimo texto de e-mail, você precisa entender por que um cliente se envolveria com a promoção. Responda a estas quatro perguntas:

- » **Por que agora?** Considere se a promoção que tem deveria oferecer itens novos ou promocionais. Também considere se é sazonal ou atual; ou seja, se é algo que os clientes querem ou precisam agora mais do que nunca.
- » **Quem se importa?** Decida quem em seu público-alvo é mais afetado por ter (ou não) o que está vendendo.
- » **Por que deveriam se importar?** Você precisa fazer com que os clientes saibam como suas vidas serão diferentes se tiverem seu produto ou serviço.
- » **Você pode provar?** Forneça estudos de caso, depoimentos ou novas histórias para provar que a vida de seus clientes serão transformadas se eles se envolverem com seu produto ou serviço.

Um ótimo texto responde a essas perguntas no corpo do e-mail de maneira que demonstre claramente ao cliente o valor de sua promoção.

Sabendo por que as pessoas compram

As pessoas sempre compram coisas por alguma razão. Ao considerar as razões pelas quais as pessoas fazem compras à medida que escreve o texto do e-mail, você aperfeiçoa o que faz o cliente clicar em Comprar. As pessoas geralmente compram coisas por quatro razões:

- **Ganho pessoal:** Um produto ou serviço as ajudará a alcançar metas ou desejos pessoais.
- **Lógica e pesquisa:** Os clientes fizeram sua pesquisa, e esse produto parece uma combinação lógica para satisfazer uma necessidade específica.
- **Prova social ou influência de terceiros:** Os amigos dos clientes lhes disseram que o produto ou serviço é ótimo, e eles querem fazer parte disso, ou veem um grande número de pessoas fazendo algo e também querem fazer. Nada atrai uma multidão como outra.
- **Medo de sair perdendo:** As pessoas têm um medo genuíno de perder uma oportunidade ou de serem as únicas a não terem algo importante.

Considere qual dessas motivações você acha que impulsionará seus clientes e, então, trate dela no texto do seu e-mail.

Escrevendo assuntos de e-mail eficazes

Como a maioria das pessoas passa apenas de três a quatro segundos decidindo abrir um e-mail ou não, o assunto é a parte mais importante que pode escrever de um texto de e-mail. Um bom assunto desperta o interesse e incita um cliente a abri-lo. Depois, o corpo do texto do seu e-mail pode fazer o resto para dirigir o engajamento.

Assuntos podem ser complicados de acertar. Uma empresa faz sua equipe de marketing escrever 25 assuntos para cada e-mail e, então, escolhe um favorito para usar na campanha. Essa operação pode ser demorada, mas a empresa recebe continuamente taxas de abertura maiores do que a média para seu setor e engajamento com e-mail maior que a média. Você pode não ter os recursos para escrever 25 assuntos inteiros para cada e-mail, mas é uma boa ideia considerar várias opções para cada envio, especialmente envios disparados que usará ao longo do tempo.

Você pode usar três tipos de assuntos para dar às pessoas razões diferentes para abrir um e-mail. Discutimos estes tipos nas próximas seções.

Assunto sobre curiosidades

Assuntos sobre curiosidades despertam o interesse dos assinantes e os encorajam a clicar para saber mais. Por exemplo, Kate Spade, uma varejista de roupas, enviou um e-mail para sua lista de assinantes com o assunto: *Pronto para um close?* Esse e-mail continha uma oferta para os produtos de joalheria da Kate Spade e usava um assunto sobre curiosidades para aumentar o número de pessoas abrindo-o.

Assunto com benefícios

Assuntos com benefícios declaram claramente a razão pela qual os assinantes deveriam abrir o e-mail e os benefícios que recebem por fazê-lo. Por exemplo, a OfficeVibe, uma empresa Software como Serviço (SaaS) que ajuda gerentes a medirem o engajamento e a satisfação de seus empregados, enviou um e-mail para seus assinantes com o assunto: *38 Employee Engagement Ideas* [38 Ideias para Engajar Funcionários], que declara abertamente o benefício que o assinante terá ao abrir o e-mail. O oposto de um assunto com benefícios é um assunto com aviso. Por exemplo, a OfficeVibe também enviou um e-mail para seus assinantes com o assunto: *11 Statistics That Will Scare Every Manager* [11 Estatísticas que Assustarão Qualquer Gerente]. Esse tipo de assunto deve ser usado com moderação, mas, quando adequado, é muito eficaz.

Assunto com escassez

Assuntos com escassez fazem com que os assinantes sintam que perderão alguma coisa importante se não abrirem o e-mail e não se engajarem com ele. Por exemplo, a Home Depot enviou um e-mail para seus assinantes com o assunto: *Hurry! Labor Day Savings End Tonight* [Rápido! As Ofertas do Dia do Trabalho Acabam Hoje] para encorajar os assinantes a aproveitar as vendas do Dia do Trabalho antes que terminassem.

Escrevendo o corpo do texto

Desenvolver um texto não é uma fórmula, mas uma arte. Também é verdade que, por meio de pedaços de fórmula, pode-se criar um texto de e-mail rápida e eficazmente.

Esse método de "pedaços" é baseado nas respostas das perguntas que listamos em "Respondendo a quatro perguntas", anteriormente neste capítulo. Ao quebrar seu texto em quatro grandes pedaços e permitir que cada um responda a uma das perguntas, você garante que seu texto aborde os principais pontos que está tentando tratar.

Cada pedaço de texto deve ter um link. Dessa maneira, quando os clientes tiverem lido todo o e-mail, terão todas as suas perguntas respondidas e terão tido várias oportunidades de saber mais clicando em um link.

Eis como recomendamos que divida o seu e-mail:

> » **Introdução:** Nessa seção, responda à pergunta "Para quem é relevante?", mostrando aos clientes que deveriam se importar com essa promoção e o porquê.

- » **Corpo:** Em seguida, ajude seus leitores a responderem à pergunta "Por que deveriam se importar?" ao explicar os benefícios ou resultados comprovados do produto ou serviço.

- » **Encerramento:** O encerramento do seu e-mail é uma ótima hora para responder à pergunta "Por que agora?". Diga aos clientes, se aplicável, que eles têm tempo limitado para engajarem-se com a promoção.

- » **P.S.:** Um P.S. é um ótimo momento para responder à pergunta "Você pode provar isso?" ao compartilhar provas sociais como um depoimento, resenha positiva ou a história de um cliente cuja vida tenha sido mudada pelo produto ou serviço.

LEMBRE-SE Inclua um link para um local relevante em seu site em cada pedaço do e-mail. Tudo bem se vários links levarem ao mesmo lugar. Só certifique-se de que os clientes tenham muitas oportunidades de se engajarem mais.

Dê a Deixa do Clique

Você escreveu um assunto matador. Dividiu seu texto superbem e cada pedaço contém um link relevante. Tem um produto ou serviço no qual acredita. Você está em 99,4% de sua meta. Ainda há mais uma coisa a fazer: você precisa dar a deixa do clique pedindo para as pessoas muito claramente realizarem a ação de clicar.

Aqui estão alguns métodos que podem ser eficazes para você:

- » **Faça uma pergunta orientada por um objetivo.** Exemplo: "Você gostaria de aprender a plantar tomates dentro de casa? Clique <link> para descobrir como."

- » **Conecte provas ao produto.** Exemplo: "Nossos clientes são capazes de colher 20% mais tomates no inverno usando a Treliça Interna de Tomates! Veja como funciona aqui: <link>"

- » **Mostre o "Depois".** Exemplo: "Quando tiver a Treliça Interna de Tomates, poderá aproveitar tomates maduros até mesmo nos meses mais frios de inverno. Compre-a aqui: <link>"

   Para saber mais sobre "antes" e "depois" no marketing, visite o Capítulo 1.

- » **Apresente uma conclusão.** Exemplo: "Esta é sua última chance de obter a Treliça Interna de Tomates com 35% de desconto: <link>"

Obtendo Mais Cliques e Aberturas

Quando vê sua caixa de entrada, provavelmente presta atenção a apenas alguns e-mails — talvez 10%.

O que há de errado com os 90% dos e-mails com os quais não se engajou? Talvez não tivessem um ótimo texto ou design ou você não tenha gostado dos produtos ou serviços do remetente. Talvez não tenha um relacionamento de confiança com os remetentes e esses e-mails só tenham se perdido no mar de e-mails de sua caixa de entrada.

Como dissemos anteriormente, em "Escrevendo assuntos de e-mail eficazes", você tem cerca de três a quatro segundos para chamar a atenção do seu leitor, então um ótimo assunto, texto e design perfeitos e uma promoção sensacional nem sempre são suficientes. Isso parece ser um pouco injusto.

Para passar por essa última dificuldade, aqui estão algumas dicas que darão aquele empurrãozinho extra a seus e-mails:

» **Acerte o momento.** Envie seus e-mails em horas em que os outros não enviam. Assim, seus e-mails se destacarão nas caixas de entrada das pessoas e terão uma taxa de abertura maior. Descobrimos que as melhores horas para enviar e-mails são das 8h30 às 10h, 14h30 às 15h30 e 20h à 00h.

» **Chame as pessoas pelo nome.** Nossa pesquisa mostra que os e-mails com um primeiro nome no assunto conseguem uma taxa de abertura 23% mais alta. Isso é um impulso incrível, mas não use demais esse truque ou perde a eficácia.

» **Seja positivo pela manhã e negativo à noite.** Todos acordamos com os olhos brilhantes e animados para encarar o novo dia (tudo bem, depois de tomar café). Aproveite esse fato enviando mensagens positivas de e-mail durante as horas da manhã. À noite, mensagens negativas são mais bem-aceitas.

Se enviar uma mensagem negativa — talvez sobre um mercado em declínio ou uma necessidade urgente —, certifique-se de oferecer uma solução para o problema como parte do seu e-mail. Ninguém gosta de ficar sem esperanças.

» **Seja controverso ou relevante.** Destaque-se na caixa de entrada ao falar sobre assuntos controversos (mesmo se você se preocupar que alguns de seus assinantes não concordem com você) ou conteúdo relevante.

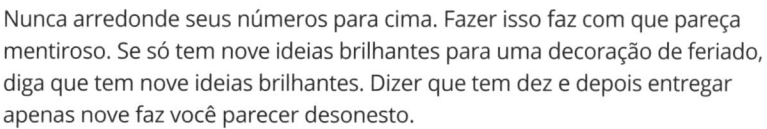

» **Use números ímpares ou específicos.** Todos têm dez dicas para fazer praticamente qualquer coisa. Tente usar números diferentes: "6 maneiras de mudar seu negócio esta noite", "14 ideias simples para ensinar matemática a seu filho" ou "A ideia de R$234.423 que mudou tudo", por exemplo.

> **DICA**
>
> Nunca arredonde seus números para cima. Fazer isso faz com que pareça mentiroso. Se só tem nove ideias brilhantes para uma decoração de feriado, diga que tem nove ideias brilhantes. Dizer que tem dez e depois entregar apenas nove faz você parecer desonesto.

» **Mantenha seu assunto curto.** Os melhores assuntos têm de seis a dez palavras, ou 25 caracteres. Assuntos curtos são fáceis de ler e ver em um smartphone e ainda despertam o interesse do cliente.

» **Use um segundo assunto.** A maioria dos provedores de e-mail tem uma segunda área de conteúdo exibida em todo e-mail. Em muitos sistemas de e-mail, essa área é chamada de descrição, mas, se deixada em branco, apresenta a primeira linha do texto. Em vez de aceitar o padrão, escreva um segundo assunto forte e coloque-o na seção descrição para dizer mais sobre o conteúdo do e-mail aos clientes.

» **Inclua símbolos no assunto.** Usar um símbolo no assunto aumenta as aberturas em até 15%. Esse símbolo pode ser profissional, como um símbolo de copywriting, ou divertido, como um boneco de neve para um e-mail de promoção das férias de inverno.

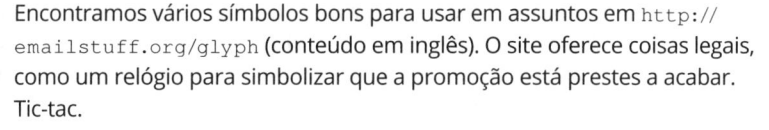

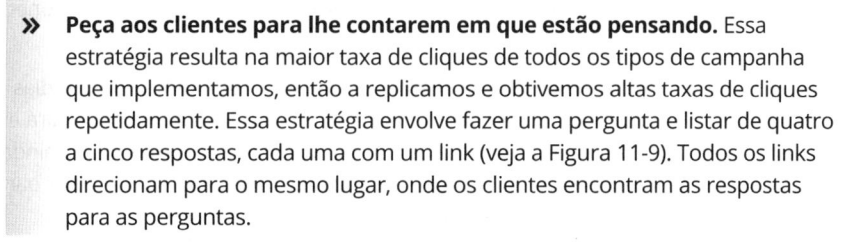

> **DICA**
>
> Encontramos vários símbolos bons para usar em assuntos em `http://emailstuff.org/glyph` (conteúdo em inglês). O site oferece coisas legais, como um relógio para simbolizar que a promoção está prestes a acabar. Tic-tac.

» **Pressione Play.** Em vez de incluir um link, incorpore uma imagem estática de um vídeo com um botão de Play sobreposto. Essa técnica aumenta drasticamente as taxas de clique em campanhas de e-mail.

» **Peça aos clientes para lhe contarem em que estão pensando.** Essa estratégia resulta na maior taxa de cliques de todos os tipos de campanha que implementamos, então a replicamos e obtivemos altas taxas de cliques repetidamente. Essa estratégia envolve fazer uma pergunta e listar de quatro a cinco respostas, cada uma com um link (veja a Figura 11-9). Todos os links direcionam para o mesmo lugar, onde os clientes encontram as respostas para as perguntas.

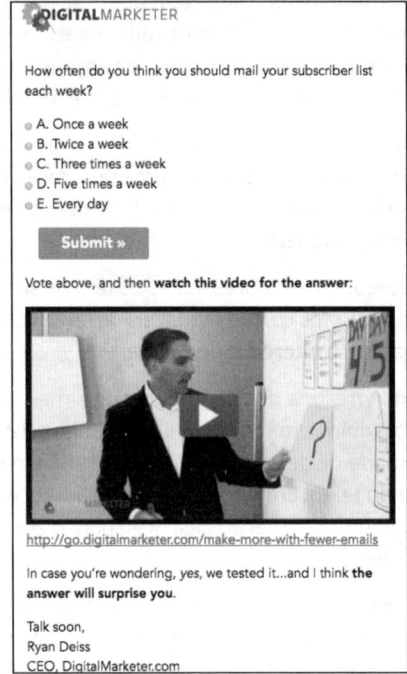

FIGURA 11-9: Um exemplo de um e-mail "Your Thoughts?" [O que Você Acha?] que engaja o público.

» **Combine vídeo e perguntas.** Vídeos produzem consistentemente taxas de cliques e engajamento alto de clientes. Inclua um vídeo e uma pergunta do tipo "O que você acha?" em um e-mail e faça com que os assinantes assistam ao vídeo para obter a resposta.

DICA

Muitos comerciantes se preocupam em não ter o carisma ou orçamento para fazer um vídeo altamente profissional. Não tenha medo! Como o e-mail trata de relacionamentos, um vídeo simples, como uma conversa, mostra sua personalidade e voz para seus assinantes e permite que se conecte a eles de um jeito novo.

» **Adicione uma contagem regressiva.** Frases como "Quatro dias até que esta promoção acabe para sempre!" e "Você nunca mais conseguirá este preço!" aumentam a urgência da promoção. Você pode aumentá-la ainda mais adicionando um relógio de contagem regressiva ou um timer para mostrar aos clientes exatamente quanto tempo têm.

» **Use GIFs animados.** Imagens fofas ou engraçadas que se mexem em uma caixa de entrada chamam a atenção das pessoas. Se tiver contato com um designer que pode fazer GIFs animados personalizados, peça que crie alguns para você. Se não, sites como Giphy (http://giphy.com) oferecem GIFs gratuitos que pode usar para colocar aquele algo a mais em seus e-mails.

Garantindo que Seus E-mails Sejam Entregues

Tudo do que falamos até agora é irrelevante se seus e-mails não chegarem à caixa de entrada de seus assinantes. Você sabia que 21% dos e-mails no mundo todo nunca alcançam os destinatários desejados? Um monte de trabalho, dedicação e maestria são desperdiçados em e-mails que acabam se perdendo pelo ciberespaço.

Como você garante que todo o seu trabalho não seja desperdiçado? Tudo se resume a uma coisa simples: você precisa provar que não é um spammer e que não tem intenções de ser um.

Infelizmente, os provedores de serviço de internet responsáveis por determinar se você está enviando spam consideram e-mails em massa como culpados até que se provem inocentes. Eles supõem que e-mails são spam desde o princípio, e, até que você lhes mostre que não age como um spammer, a entrega de seus e-mails será afetada.

Nas próximas seções, fornecemos alguns métodos para melhorar essa entrega. A maioria deles é muito técnica. Se for um gênio da tecnologia, vá em frente e configure sua infraestrutura para garantir a entrega. Se precisa de ajuda com coisas técnicas, encontre um técnico local ou ligue para seu provedor de serviços de e-mail e estabeleça alguns sistemas para garantir que seus e-mails alcancem as pessoas que deseja.

Monitorando sua reputação

Para garantir a entrega, você precisa acompanhar sua interação com sua lista. Faça o seguinte:

» Monitore as taxas de reclamação e o volume de reclamações que recebe. Seu provedor de serviço de e-mail deve fornecer relatórios sobre o número e a taxa de reclamações que seus e-mails recebem. Veja o Capítulo 16 para saber sobre provedores de serviço de e-mail recomendados.

» Responda às reclamações em tempo hábil.

» Certifique-se de cancelar a assinatura e parar de enviar e-mails para todos que a cancelarem. Seu provedor de serviço de e-mail deve fornecer uma forma para fazer o cancelamento de cada e-mail e a remoção automática dos cancelados de sua lista.

» Mantenha o volume de suas mensagens constante. Não envie um milhão de e-mails em um mês e nada durante os seis seguintes.

» Confira seu status na lista negra nos principais sites de lista negra, incluindo Spamhaus (`https://www.spamhaus.org/`) e Spamcop (`https://www.spamcop.net/`). Esses grandes sites são referenciados por provedores de e-mails como o Gmail, do Google, para determinar se seu e-mail deve ser entregue na caixa de entrada. Cada lista negra tem o próprio processo de remoção de sua lista; você encontra essas informações no próprio site.

Provando o engajamento do assinante

A melhor maneira de garantir aos provedores de serviço de internet (ISPs) que você não é um spammer é provar que engaja seus assinantes com cada e-mail que envia. Se as pessoas estão abrindo seus e-mails, lendo o que tem a dizer e, então, clicando em links relevantes, você não é um spammer.

As taxas de engajamento de assinantes são baseadas nos seguintes fatores:

» **Sua taxa de abertura:** Essa taxa não indica o número de e-mails abertos, mas a porcentagem.

» **Sua taxa de rolagem lateral:** Essa taxa indica o quanto os destinatários rolam seus e-mails até o fim.

» **Sua taxa de hard e soft bounce:** Um endereço de e-mail ruim é considerado como um hard bounce. Um soft bounce acontece por muitas razões, incluindo uma caixa de entrada cheia ou uma sinalização acidental de spam.

Se continuar a enviar e-mails para endereços que os rejeitam, você parecerá um spammer.

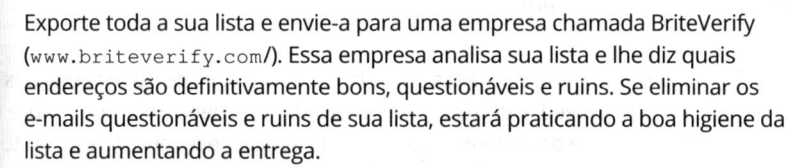

Exporte toda a sua lista e envie-a para uma empresa chamada BriteVerify (`www.briteverify.com/`). Essa empresa analisa sua lista e lhe diz quais endereços são definitivamente bons, questionáveis e ruins. Se eliminar os e-mails questionáveis e ruins de sua lista, estará praticando a boa higiene da lista e aumentando a entrega.

» **Taxas de cancelamento de assinatura e reclamações:** Se recebe altos números de cancelamento de assinatura e reclamações, examine suas campanhas para ver se está fazendo algo para irritar seus assinantes.

FERRAMENTAS QUE GARANTEM A ENTREGA DE E-MAILS

Vários aplicativos o ajudam a garantir uma alta porcentagem de entrega de e-mails. Alguns de nossos favoritos são:

- **Mail Monitor** (http://mailmonitor.com)**:** O Mail Monitor separa a entrega por endereço de IP, mensagem e serviço de e-mail.
- **Return Path** (https://senderscore.org)**:** Se tiver o próprio endereço de IP, o Return Path permite que monitore sua reputação e configure alertas. Você recebe uma pontuação base de entrega de e-mail.
- **EmailReach** (www.emailreach.com)**:** Esse serviço lhe permite configurar o rastreamento de entrada em listas negras de domínio e IP e faz buscas nessas listas diariamente, notificando se você foi adicionado.

4 Medindo, Analisando e Otimizando Campanhas

NESTA PARTE . . .

Avalie a saúde e eficácia de suas campanhas de marketing por meio de dados e análises usando instrumentos de análise como o Google Analytics.

Aprenda a usar testes divididos para otimizar suas campanhas de marketing digital e seu site.

NESTE CAPÍTULO

» Rastreando seus visitantes com hyperlinks

» Usando o Google Analytics para ver quem está agindo

» Segmentando seu público para especificar mais seus anúncios

» Treinando seu público para aumentar as autorizações de contato

Capítulo **12**

Processando Números: Gerindo Negócios Dirigidos por Dados

Alguns comerciantes discordam da significância de coletar dados. Mas para que os negócios se mantenham competitivos, devem ir além de simplesmente agregar dados para realmente extrair valor deles. Simplesmente saber suas médias não é o suficiente. As empresas precisam analisar os dados que coletam em um processo conhecido como análise de dados. A verdadeira análise de dados são os dados com um propósito. Através de ferramentas de coleta de dados, como o Google Analytics, você rastreia o retorno sobre investimento (ROI) do tráfego de suas campanhas de e-mail, redes sociais, anúncios pagos e mais.

Quando tem a capacidade de rastrear o ROI de suas campanhas, você pode cortar o que é ruim e dobrar o que realmente funciona. Dessa maneira, transforma seu negócio de um que gasta tempo, dinheiro e recursos em estratégias que só *parecem* que funcionam bem em um negócio que toma decisões inteligentes e conduzidas por dados e *sabe* quais *realmente* são eficazes.

Neste capítulo, exploramos o que é uma análise de dados e o que faz por sua empresa. Examinamos maneiras de tornar os dados úteis com o Google Analytics (que é gratuito) para que crie relatórios precisos e funcionais com os quais você realmente aprende ao compartilhá-los com sua equipe, cliente ou ambos.

Aproveitando os Cinco Conjuntos de Relatórios de Análise do Google

O Google Analytics é o serviço de estatística mais amplamente usado na web. Depois que o instala adequadamente em seu site, ele reúne dados sobre seu tráfego, permitindo que tome decisões inteligentes de marketing e negócios. Esses conjuntos de análises rastreiam visitantes advindos de mecanismos de busca, redes sociais e visitas diretas. O Google Analytics tem um serviço básico, gratuito, bem como uma versão premium. Para aprender mais sobre ele ou como instalá-lo em seu site, visite a Central de Ajuda do Google Analytics.

Dentro do Google Analytics existem cinco conjuntos de relatórios que pode usar para separar seus dados. Você os encontra do lado esquerdo do site:

» **Relatório em Tempo Real:** Fornece dados e mostra o que acontece no seu site naquele momento. Por exemplo, quantos visitantes estão no site, em quais páginas e quais são suas localizações geográficas em tempo real. A Figura 12-1 mostra algumas das informações exibidas no relatório Vista Geral, na parte Tempo Real, no Google Analytics.

FIGURA 12-1: Uma visão de um relatório em tempo real do Google Analytics.

» **Relatório de Público-alvo:** Esse relatório foca as pessoas que estão no seu site e lhe mostra suas características, incluindo seus dados demográficos, interesses e comportamento, o dispositivo eletrônico ou navegador que usam para acessar seu site e mais.

» **Relatório de Aquisição:** Use-o para descobrir como os usuários chegaram a seu site. Por exemplo, você descobre em qual site o usuário estava antes de ir para o seu ou qual palavra ou frase-chave buscaram para chegar a seu site.

» **Relatório de Comportamento:** Focam o que as pessoas fazem quando chegam a seu site. Esse relatório exibe informações como quais páginas os usuários visitam, quanto tempo ficam nelas e quantos saem delas.

» **Relatório de Conversões:** Você o utiliza para determinar se os usuários estão fazendo compras ou completando as metas que estabeleceu, como assinar sua newsletter ou comprar um produto ou serviço.

Cada um desses relatórios contém vários relatórios, e cada um deles entra em mais detalhes. Por exemplo, você vê o relatório Google Mobile, sobre dispositivos móveis, na parte Público-alvo para ver como o comportamento do visitante difere quando as pessoas visitam seu site a partir de um desktop, celular ou tablet. Enquanto você está nesse mesmo relatório, o Google Analytics permite que você mude os parâmetros para ver o comportamento por Fornecedor de serviços (Claro versus Telefônica, por exemplo) e Sistema Operativo (iOS versus Android). Se quiser ser mais específico, vá além clicando em um dos sistemas operativos para ver o comportamento do visitante pela versão do sistema operacional.

Entendendo de Onde Vem Seu Tráfego

Muitos caminhos diferentes levam as pessoas até seu site, desde anúncios e buscas até pessoas que favoritam sua página e depois voltam. Aqui estão as fontes padrão mais comuns de tráfego registradas pelo Google Analytics:

» **E-mail:** Visitas daqueles que clicaram nos links em suas promoções de e-mail e newsletters.

» **Busca orgânica:** Visitas de pessoas pesquisando em mecanismos de busca, como o Google ou o Bing.

» **Diretas:** Tráfego de usuários que digitam o domínio exato do seu site, como Pepsi.com, em seus navegadores e vão direto a seu site. Se alguém favorita sua página e depois visita seu site novamente a partir desse favorito, essa visita também é registrada como tráfego direto.

» **Busca paga:** Tráfego de busca paga é o tráfego pelo qual você pagou, como anúncios pagos por clique em mecanismos de busca.

» **Referência:** Visitantes de sites que fazem link para seu site, como blogs e fóruns.

» **Social:** Visitas de canais sociais, como Twitter ou Facebook.

DICA

Um dos relatórios mais reveladores para se ver no Google Analytics é o de Descrição Geral dentro da parte de Aquisição, no Google Analytics. É o primeiro relatório que deve ver ao avaliar a saúde e a performance de um site. A Figura 12-2 mostra um gráfico de pizza do relatório de Descrição Geral da parte de Aquisição contendo os vários métodos de aquisição de tráfego de um site.

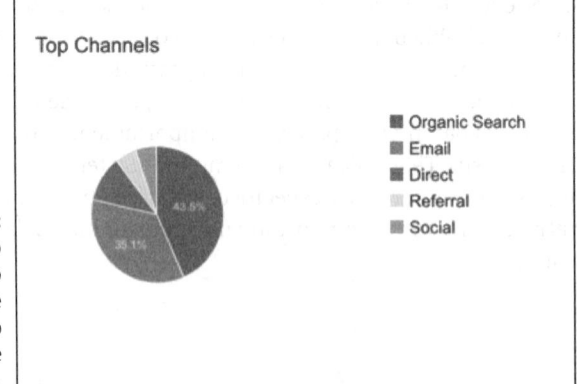

FIGURA 12-2: O relatório Descrição Geral de Aquisição do Google Analytics.

Rastreando a Origem dos Visitantes do Site

Embora programas de análise como o Google Analytics rastreiem a origem dos visitantes do seu site usando suas configurações padrão, você provavelmente as achará amplas demais para verificar dados significativos. Para obter dados mais específicos (e, portanto, mais úteis), você pode anexar parâmetros UTM aos links que compartilha pela web. UTM significa Urchin Tracking Module, e é um marcador de rastreamento anexado a uma URL (Uniform Resource Locator). O sistema UTM permite que os usuários marquem hyperlinks para rastrear de onde os visitantes vêm.

Por exemplo, se quiser rastrear o número de leads gerados por um único link compartilhado com seus fãs do Facebook, pode fazê-lo usando o Google Analytics e um link com parâmetros UTM. De forma simples, você coloca um UTM no final de um hyperlink para que descubra como as pessoas chegam a seu site e o que fazem depois que chegam lá.

Para cada hyperlink que rastreia, seja no seu blog ou em seus canais de redes sociais, que direciona tráfego para uma landing page sua, considere adicionar parâmetros UTM. Ao adicionar esse código de rastreio aos hyperlinks que compartilha, pode rastrear as origens das visitas.

Um UTM consiste em vários parâmetros. Aqui estão seus parâmetros principais:

- » Origem da campanha (utm_origem)
- » Meio da campanha (utm_meio)
- » Conteúdo da campanha (utm_conteúdo)
- » Nome da campanha (utm_campanha)

Explicamos cada um desses parâmetros nas seções a seguir.

Origem da campanha (utm_origem)

Geralmente, a origem de um UTM descreve de onde seus visitantes vêm. A origem lhe diz o local específico de onde o link referido foi compartilhado, como:

- » Uma promoção de e-mail
- » Uma rede social
- » Um site de referência

Origens comuns incluem:

» Facebook
» Newsletter
» Twitter
» Google
» YouTube

A fonte permite que você saiba de qual e-mail, mecanismo de busca ou anúncio do Facebook (ou outra fonte) um usuário veio. Saber de onde vem seu tráfego pode ser poderoso, porque você descobre a que seus usuários respondem.

Meio da campanha (utm_meio)

Este parâmetro identifica o meio ou veículo em que o link foi usado, como um e-mail. O meio lhe diz como os visitantes chegaram a seu site. Alguns dos meios mais comuns incluem:

» E-mail
» Pago por clique (PPC)
» Anúncios em banner
» Direto (o que lhe diz que os usuários digitaram o endereço do seu site diretamente)

Conteúdo da campanha (utm_conteúdo)

O conteúdo da campanha descreve o anúncio, banner ou e-mail específicos usados para compartilhar o link. Ele lhe dá detalhes adicionais para usar com testes A/B ou anúncios direcionados por conteúdo, bem como o ajuda a determinar qual parte criativa funciona melhor em promover uma oferta ou distribuir conteúdo.

DICA — Seja o mais descritivo possível com essa estrutura de nomeação de parâmetro para que se lembre facilmente de a qual e-mail ou anúncio o UTM se refere.

Nome da campanha (utm_campanha)

Este parâmetro serve como um identificador de um produto específico ou campanha de promoção, como uma promoção de primavera ou qualquer outra que faça. O propósito básico do nome da campanha é destacar ofertas promocionais ou estratégias de distribuição de conteúdo para que compare facilmente os desempenhos por tempo e plataforma.

DICA

Links de campanhas devem ser consistentes em todas as diferentes fontes e mídias para qualquer promoção dada para garantir que a campanha como um todo seja facilmente analisada.

Dissecando um UTM

As seções anteriores passam pelos parâmetros mais importantes que formam um UTM, e esta examina sua estrutura. Por exemplo, é assim que se parece um UTM para uma promoção relâmpago de um dos produtos da DigitalMarketer, o Content Engine:

```
http://www.digitalmarketer.com/lp/the-content-engine?utm_
source=house-list-email-boradcast&utm_medium=email&utm_
content=content-engine-flash-mail-1&utm_campaign=content-engine-
flash-sale-1-1-16
```

Seu UTM pode se parecer com o anterior. A seguir, estão as partes dessa URL com um UTM por seção:

» **http://www.digitalmarketer.com/lp/the-content-engine:** O hyperlink.

» **?utm_source=house-list-email-broadcast:** A origem da campanha, que se refere à origem do tráfego. Nesse caso, é um e-mail para nossa lista de e-mail "house".

» **&utm_medium=email:** Meio da campanha, como o usuário foi referido. Nesse caso, foi via e-mail.

» **&utm_content=content-engine-flash-mail-1:** Conteúdo da campanha, o anúncio ou identificador de campanha que atribuiu. Nesse caso, é o primeiro e-mail para a promoção relâmpago do Content Engine.

» **&utm_campaign=content-engine-flash-sale-1-1-16:** Nome da campanha, a promoção ou estratégia específica. Nesse caso, é a promoção relâmpago do Content Engine começada em 1º de janeiro de 2016.

Criando parâmetros UTM para suas URLs

O Google faz da criação de links UTM uma coisa muito simples com um criador de UTM grátis e fácil de usar chamado Google Analytics URL Builder. Visite a página, siga os passos e insira suas informações para gerar automaticamente um hyperlink com parâmetros UTM que você pode, então, rastrear com o Google Analytics — isto é, se configurar adequadamente uma conta do Google Analytics. Se ainda não o fez, visite a Central de Ajuda do Google Analytics.

Esse recurso contém mais instruções sobre como usar cada um dos diferentes parâmetros UTM.

DICA Leva algum tempo para se acostumar a criar hyperlinks adequadamente atribuídos, mas os dados que fornecem valem seu peso em ouro. Para facilitar a consistência, crie um documento unificado no qual você acompanhe todos os hyperlinks que usar; isso facilitará quando voltar mais tarde para consultá-los.

CUIDADO Parâmetros UTM diferenciam letras maiúsculas e minúsculas; então, se usar *abc* para suas tags utm_campanha em alguns links e *ABC* para suas tags utm_campanha em outros, elas aparecerão como campanhas separadas em sua conta do Google Analytics.

Criando Objetivos para Ver Quem Está Agindo

Depois de criar uma tag UTM, como descrito na seção anterior, você pode estabelecer objetivos no Google Analytics. Eles fornecem uma maneira de rastrear as ações que grupos de pessoas realizam em seu site registrando comportamentos específicos. O que os torna realmente úteis não é só a habilidade de rastrear quantas vezes uma ação foi realizada, mas também ver quais grupos de pessoas a realizaram. Embora o Google Analytics não admita que você rastreie o comportamento a uma informação pessoal identificável, como o nome ou e-mail da pessoa, permite que rastreie informações como o dispositivo que usa, onde está no mundo ou outras páginas que visitou em seu site. Graças aos parâmetros UTM, você realmente vê o que indivíduos e grupos fazem quando chegam a seu site.

O objetivo mais básico que deve configurar no Google Analytics é uma autorização de contato que gere um lead. Quando os visitantes preenchem um formulário, muitas vezes são direcionados a uma página de confirmação. Para medir o número de autorização de contato que recebe, você simplesmente configura o Google Analytics para medir quantas pessoas visitam a página de confirmação depois de visitar a de inscrição.

Para configurar um preenchimento de formulário no Google Analytics, siga estes passos:

1. **Clique na seção Administração do Google Analytics.**

O menu Administração aparece.

2. **Clique em Objetivos embaixo de Todos os dados do Website.**

    A janela Objetivos aparece.

3. **Clique no botão + Novo Objetivo para criar um novo objetivo.**

    A página Configuração do objetivo aparece.

4. **Role a página para baixo e selecione o modelo Criar uma conta; então clique no botão Continuar.**

    A página de Descrição do objetivo aparece. O Google oferece uma variedade de modelos de objetivos que devem satisfazer necessidades específicas (embora você também possa criar alguns personalizados). Como deseja rastrear autorizações de contato, Criar uma conta deve ser perfeito nesse caso.

5. **Dê um nome para seu objetivo e, então, embaixo do campo Tipo, selecione Destino e pressione o botão Continuar.**

    A última página de configuração, chamada página de Detalhes do objetivo, aparece.

6. **Configure as especificidades do seu objetivo.**

    Para o campo Destino, mude sua regra para Começa por e adicione sua URL de página Obrigado — é aí que as pessoas que se inscreveram chegarão. Usar Começa por ajuda a garantir que todas as inscrições estejam adequadamente creditadas. A outra maneira de garantir que rastreie inscrições de verdade e não apenas visitantes acidentais da página Obrigado é criar um funil. Isso também envolve adicionar a URL da página de inscrição (veja a Figura 12-3). Para configurar um funil, você muda a opção Funil para LIGADO e adiciona um passo com o campo da página, incluindo a URL que precede sua página de destino. Estabeleça esse passo como Obrigatório e você adicionou a regra! Quando tiver terminado, verifique seu objetivo para garantir que o configurou corretamente.

7. **Clique em Guardar.**

    Você criou seu primeiro objetivo no Google Analytics!

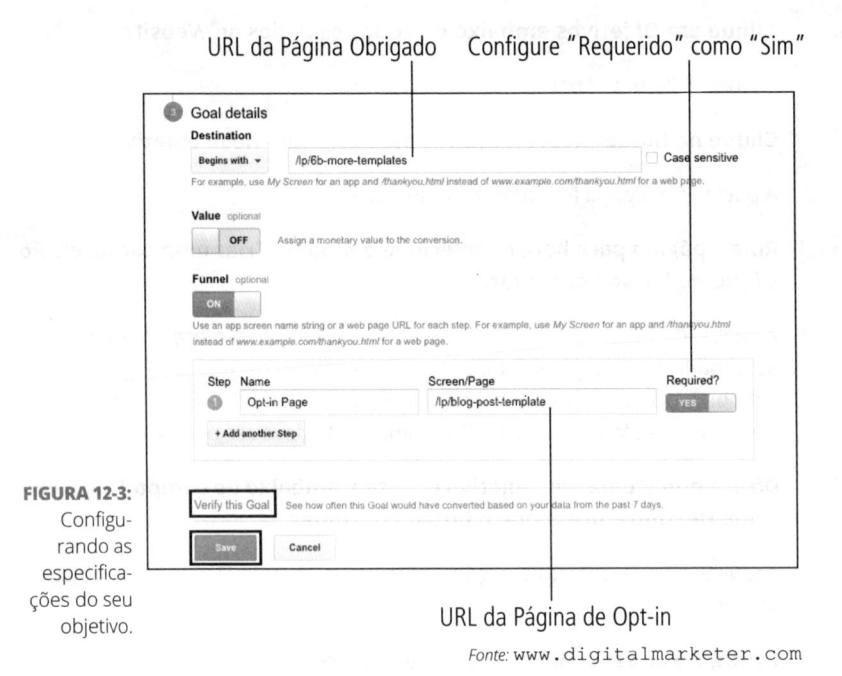

FIGURA 12-3: Configurando as especificações do seu objetivo.

URL da Página Obrigado — Configure "Requerido" como "Sim"

URL da Página de Opt-in

Fonte: www.digitalmarketer.com

> **DICA**
>
> Para suas URLs, sempre use o texto depois do seu nome de domínio, não a URL inteira — o Google já conhece o domínio raiz.

Depois de alguns dias coletando dados para seu objetivo no Google Analytics, revise-os. O objetivo que configurou com parâmetros UTM lhe dá uma visão geral sobre seus clientes. Os objetivos também são uma ótima maneira de ver quais canais, como Facebook, e-mail e seu blog, geram mais visitas. Para dar uma espiada nesses panoramas, vá para a seção Relatórios do Google Analytics e escolha Conversões, no menu esquerdo. Então clique no menu Objetivos e clique na aba Descrição Geral. O relatório Descrição Geral da parte Objetivos se abre e mostra como os objetivos que configurou estão se saindo. Esse relatório mostra dados agregados para todos os objetivos configurados. Para revisar um objetivo específico, clique no menu localizado no topo da página, abaixo de "Opção de Objetivo" e selecione um objetivo individual. Esse relatório de objetivo se abre. Ele lhe dirá as conclusões totais do objetivo e a taxa de conversão para ele.

Com um pouco de conhecimento e muita atribuição de tags adequadas, você pode configurar o rastreamento da campanha do Google Analytics para lhe dar alguns panoramas ótimos! Você terá, então, a base de que precisa para rastrear adequadamente seu sucesso, possibilitando que foque o que está funcionando e elimine o que não está. Esse tipo de avaliação é essencial para qualquer negócio, para que tome decisões instruídas à medida que cresce.

Segmentando Seu Público com o Google Analytics

As seções anteriores deste capítulo lhe dão o conhecimento mais básico de que precisa para rastrear adequadamente o sucesso e determinar quais canais levam a ele; mas como você coloca todo esse conhecimento em prática? A resposta é segmentando seu público, o que também discutimos nos Capítulos 4 e 10. As informações poderosas que obteve dos parâmetros UTM e com a criação dos objetivos no Google Analytics permitem que divida seu público em segmentos com base no seguinte:

- » Canal
- » Fonte de tráfego
- » Ações completadas
- » Conversões

No contexto das análises, um segmento representa grupos de visitantes com características ou comportamentos em comum. Segmentar seu público no Google Analytics permite que você:

- » Descubra quem acha sua mensagem atraente para que possa enviar mais desse público a essa oferta em particular.
- » Crie mensagens personalizadas para melhorar o texto do anúncio e formar campanhas de acompanhamento.

Segmentar parece banal, mas fornece uma das melhores maneiras de aproveitar o máximo do seu orçamento ou de saber onde investir mais tempo e energia para direcionar novos clientes. Ao segmentar seu público, você entende melhor o que funciona ou não, para que planeje adequadamente. Na seção seguinte, tratamos de como criar segmentos úteis e ser mais específico nesses segmentos para entender melhor as pessoas que realizam as ações que você deseja.

Criando segmentos de públicos

Usar segmentos de públicos como uma estratégia lhe mostra como focar os públicos mais valiosos e de maior conversão. Isso permite que descubra o que os faz funcionar, por assim dizer. Antes de mergulhar exatamente em qual informação você deveria ver e como extraí-la, discutimos como criar os segmentos para conseguir as informações do seu público-alvo.

Criar um segmento é rápido e fácil. Você cria um conjunto de regras que incluem ou excluem certas pessoas, permitindo que limite seu público para observar um subconjunto específico em vez de todos os visitantes do site, como as pessoas que optaram por uma oferta fechada. Depois de criar um segmento, você analisa como esse subconjunto de visitantes se comportou ou quem está em um subconjunto, dando a você ideias valiosas de quais ofertas fazer para esse público. Siga estes passos para criar os próprios segmentos.

1. **No Google Analytics, vá para a seção Relatórios.**

    Os conjuntos de relatórios aparecem.

2. **Selecione Público-alvo e clique na aba Descrição Geral dentro dele.**

    O relatório Descrição Geral de Público-alvo aparece.

3. **Clique no campo + Adicionar segmento no topo da página.**

    O menu Adicionar segmento aparece.

4. **Clique no botão Novo Segmento para criar um novo segmento (veja a Figura 12-4).**

    O menu Novo Segmento se abre, permitindo que configure condições para seus segmentos satisfazerem e exclusões que deseja que ignorem. Por exemplo, você pode configurar uma condição de idade ou sistema operacional.

FIGURA 12-4: Criando um Novo Segmento no Google Analytics.

5. **Estabeleça condições para seu segmento selecionando qualquer uma das caixas ou preenchendo os campos dentro das seguintes categorias:**

    - **Dados demográficos:** Segmente seus usuários por informações demográficas, como idade, gênero, local e outros detalhes. Essas são as caixas e campos de formulário, dependendo da opção, dentro da categoria Dados demográficos.

- **Tecnologia:** Segmente as sessões dos seus usuários por suas tecnologias web e móvel, como navegador, categoria de dispositivo e resolução de tela. Essas são caixas e campos de formulários, dependendo da opção, dentro da categoria Tecnologia.

- **Comportamento:** Segmente seus usuários pela frequência com que visitam (sessão) e transações conduzidas, como sessões, duração de sessão e dias desde a última sessão. Esses são os campos do formulário.

- **Data da primeira sessão:** Segmente seus usuários (crie grupos) com base em quando visitaram o site pela primeira vez. Esse é um campo de formulário.

- **Origens de tráfego:** Segmente seus usuários por como lhe encontraram, qual palavra-chave usaram, a campanha de anúncio e o meio usado. Esses são os campos do formulário.

- **Condições:** Segmente seus usuários, suas sessões ou ambos de acordo com condições únicas ou de multissessões, como tempo, conversões-alvo e variáveis personalizadas. Esse é o único campo do formulário.

- **Sequências:** Segmente seus usuários, suas sessões ou ambos de acordo com condições sequenciais, como os passos que deram para alcançar seu site. Esse é o único campo do formulário.

6. **Depois de estabelecer suas condições para o segmento, dê um nome a ele preenchendo o campo em branco de Nome do Segmento.**

7. **Clique no botão Guardar para concluir a segmentação com sucesso.**

   Seu novo segmento será carregado e poderá retornar a ele mais tarde quando conduzir pesquisa e análise de dados.

Depois que o segmento é carregado, seus dados são exibidos, permitindo que faça avaliações. Por exemplo, ele exibe quantos usuários formam o segmento, bem como outras estatísticas. A Figura 12-5 mostra um exemplo de um segmento completo; este segmento mostra usuários móveis e consiste em 122.263 usuários.

FIGURA 12-5: Um segmento de usuários móveis.

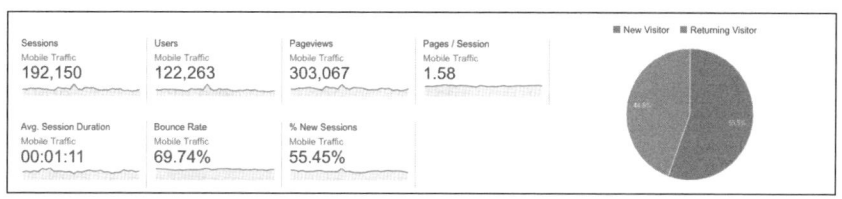

Como regra geral, você objetiva no mínimo 3 mil pessoas em seu segmento de público, o que garante que tenha subgrupos suficientes para tornar seus agrupamentos confiáveis. Você pode tentar com menos pessoas, mas quanto maior for sua categoria do segmento, mais fiéis seus dados serão, permitindo que tome decisões de negócios sólidas e guiadas.

DICA Os segmentos não se limitam aos relatórios de Público-alvo. Você pode criar um segmento para qualquer um dos seguintes conjuntos: Público-alvo, Aquisição, Comportamento ou Conversões. Escolha o conjunto que satisfaça melhor suas necessidades para criar o segmento e selecione Descrição Geral dentro dele. Embora o conjunto que escolher possa ser diferente de Público-alvo e, consequentemente, os dados que analisa, os passos discutidos nesta seção para configurar um segmento permanecem iguais.

Refinando Seu Público

Depois de segmentar seu público, você pode ir além e esmiuçar mais detalhes. Agora é a hora de executar relatórios para descobrir quem está agindo do jeito que deseja, como, por exemplo, autorizando contato, e quem não está, para que faça mais do que funciona. Relatórios dão uma boa compreensão do seu público, e entendê-lo leva a diminuir os custos de anúncios, ou descobrir estratégias melhores para monetizar os leads que conseguir!

Você deve procurar dois tipos principais de dados:

» Demográficos
» De interesse

Dados demográficos descrevem como as pessoas são. Geralmente, incluem detalhes estatísticos como idade e gênero, mas também o tipo de dispositivo que usam e sua localização. As informações demográficas o ajudam a entender com quem fala e guia a orientação que segue em suas campanhas.

Dados de interesse, por outro lado, descrevem do que as pessoas gostam. Esses dados tratam de comportamento, hobbies e gostos, e dialogam mais com a personalidade do público. Informações de interesse são mais poderosas quando você as usa para estruturar sua mensagem.

A Figura 12-6 mostra uma divisão dos tipos de dados e para que são usados de forma melhor.

Nas seções seguintes, criamos um relatório para observar dados demográficos e um para os de interesse. Dessa maneira, você pode utilizar facilmente esses relatórios para todos os tipos de segmentos de público.

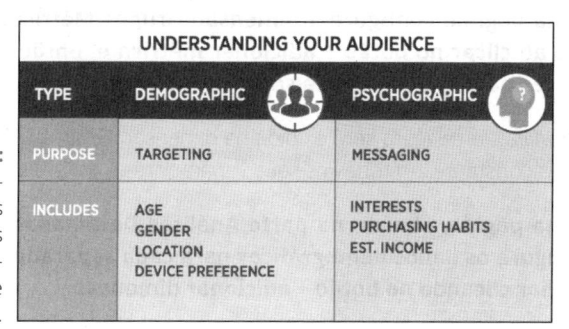

FIGURA 12-6: Os melhores usos para dados demográficos e de interesse.

UNDERSTANDING YOUR AUDIENCE		
TYPE	DEMOGRAPHIC	PSYCHOGRAPHIC
PURPOSE	TARGETING	MESSAGING
INCLUDES	AGE GENDER LOCATION DEVICE PREFERENCE	INTERESTS PURCHASING HABITS EST. INCOME

Fonte: https://analytics.google.com/analytics/web/?authuser=1#report/visitors-overview/a54278530w87158541p110653994/%3F_.useg%3Dbuiltin28/

Aprofundando-se em dados demográficos

Embora os dados que um relatório de dados demográficos mostre costumem ser razoavelmente rotineiros, produzem panoramas muito interessantes. Você pode visualizar rapidamente o relatório de dados demográficos na aba Público-alvo do Google Analytics; contudo, a métrica-chave desse relatório foca sessões (visitas). Para ir além delas e refinar seus usuários, você precisa criar um relatório personalizado.

Para fazer um relatório personalizado para dados demográficos, siga estes passos:

1. **Vá para a seção Relatórios personalizados na aba Personalização no Google Analytics e selecione o botão + Novo relatório personalizado.**

   A página Criar relatório personalizado se abre. Crie quantos relatórios separados quiser para examinar dados demográficos. Em nossa empresa, fazemos quatro relatórios para nos aprofundar em dados demográficos: para idade, gênero, local e tipo de dispositivo.

2. **Na seção Denunciar conteúdo da página Criar relatório personalizado, crie Separador de Relatório.**

   Dê um nome ao separador com base nos dados demográficos em que estiver se aprofundando. Por exemplo, se estiver medindo idade, nomeie como Idade. Se planeja medir vários dados demográficos nesse relatório, como sugerimos no Passo 1, você pode criar um novo separador de relatório ao clicar no botão + adicionar separador de relatório embaixo da seção Denunciar conteúdo. Nomeie cada separador conforme os dados demográficos que estiver medindo.

3. **Na mesma página, configure a dimensão Grupos Métricos para Utilizadores ao clicar no botão + adicionar métrica e, então, selecionar Utilizadores no menu para cada separador de relatório que criar.**

   A palavra *Utilizadores* agora será exibida na dimensão Grupos Métricos. Utilizadores é a constante em todas os seus separadores.

4. **Na mesma página, abaixo, na parte Análises Detalhadas da Dimensão, configure os dados demográficos para cada separador de relatório que criar clicando no botão + adicionar dimensão.**

   Para idade, a análise detalhada de dimensão é Idade; para gênero, Gênero e para dispositivo, Categoria do Dispositivo. Seus dados demográficos respectivos agora aparecem em Análises Detalhadas de Dimensão. A localização é a única diferente; para os outros dados, você mantém o Tipo (localizado acima de Grupos métricos) na aba Explorador pré-selecionada. Para a localização, no entanto, você estabelece seu Tipo para a aba Cobertura Geográfica, que exibirá os dados de localização em um mapa geográfico, e substitui a necessidade de uma análise detalhada de dimensão.

   A Figura 12-7 mostra a configuração para criar um relatório Idade.

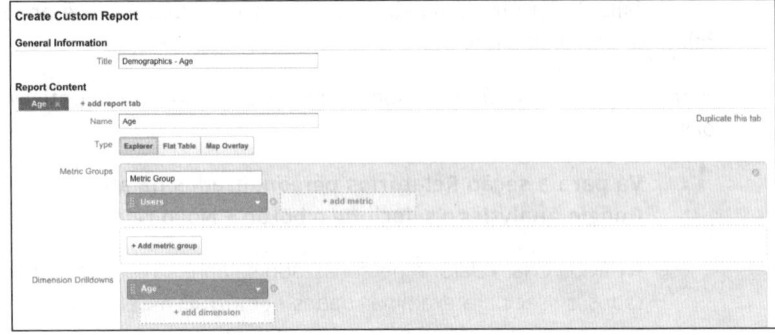

FIGURA 12-7: Criando um relatório personalizado para idade.

5. **Clique no botão Guardar quando tiver terminado.**

   O relatório que criou é carregado e agora você tem um relatório de dados demográficos pronto para usar reiteradamente.

As seções seguintes mostram o que procurar no relatório de dados demográficos para que tenha uma visão geral de sua campanha.

Idade

Primeiro, examine a idade das pessoas que respondem à sua campanha. Quem está autorizando contato? Há alguma surpresa? Por exemplo, as faixas etárias que se inscrevem se encaixam no avatar do cliente que criou (veja o Capítulo 1 para detalhes sobre criar um avatar do cliente)? Se não, você provavelmente precisa reavaliar o texto do anúncio para sua campanha através das lentes dessa faixa etária. Esse relatório permite que crie uma campanha mais personalizada, que pode levar a um aumento nas inscrições e diminuição no custo por clique (CPC).

Gênero

Em seguida, qual é o gênero dos usuários que se inscreveram em sua campanha? Se as inscrições pesam mais em direção a um gênero específico, você provavelmente se beneficiará ao criar uma segunda versão da campanha, direcionada somente para um gênero, o que levará a um aumento nos cliques e na relevância do anúncio, enquanto também diminuirá o CPC.

Localização

A localização é um conjunto de dados poderoso, especialmente se quiser entrar em um novo mercado geográfico ou escalonar em outras áreas. Por exemplo, você pode descobrir com um relatório de localização que sua campanha se sai particularmente bem com uma certa cidade, estado ou país que não havia considerando anteriormente. Você pode, então, tomar uma decisão informada sobre alocar mais do seu orçamento de anúncios para direcionar para esse local que não considerou antes, permitindo que se aproveite de interesses locais.

Dispositivo

Com um relatório de dispositivo, você pode ver de qual dispositivo as pessoas se inscreveram em sua campanha. Foi um dispositivo móvel, um tablet ou um desktop? Conhecer o dispositivo que as pessoas usam o ajuda a saber como projetá-la. Por exemplo, se sua oferta fechada (veja os Capítulos 3 e 4 para saber detalhes sobre criar ofertas fechadas) se sai particularmente bem com usuários móveis, então é crucial que essa campanha em particular seja projetada em seu funil de conversão com usuários móveis em mente se quiser transformar quem fez download da oferta fechada em comprador.

Aprofundando-se em dados de interesse

As seções anteriores lhe dizem como se aprofundar nos fatos concretos sobre o seu público, e você pode usar essas informações para moldar o direcionamento da campanha durante sua fase de otimização. Mas e a mensagem? E sua estratégia de acompanhamento? Para descobrir as melhores táticas aqui, recorremos aos dados de interesse.

Novamente, você criará outro relatório personalizado, dessa vez observando a Categoria de afinidade (alcance) e o Segmento no mercado. Embora a Categoria de afinidade (alcance) observe mais os gostos e interesses dos seus usuários, o Segmento no mercado indica o que esse público quer comprar (ou pode ter acabado de comprar). Esse processo segue muitos dos mesmos passos realizados na criação de seu relatório personalizado de dados demográficos.

1. **Vá para Relatórios personalizados, em Personalização, no Google Analytics e selecione + Novo relatório personalizado.**

   A página Criar relatório personalizado se abre.

2. **Na seção Denunciar conteúdo da página Criar relatório personalizado, crie Separador de Relatório: um para a Categoria de afinidade (alcance) e outro para Segmento no mercado.**

   Você adiciona o separador clicando no botão + adicionar separador de relatório embaixo da seção Denunciar conteúdo. Nomeie um de seus separadores como Segmento no mercado e outro como Categoria de afinidade (alcance).

3. **Na mesma página, configure os Grupos métricos para Utilizadores clicando no botão + adicionar métrica e, então, selecionando Utilizadores no menu para cada separador de relatório que criar.**

   A palavra *Utilizadores* será exibida na dimensão Grupos métricos. Utilizadores é a constante entre todos os seus separadores.

4. **Na mesma página, em Análises Detalhadas da Dimensão, configure os dados demográficos para cada separador de relatório que criar clicando no botão + adicionar dimensão.**

   As Análises Detalhadas da Dimensão que seleciona são Categoria de afinidade (alcance) e Segmento no mercado, respectivamente.

   A Figura 12-8 mostra como se parece a configuração para criar um relatório de Segmento no mercado.

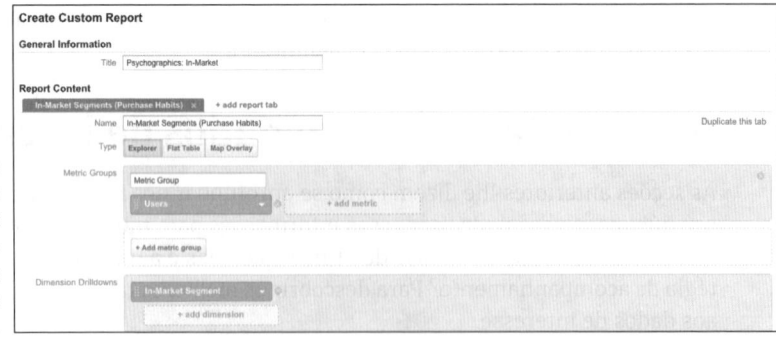

FIGURA 12-8: Criando um relatório personalizado para Segmento no mercado.

Fonte: https://analytics.google.com/analytics/web/?authuser=1#crbuilder/cr-builder/a54278530w87158541p90451453//CREATE/

5. **Clique no botão Guardar quando tiver terminado.**

O relatório que criou é carregado, e agora você tem um relatório para o qual pode voltar repetidamente para estudar os interesses dos usuários que se inscreveram.

Relatório de Categoria de afinidade (alcance)

Novamente, o relatório de Categoria de afinidade (alcance) compila o que os usuários gostam e no que têm interesse. Essas informações permitem que crie campanhas mais personalizadas para direcionar a interesses específicos. Ao observar esses dados, configurar os tipos de visualizações de dados para Comparação é melhor. (Clique no botão Ver Comparação, localizado à direita da página.) Essa visualização destaca interesses melhor que os números brutos. Os interesses estão listados dos gostos, no topo, para os desgostos, como mostrados nas Figuras 12-9 e 12-10.

FIGURA 12-9: Um relatório da Categoria de afinidade (alcance) que mostra os principais interesses para este público.

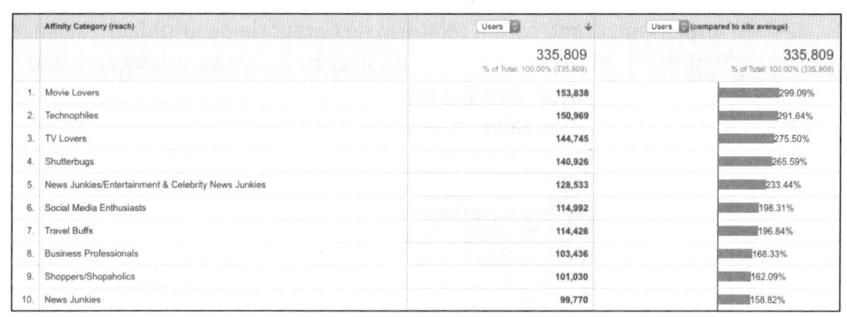

	Affinity Category (reach)	Users	Users (compared to site average)
		335,809 % of Total: 100.00% (335,809)	335,809 % of Total: 100.00% (335,809)
1.	Movie Lovers	153,838	299.09%
2.	Technophiles	150,969	291.64%
3.	TV Lovers	144,745	275.50%
4.	Shutterbugs	140,926	265.59%
5.	News Junkies/Entertainment & Celebrity News Junkies	128,533	233.44%
6.	Social Media Enthusiasts	114,992	198.31%
7.	Travel Buffs	114,426	196.84%
8.	Business Professionals	103,436	168.33%
9.	Shoppers/Shopaholics	101,030	162.09%
10.	News Junkies	99,770	158.82%

Fonte: `https://analytics.google.com/analytics/web/?authuser=1#crbuilder/cr-builder/a54278530w87158541p90451453//CREATE/`

FIGURA 12-10: Um relatório da Categoria de afinidade (alcance) que mostra no que este público está menos interessado.

96.	Sports Fans/Rugby Enthusiasts	5,079	-86.82%
97.	News Junkies/Women's Media Fans	2,961	-92.32%
98.	Gamers/Sports Game Fans	2,708	-92.97%
99.	Sports Fans/Skiing Enthusiasts	2,608	-93.23%
100.	Gamers/Driving & Racing Game Fans	2,545	-93.40%
101.	Music Lovers/Blues Fans	2,163	-94.39%
102.	TV Lovers/Documentary & Nonfiction TV Fans	1,792	-95.35%
103.	News Junkies/World News Junkies	1,711	-95.56%
104.	Sports Fans/Swimming Enthusiasts	1,561	-95.95%
105.	Sports Fans/Australian Football Fans	863	-97.76%
106.	News Junkies/Men's Media Fans	611	-98.41%

Fonte: `https://analytics.google.com`

Por meio de relatórios de Categoria de afinidade (alcance), você pode começar a aprimorar sua mensagem de marketing. Por exemplo, o público retratado na Figura 12-9 está claramente interessado em filmes, TV e notícias sobre entretenimento e celebridades. Esse conhecimento permite que você seja específico no texto do seu anúncio à medida que otimiza sua campanha. Por exemplo, um anúncio que pergunte: "Como a nota de mídia social do seu negócio se compara à da Kim Kardashian?", provavelmente seria um grande sucesso com esse público. Por outro lado, como mostram os dados na Figura 12-10, anúncios com temas esportivos provavelmente não dariam certo. Então, se começasse às cegas e tentasse um tema esportivo com sua próxima campanha de anúncios, provavelmente teria um anúncio fracassado nas mãos.

DICA

Ao tentar pensar em mensagens específicas, aprofunde suas categorias em nichos mais específicos, como "Amantes de TV/fãs de jogos, reality e talk shows" em vez de somente "Amantes de TV".

Relatório de Segmento no mercado

Como falamos anteriormente no capítulo, o Segmento no mercado lhe dá alguma indicação do que seu público está no mercado para comprar (ou que acabou de comprar). Essa é uma informação extremamente poderosa, permitindo que direcione para seu mercado com base em produtos e serviços que eles procuram. Como com o relatório de Categoria de afinidade (alcance), ao observar esses dados, é melhor configurar o tipo de visualização como Comparação. Essa visualização destaca melhor os interesses do que os números brutos. A Figura 12-11 mostra um exemplo de um relatório Segmento no mercado.

FIGURA 12-11: Os resultados de dados de um relatório Segmento no mercado.

	In-Market Segment	Users		Users (compared to site average)
		335,809 % of Total: 100.00% (335,809)		335,809 % of Total: 100.00% (335,809)
1.	Travel/Hotels & Accommodations	72,394		1,383.96%
2.	Employment	69,978		1,334.44%
3.	Business Services/Advertising & Marketing Services	56,824		1,064.80%
4.	Dating Services	48,428		892.70%
5.	Business Services/Business Technology/Web Services/Web Design & Development	47,665		877.06%
6.	Software/Business & Productivity Software	46,970		862.81%
7.	Financial Services/Investment Services	44,670		815.66%
8.	Education/Post-Secondary Education	43,436		790.37%
9.	Travel/Air Travel	40,943		739.27%
10.	Consumer Electronics/Mobile Phones	39,596		711.65%

Fonte: https://analytics.google.com

Como mostrado na Figura 12-11, o público que se inscreveu nessa campanha também está no mercado, e pesquisa emprego, viagem, acomodações em hotéis, negócios e serviços de publicidade, para citar alguns. Portanto, anúncios que usarem linguagem de viagens e serviços de publicidade estão prontos para o sucesso.

Você também pode usar relatórios de Segmento no mercado para averiguar e saber a faixa de renda de seus usuários. Use seus poderes investigativos para descobrir se esse mercado-alvo está interessado em bens de luxo e se os clientes em potencial estão na ponta mais alta do espectro de renda. Para isso, procure concentrações altas de interesse em categorias que indiquem riqueza, ou seja, itens de luxo. Aqui estão algumas categorias gerais para usar nessa análise:

- Categorias de Afinidade de Luxo
- Compradores/Compradores de Luxo
- Entusiastas de Automóveis/Entusiastas de Veículos de Luxo & Performance
- Fãs de Viagens/Viajantes de Luxo
- Públicos de Segmento no Mercado de Luxo
- Vestuário & Acessórios/Joias & Relógios/Relógios
- Vestuário & Acessórios/Joias & Relógios/Joias Finas
- Automóveis & Veículos/Veículos Motorizados/Veículos Motorizados por Marca/Audi
- Automóveis & Veículos/Veículos Motorizados/Veículos Motorizados por Marca/BMW
- Automóveis & Veículos/Veículos Motorizados/Veículos Motorizados por Tipo/ Veículos de Luxo/Veículos de Luxo (novos)
- Automóveis & Veículos/Veículos Motorizados/Veículos Motorizados por Tipo/ Carros Esportivos/Carros Esportivos (Novos)
- Automóveis & Veículos/Veículos Motorizados/Veículos Motorizados por Marca/Porsche

Essa estratégia lhe dá outra técnica para entender a renda dos seus usuários e, assim, em quais produtos podem ou não estar interessados. Por exemplo, se observar esse relatório e descobrir que apenas cerca de 3% do seu público para esta campanha apareceu dentro de qualquer um desses segmentos, poderia concluir seguramente que as pessoas se inscrevendo nessa oferta fechada em particular não são ricas. Portanto, seguir com uma campanha para um item particularmente caro provavelmente terá menos sucesso do que uma com ofertas mais moderadas, do tipo relâmpago.

Juntando Tudo

Munido das informações dos seus relatórios personalizados, você agora pega os dados demográficos e de interesse e os combina para obter uma compreensão melhor do público que se inscreveu nessa campanha e para ter um perfil do seu candidato ideal para ela. Em vez de adivinhar, você agora tem dados comprovados para otimizar e escalonar sua campanha, o que, por sua vez, leva a mais inscrições, melhora a relevância do anúncio e diminui o CPC. Esse é o poder do processamento de números e da execução de negócios orientados por dados. Eis um exemplo de como pode ser o perfil do seu avatar do cliente depois de combinar todos os pontos de dados diferentes que coletou de seu público:

Gênero: feminino

Idade: fim dos 20, início dos 30

Dispositivo preferido: smartphone

Renda média estimada: abaixo de R$100 mil anuais

Papel no trabalho: não supervisora

Gostos e interesses: filmes, notícias sobre celebridades e entretenimento, música pop, educação, consultoria de carreira, recursos de relacionamentos, decoração de interiores e serviços de jardinagem

Não gosta: esportes, filmes de terror, jogos de tabuleiro, videogames, acessórios de automóveis

Com base no que funcionou até agora, você pode, então, pegar esse perfil do seu candidato ideal e criar uma campanha mais direcionada ou escaloná-la para outras plataformas de tráfego; mas agora sua campanha é ainda mais específica. Munido dessas informações, você organiza a campanha por um novo ângulo e fala mais diretamente com seu público-alvo. Imagine o que sua equipe de tráfego pago faria com esse nível de detalhamento sobre para quem direciona.

Você pode aplicar as estratégias de dados tratadas neste capítulo não só a pessoas que se inscreveram, mas também a compradores ou, com direcionamento cuidadoso, usuários do site e seus membros. Além disso, pode usar essa estratégia para qualquer plataforma que tenha volume de tráfego suficiente.

> **NESTE CAPÍTULO**
> » Otimizando suas campanhas por meio de testes split
> » Usando as ferramentas necessárias para testes split
> » Sabendo quais páginas testar e quais não testar
> » Lançando e entendendo como um teste é realizado
> » Analisando um teste

Capítulo **13**

Otimizando Suas Campanhas para o Máximo ROI

Imagine que tenha criado uma página desenvolvida para vender um cruzeiro no Caribe. No topo dessa página, você exibe um título que diz "Economize com Ofertas de Cruzeiros para o Caribe! Ninguém Bate Nossos Preços!". Sua sócia se aproxima de você com algumas ideias de títulos que ela acha que melhorarão o número de reservas do cruzeiro. O que você deveria fazer — confiar na intuição dela e fazer a mudança? Ou ficar com o original?

A resposta certa é testar. Como discutimos no Capítulo 12, um negócio dirigido por dados vai além de tomar decisões de marketing com base em palpites e adivinhações. Para realmente maximizar o ROI (retorno sobre investimento) de sua campanha, você precisa reunir dados e executar testes para aumentar o impacto. Caso contrário, suas ações serão como jogar pérolas aos porcos — e tão eficazes e impactantes quanto isso no seu balanço final.

Neste capítulo, examinamos o processo dedicado e reiterado de otimização da campanha. Embora seja fácil que esse processo se complique demais, o dividimos em partes compreensíveis e lhe damos o esboço de que precisa para implementar uma otimização de campanha com sucesso — das ferramentas requeridas ao teste de análise final.

Entendendo o Teste Split

A base para otimizar um site é o teste *split*, que significa conduzir experimentos aleatórios controlados com o objetivo de melhorar uma métrica do site, como cliques, inscrições ou vendas. Testes split têm duas formas diferentes: *testes A/B*, uma técnica na qual duas versões de uma página são comparadas quanto à performance, e *testes multivariados*, um método de teste no qual uma combinação de variáveis é testada de uma vez só.

Durante um teste split, você divide o tráfego que chega ao site entre a página original (controle) e variantes dela. Então, procura o surgimento de melhorias nos objetivos que estiver medindo (como leads, vendas ou engajamento) para que determine qual versão se saiu melhor. Você usa o teste split para avaliar áreas em que pode melhorar um objetivo mensurável, como seu processo de fechamento de compra online. O teste o ajuda a determinar quais fatores aumentam a conversão, quais a impedem e quais levam a um aumento nos pedidos.

Obtendo as ferramentas de que precisa para executar testes split

Para executar testes split, você precisa de ferramentas eficazes. Esta seção fala sobre a tecnologia necessária para executar testes split para que otimize sua campanha para resultados máximos.

Um conjunto de análises

Para escolher as páginas certas a serem testadas, você depende muito da ferramenta de análise do seu site. Este capítulo se concentra no Google Analytics, uma solução de análise de sites disponibilizada pelo gigante mecanismo de busca, o Google. Esta ferramenta mede dados de site, app, digitais e offline para ter uma visão geral sobre os clientes. O Google Analytics pode ser grátis ou premium. Para a maioria dos negócios, a versão grátis do Google Analytics é mais do que suficiente. O preço da versão premium começa em seis dígitos anualmente; esse preço oferece limites de dados mais altos, mais variáveis personalizadas, uma equipe de suporte dedicada, bem como outros recursos. Para uma introdução sobre como trabalhar com o Google Analytics, veja o Capítulo 12 ou visite https://www.google.com/analytics/.

Testando tecnologia

Testes split requerem tecnologia que permita que você edite variantes, variantes de teste split e conversões de rastreamento. É possível escolher entre vários serviços, incluindo:

- » **Visual Website Optimizer:** Uma ferramenta de teste split fácil de usar. Permite que você execute testes A/B e multivariados para otimizar seu site para taxas de conversão e vendas aumentadas. Essa ferramenta paga tem vários pacotes de preços para escolher, de indivíduos até grandes agências. Visite `https://vwo.com/` para aprender mais.
- » **Unbounce:** Dá aos comerciantes o poder de criar, publicar e testar landing pages. Também oferece testes A/B. Tem várias faixas de preço para escolher, de empreendedores a negócios a nível empresarial. Encontre-a em `http://unbounce.com/`.
- » **Optimizely:** Uma das plataformas de experimentação líderes no mundo de experimentação para sites, apps móveis e dispositivos conectados. A Optimizely faz software de otimização de experiência do cliente para empresas, o que dá aos negócios a capacidade de conduzir teste A/B e multivariados. A empresa oferece três faixas de preço e você as vê em `https://www.optimizely.com/`.

DICA Certifique-se de integrar sua ferramenta de teste de tecnologia com o Google Analytics para que seus relatórios do Google Analytics reflitam dados precisos.

Calculadora de duração de teste

Uma *calculadora de duração de teste* é uma calculadora simples que determina por quanto tempo você precisa executar seu teste split para obter um resultado confiável. Você insere dados como a taxa de conversão existente, o número de variantes no teste, a quantidade de tráfego que seu site recebe etc. A calculadora então determina por quantos dias executar esse teste para obter um resultado confiável. A Figura 13-1 mostra a calculadora de duração de teste gratuita oferecida pelo Visual Website Optimizer.

LEMBRE-SE Nem toda página do seu site precisa ser testada ou requer otimização. Na próxima seção, discutimos as maneiras como você isola as páginas a serem testadas para que maximize seu retorno sobre investimento (ROI).

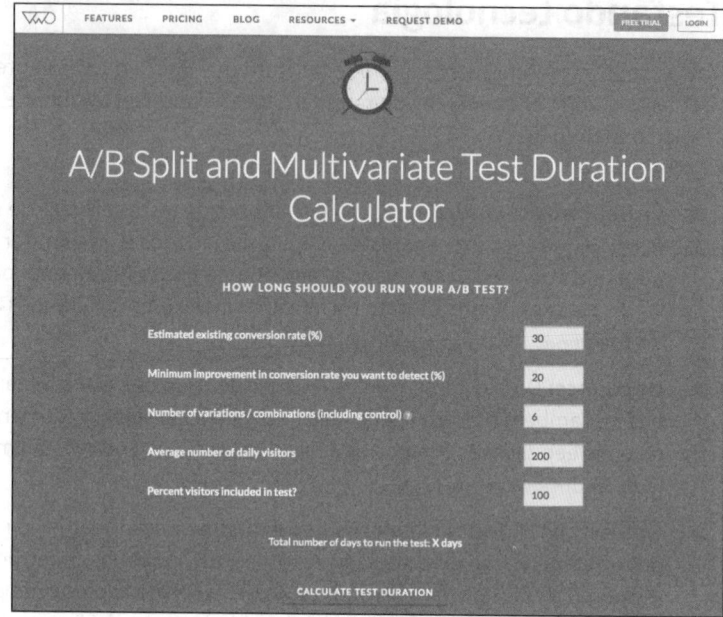

FIGURA 13-1: Uma calculadora de duração de teste do Visual Website Optimizer.

Fonte: https://vwo.com/ab-split-test-duration/

Seguindo as orientações de um teste split

Quando estiver procurando páginas para fazer testes split, use as seguintes orientações para determinar o quanto vale a pena testá-las. Primeiro, aqui está o que *não* testar:

» Suas páginas com piores desempenhos. (Isso soa estranho, mas explicamos o porquê.)

» Páginas que não têm impacto em seus objetivos de negócio de longo prazo, sua página 404 "sem saída".

» Páginas que não recebem tráfego suficiente para implementar um teste split.

Por que você não deveria testar suas páginas com pior desempenho? Ao procurar páginas para otimizar, seu trabalho é focar *páginas de oportunidade*, que são as que terão o maior impacto em seus objetivos. Por exemplo, se espera um aumento de 10% em conversões com seus esforços, você preferiria que esse fosse em uma página convertendo 50% ou 5%? A com 50% é a página de oportunidade.

Além do mais, suas páginas com pior desempenho não precisam de uma campanha de teste; em vez disso, precisam de uma reformulação. O navio está afundando e você não tem tempo para divagar sobre o que fazer em seguida;

precisa fazer uma mudança drástica que provavelmente não precisa ser testada. Lembre-se, em tal caso, não teste; implemente!

Pela mesma razão que não deve testar as páginas de pior desempenho, você também não precisa testar suas páginas não orientadas à conversão. Essas páginas de não conversão incluem sua página Sobre Nós ou a 404.

Contudo, otimizar páginas 404 comprovou-se ser útil no marketing. Mesmo nessa página, você deveria incluir uma oferta, uma chamada para ação ou alguns passos adicionais para manter o usuário engajado. Mas não precisa testar adicionar esses elementos na página; apenas adicione conteúdo que satisfaça suas metas e então siga para páginas mais importantes que tenham impacto na conversão. A página 404 da Amazon, mostrada na Figura 13-2, direciona as pessoas para a página inicial ou sugere continuar a procurar.

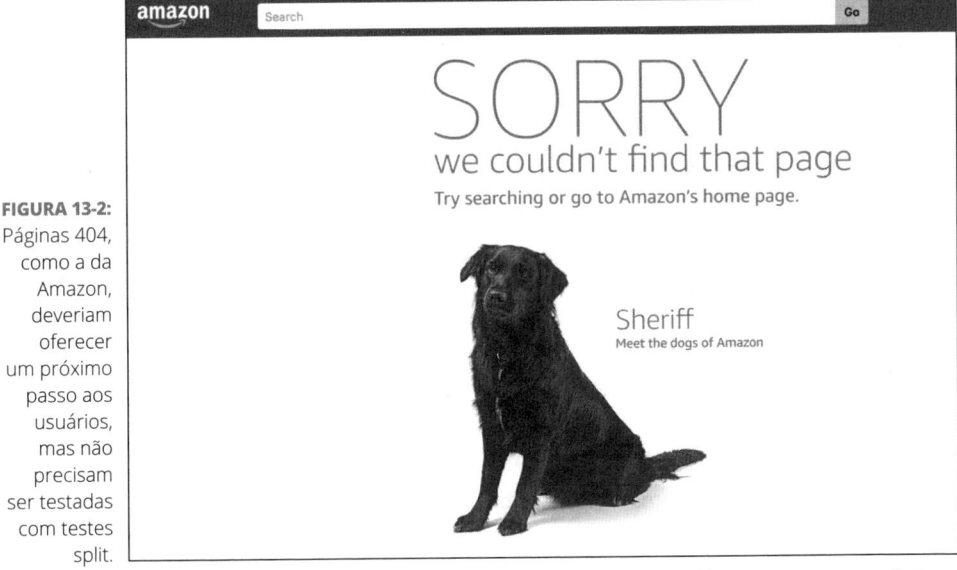

FIGURA 13-2: Páginas 404, como a da Amazon, deveriam oferecer um próximo passo aos usuários, mas não precisam ser testadas com testes split.

Fonte: https://www.amazon.com/pizza

A última orientação que deveria seguir ao determinar se faz um teste split de uma página é seu tráfego. Veja o número de visitas e conversões que sua página recebe ao longo do período de teste em potencial. Note onde o tráfego cai consideravelmente.

Você pode identificar facilmente suas páginas e seus números de tráfego usando o Google Analytics. Examine o número de Visualizações Únicas de Página para páginas sob consideração de testes split. O melhor relatório a empregar para isso no Google Analytics está no conjunto de Comportamento, o qual detalhamos no Capítulo 12. No Google Analytics, vá até a seção Relatórios e então selecione o seguinte: Comportamento ⇨ Conteúdo do site ⇨ Todas as páginas. O relatório de Páginas é carregado. De lá, use a ferramenta de filtro no Google Analytics para buscar páginas específicas a que considere aplicar o teste split.

Depois de reunir os dados do relatório de Páginas, contextualize as páginas. Você sempre verá uma queda massiva nas visualizações de páginas (o número total de páginas vistas por um usuário; visualizações repetidas de uma única página são contadas) depois de sua página inicial. Contudo, sua página inicial está tão longe de sua principal ação de conversão que não faz sentido testá-la. Agora, se vir uma queda massiva de uma página de produto para a de fechar pedido, você sabe que há algo de errado com sua página de produto e que precisa otimizá-la, e isso merece um teste split.

Ao seguir as orientações desta seção, você aprimora as páginas em que vale a pena investir seu tempo e recursos para testar. Quando encontrar uma página que considerar ser merecedora de teste com base em orientações, certifique-se de fazer estas quatro perguntas:

1. A página recebe visitantes únicos suficientes?
2. A página recebe conversões brutas suficientes?
3. Esta página tem impacto direto nos meus objetivos? Se indireto, a que distância da ação de conversão primária está?
4. Qual é o impacto potencial em seu objetivo, por exemplo em vendas ou leads?

Responder a essas quatro perguntas antes de comprometer-se a testar uma página acarreta o seguinte:

» Indica que é válido aplicar testes à página.
» Dá a você uma ideia de se o teste realmente será útil.

Ao determinar quais páginas não valem a pena testar com split, você encontra páginas que merecem ser testadas.

Selecionando Elementos de Página para Otimizar

Depois de encontrar a página que deseja otimizar e aplicar um teste split, qual é seu próximo passo? O que testa especificamente nessa página? Você tem vários fatores para considerar ao determinar os elementos para testar em uma página.

Esses elementos o ajudarão a criar novas versões, ou variantes, de sua página para fazer um experimento de teste split. Uma maneira de começar a encontrar suas variantes é usando dados qualitativos, descritos a seguir.

Considerando dados qualitativos

Dados qualitativos são informações que as pessoas podem observar, mas não medir. Em termos de marketing digital, eles consideram o comportamento dos usuários. Reunir dados qualitativos é relativamente fácil e barato, e extremamente útil para escolher os elementos certos para otimizar em sua página.

Um dos tipos mais básicos de dados qualitativos envolve rastreamento de cliques, movimento do mouse e rolagem de página. Muitos desses dados são relatados no que é chamado de mapa de calor. Um *mapa de calor* é uma representação visual de um usuário interagindo com seu site; ele revela onde os usuários focam seu site. A Figura 13-3 mostra um mapa de calor típico.

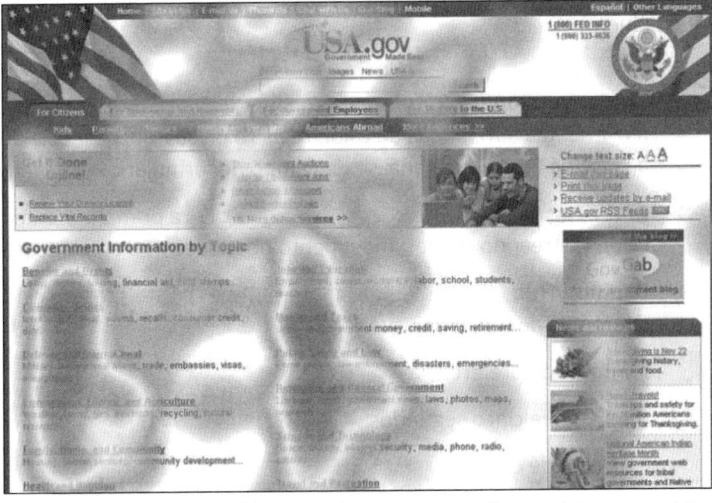

FIGURA 13-3: Um mapa de calor mostra a interação do usuário com sua página.

Fonte: http://webmaxformance.com/attention-scroll-click-heatmap-tracking-services

Implementar um mapa de calor em uma página que testa com split é uma boa ideia. A maioria das ferramentas boas de tecnologia de testes, como o Visual Website Optimizer, inclui uma tecnologia de mapa de calor. Os relatórios de mapa de calor e rolagem esclarecem se uma chamada para ação está recebendo cliques ou se as pessoas estão consumindo seu conteúdo.

Aqui estão outros tipos de dados qualitativos e como coletá-los:

» **Pesquisa de usuários:** Use uma ferramenta como TruConversion (https://www.truconversion.com/) para questionar os usuários do seu site e obter dados qualitativos para analisar.

» **Registros de sessão:** Também use a TruConversion para registrar as sessões do visitante e analisá-las para encontrar elementos a serem testados na página.

» **Perguntas de atendimento ao cliente:** Qualquer membro da equipe que fale com clientes é frequentemente um tesouro de dados qualitativos.

Usando ferramentas qualitativas

Dados qualitativos são incrivelmente importantes e severamente pouco usados. Há algumas ótimas ferramentas disponíveis, então comece com uma e siga para outras quando encontrar lacunas de conhecimento de usuário. Essas ferramentas incluem:

» **TruConversion** (https://www.truconversion.com/)**:** Este conjunto de ferramentas tem mapas de calor, registro de sessão, pesquisa de usuários, análise de funil e uma análise de campo de formulário.

» **Crazy Egg** (https://www.crazyegg.com/)**:** Foca primariamente mapas de calor, rastreando cliques, movimento do mouse e rolagem de tela.

» **UsabilityHub** (https://usabilityhub.com/)**:** Este site tem cinco estilos diferentes de testes de usuário:

- Teste de preferência
- Teste de cinco segundos
- Teste de clique
- Teste de pergunta
- Teste de fluxo de navegação

DICA O teste de cinco segundos do UsabilityHub, e outros como ele, é extremamente poderoso. O teste de cinco segundos mede as primeiras impressões das pessoas sobre seu site. Se as pessoas não conseguem entender quem você é e o que devem fazer no seu site dentro de cinco segundos, você precisa repensar sua página.

Preparando-se para Testar

Depois de determinar quais páginas testar e selecionar as variantes adequadas, você está no caminho para implementar seu teste. No entanto, ainda tem vários outros elementos para se ter em mente antes de começar seu teste. Preste atenção a esses componentes, descritos nas próximas sessões, para criar um teste split forte.

Desenvolvendo uma hipótese de otimização

Seu teste precisa de uma hipótese. Para que ele seja relevante e viável, você precisa criar um plano e documentar as estatísticas. Testar só por testar ou por um palpite em particular só desperdiça o tempo e os recursos do negócio. Uma hipótese clara dá um fim ao teste ad hoc.

Crie uma hipótese com base neste formato:

Porque observamos [A] e o feedback [B], acreditamos que mudar [C] para visitantes [D] fará [E] acontecer. Saberemos quando virmos [F] e obtivermos [G].

Seguir um formato básico de hipótese como o anterior estabelece o escopo do seu teste, o segmento e os critérios de sucesso. Sem uma hipótese, você está adivinhando, e você não quer basear o sucesso ou fracasso de uma campanha em um palpite.

Escolhendo quais métricas rastrear

Depois de escolher uma página para fazer o teste split e as variantes que testará nela, você precisa determinar os indicadores-chave de desempenho (KPIs) que usará para avaliar seu teste split. KPIs são métricas que medem fatores cruciais e determinam o sucesso de um teste. Por exemplo, se implementar um teste que observa somente as métricas do topo do funil, como cliques, você não obtém uma compreensão completa do verdadeiro impacto. Por isso, precisa selecionar seus KPIs e saber quando têm impacto nos seus objetivos de negócios.

Para definir seus KPIs, certifique-se de ter objetivos de nível de página bem como de nível de campanha para todos os seus testes. Seus objetivos de teste split podem se parecer com estes:

- » **Objetivo de página:** Leads gerados
- » **Objetivo de campanha:** Produto específico comprado

Objetivos de página e campanha lhe dão uma visão de curto prazo, ou seja, o que aconteceu na página, e de longo prazo, isto é, como o que aconteceu na página impactou sua campanha no geral. É possível ver uma melhoria na performance no nível de página enquanto observa uma diminuição no desempenho no nível de campanha. Em nosso exemplo anterior, podemos executar um teste que gere mais leads no nível de página, mas que de fato diminua o número de produtos comprados no de campanha.

> **DICA** Mantenha uma linha comum em todos os seus KPIs e faça com que meçam métricas relacionadas, como taxas de adicionar ao carrinho e vendas.

Calculando sua linha do tempo de teste

Todo teste precisa de um ponto de finalização. Se testar infinitamente, você ignora a possibilidade de não ocorrer nenhuma mudança entre as variantes. É preciso criar um período de tempo de teste definido antes de começar a testar, e então manter-se dentro desse cronograma.

Use sua calculadora de duração, mencionada na seção "Obtendo as ferramentas de que precisa para executar testes split", anteriormente neste capítulo, e arredonde para a semana seguinte. Por exemplo, se sua calculadora disser que você deve ter resultados significativos em 10 dias, programe o teste para 14. As pessoas se comportam de maneiras diferentes em dias distintos, e você deve levar em conta essa variante de comportamento. Esse pequeno truque o ajudará a coletar mais dados completos.

Preparando-se para Lançar

Quando tiver sua hipótese, variantes, KPIs e cronograma de teste esboçados, você estará quase pronto para começar o teste split. Complete os passos a seguir para preparar-se e, então, você estará pronto para clicar no botão de Start de sua ferramenta de teste!

Definindo objetivos no Google Analytics

Só ter o Google Analytics no seu site não é suficiente; você precisa estabelecer seus objetivos. (Veja o Capítulo 12 para saber como estabelecer objetivos no Google Analytics.) Configurar eventos personalizados ou rastreamento de e-commerce também funciona — você só precisa de algo para medir.

Ter um objetivo mensurável é importante porque quando você tem relatórios de e-commerce ou de objetivos adequados no Google Analytics, os resultados de seus testes são determinados objetivamente, por números, em vez de subjetivamente, por opiniões. Ter objetivos estabelecidos no Google Analytics é incrivelmente poderoso e começará a lhe mostrar a eficácia de suas campanhas em uma única plataforma.

Verificando se sua página é renderizada corretamente em todos os navegadores

Se uma página não estiver com desempenho adequado, corromperá os dados. Você pode achar que a variante que está testando falhou porque sua hipótese estava incorreta; mas, na verdade, pode ser um problema técnico. Por exemplo, se uma das páginas que estiver testando mostrar uma imagem corrompida, a elevação de conversão (ou falha) para ela não é causada pela variável modificada, mas sim pela funcionalidade da página, e nesse caso seu teste não servirá para nada. Antes de lançar seu teste, verifique novamente se sua página contém falhas, com ferramentas como BrowserStack ou opções de visualização do Visual Website Optimizer.

Garantindo que não haja conflitos de teste

Você não quer que seus testes se sobreponham. Portanto, nunca deve executar vários na mesma página ao mesmo tempo; por exemplo, implementar um segundo teste separado em uma página enquanto outro já está sendo realizado resulta em dados conflitantes.

Você pode executar testes em páginas diferentes ao mesmo tempo. Contudo, ao fazê-lo, precisa se certificar de que o tráfego incluso em uma não está em outra.

Verificando links

Assim como precisa garantir que sua página esteja funcionando, também precisa se certificar de que seus links realmente funcionem e direcionem para a página certa. Um teste split entre uma página com links e uma sem que funciona adequadamente é obviamente um teste fatalmente falho, que não dará resultados verdadeiros.

Mantendo os tempos de carregamento de variantes similares ou idênticos

Lembre-se do seu tempo de carregamento ao otimizar. Se tiver uma variante com um tempo de carregamento melhor, ela provavelmente ganhará de sua concorrente, enviesando seus resultados. Use ferramentas como PageSpeed (`https://developers.google.com/speed/pagespeed/`) para analisar e garantir que seus tempos de carregamento variantes são o mais próximos possível um do outro.

Finalizando um Teste

Como dito antes, um teste não deve ser executado indefinidamente. É preciso estabelecer uma linha do tempo e mantê-la para analisar os dados e tomar decisões mais informadas. Eis quando você sabe que pode finalizá-lo:

» **Sua linha do tempo de testagem combina com seu cronograma:**
Certifique-se de realmente executar seu teste na hora em que o agendou. Não ative um teste antes porque "parece bom" e lhe dá dados favoráveis. Da mesma forma, não prolongue um teste porque não obteve os resultados que queria. Quando atingir sua data final agendada, finalize-o.

» **Você "completou a semana":** A não ser que seja especificado por sua calculadora de duração de teste, ele deve ser executado por sete dias inteiros antes de ser finalizado. Em outras palavras, um teste que começa na terça-feira deve terminar na terça-feira seguinte para garantir que tenha coletado uma quantidade mínima de dados para tomar decisões informadas.

Sabendo como Foi o Desempenho de um Teste

Para alguns testes, os dados podem concluir unanimemente que a variante que testou foi vencedora ou um fiasco. Mas se tiver problemas em determinar o desempenho de uma variante, siga estas orientações:

» **Sua variante indica se houve sucesso e que deveria considerar implementá-la se:**
- Sua elevação foi estatisticamente significante.
- Você exibiu pelo menos 100 conversões, ou mais, por variante.

» **Sua variante indica se houve fracasso e que não deveria considerar implementá-la se:**
- Sua perda foi estatisticamente significante.
- Você exibiu menos de 100 conversões por variação.

» **Sua variante é nula se:**
- Nenhuma diferença estatística aparecer.
- Os números se normalizarem.
- O teste foi executado durante todo o cronograma de teste.

Analisando o Teste

A essa altura, você tem um resultado de teste bem-sucedido, fracassado ou nulo. Depois de concluí-lo, se aprofunde nos dados para analisar o que aconteceu durante o período de testes e determinar seus próximos passos. Para analisar seus dados de teste split, siga estes passos:

1. **Reporte todas as suas descobertas.**

    Colete e coloque seus dados de teste em palavras. Você pode usar uma planilha de relatório de teste ou uma apresentação em PowerPoint para isso. Considere separar seu relatório nas seguintes seções:

    - **Slide 1:** Título do teste, URL, timeline e métrica(s) medida(s)
    - **Slide 2:** Hipótese
    - **Slide 3:** Todas as variantes que testou
    - **Slide 4:** Resultados aprofundados
    - **Slide 5:** Resultados exibindo a variante vencedora, elevação de conversão e taxa de confiança
    - **Slide 6:** Análise
    - **Slide 7:** Outras observações
    - **Slide 8:** Recomendações

2. **Reporte seu alcance de conversão.**

    O alcance de conversão é a extensão entre a taxa de conversão mais alta e a mais baixa. Esse alcance pode ser escrito como uma fórmula, como em 30% de elevação ± 3%, ou você pode dizer que esperava que as conversões ficassem entre 27% e 33%. Certifique-se de relatar sua taxa de conversão como um alcance. Quando relata uma elevação de 40% de conversões, mas tem um alcance real de 35% a 43%, você presta um desserviço a si mesmo ao não estabelecer expectativas adequadas para seus resultados ou recomendações.

    Não deixe que seu chefe ou cliente pense que a taxa de conversão é uma estatística. Ela não é. Estabeleça expectativas adequadas ao relatá-la como um alcance. Ferramentas como o Visual Website Optimizer criam esse alcance para você.

3. **Observe o mapa de calor de cada variante.**

    Observar o mapa de calor de cada variante o ajuda a descobrir novas coisas para otimizar e testar. Coloque essas descobertas na seção "Outras Observações" do seu relatório.

4. **Analise segmentos-chave no Google Analytics.**

   Aqui, você determina se o teste indica uma taxa de conversão mais alta ou mais baixa para certos tipos de visitantes.

5. **Implemente a variante bem-sucedida.**

   Idealmente, graças aos resultados de seu teste split, você sabe o que funciona. Agora pode colocar esse conhecimento em prática. Use seus dados para tomar decisões orientadas sobre quais mudanças deveria fazer na página.

6. **Se o resultado do teste split foi nulo, escolha sua variante preferida.**

   Neste ponto, se seu teste não declarou uma variante vencedora, você pode escolher qual gostaria de implementar. Use esses dados para desenvolver uma nova hipótese e crie um novo teste.

7. **Use suas descobertas para criar novas hipóteses e planejar testes futuros.**

   A otimização é um processo. Suas últimas descobertas devem alimentar seu trabalho futuro. Aqui você pode aprender com segmentos, mapas de calor ou o teste adequado para desenvolver sua próxima iteração ou alimentar um teste em uma nova página.

8. **Compartilhe suas descobertas.**

   No mínimo, você deveria enviar seu relatório para seu chefe ou cliente, e para seus colegas que tiveram participação no teste. Se quiser ir além, poderia até publicar essas descobertas como sua própria pesquisa primária. Estudos de caso são recursos valiosos que o estabelecem como uma autoridade no setor e também geram leads dentro do seu mercado. Veja os Capítulos 3, 4 e 6 para saber mais sobre valor de pesquisa primária e como implementá-la.

5
A Parte dos Dez

NESTA PARTE...

Descubra os dez erros mais comuns de marketing digital que limitam seu crescimento, e dicas de como evitá-los.

Descubra as dez habilidades líderes de marketing digital para adicionar a seu currículo, incluindo cargos e descrições de trabalho e informações sobre salário.

Entenda os dez tipos de ferramentas de que precisa para executar eficazmente suas campanhas de marketing digital, de criar e hospedar um site até usar processadores de pagamento e gerir seus perfis de redes sociais.

NESTE CAPÍTULO

» Por que o tráfego de site é a última coisa com que se preocupar

» A maneira certa e a errada de escrever sua oferta

» As duas métricas que todo negócio deveria rastrear

» Como manter-se focado no que realmente importa no marketing digital

Capítulo **14**

Os Dez Erros Mais Comuns de Marketing Digital

O marketing digital evolui rapidamente, e você muitas vezes se vê testando novas ferramentas e táticas diariamente. Quando está se aventurando constantemente em território inexplorado, tende a cometer erros. Não esquente; é cometendo erros que se aprende.

Dito isso, nem todos os erros são iguais. Os erros listados neste capítulo tratam mais de sua mentalidade do que de um erro tático, como enviar um e-mail sem testar os links. Você inevitavelmente cometerá erros táticos em seu marketing e se recuperará deles. Mas ao cometer os erros descritos neste capítulo limitará seu crescimento, e, se evitá-los, verá um efeito significativamente positivo em seus resultados.

Focar Olhos em vez de Ofertas

Isso pode chocá-lo, mas você não tem um problema de tráfego de site. Quando não está fazendo vendas, a solução não é colocar mais olhos na página. Olhos podem ser comprados (como discutiremos logo), mas a mensagem e as ofertas que entrega para esses olhos são o que fazem a maior diferença.

Quando as coisas derem errado, e queremos dizer muito errado, não gaste energia para otimizar a landing page para obter mais tráfego do Google ou agendar mais tuítes sobre a oferta. Em vez disso, mude o que está oferecendo para satisfazer os desejos do seu mercado. Primeiro, teste a oferta; depois, ligue o tráfego. Para mais sobre como criar ofertas sensacionais, veja o Capítulo 3.

Falhar ao Falar sobre Seus Clientes (e os Problemas Deles)

As pessoas não se importam com seu produto; se importam em como ele melhora suas vidas. Pare de falar sobre os recursos do seu produto e comece a descrever como ele transforma a vida do cliente de maneira significativa.

Negócios são bem simples. Pagamos para levar as pessoas de um estado "antes" a um "depois" desejado. No estado "antes", os clientes estão descontentes de alguma maneira. Podem estar com dor, entediados, assustados ou infelizes por inúmeras razões.

No estado "depois", a vida é melhor. Eles estão sem a dor, entretidos ou sem o medo do que os atormentava antes. As pessoas não compram produtos ou serviços; compram transformação. Em outras palavras, compram acesso ao estado "depois". Uma ótima oferta move genuinamente um cliente a um estado "depois" desejado, e um ótimo marketing simplesmente articula o movimento do estado "antes" ao "depois".

A maioria dos negócios que fracassa, particularmente no começo ou quando entra em novos mercados, o faz porque falha em oferecer um estado "depois" desejado (a oferta não é boa) ou em articular o movimento do "antes" para o "depois" (o marketing não é bom).

Não é preciso dizer que ser claro sobre o resultado desejado que sua oferta entrega é fundamental para o sucesso do seu marketing. Veja o Capítulo 1 para saber mais sobre os estados "antes" e "depois", e veja o Capítulo 3 para saber sobre o processo de criar ofertas.

Pedir Demais, Rápido Demais, aos Clientes em Potencial

Imagine que um cara bonito, bondoso e bem-sucedido entre em um bar e imediatamente peça em casamento a primeira mulher solteira que vê. Embora ela possa querer casar algum dia, e de uma perspectiva de "conjunto de características" pura ele seja um bom partido, isso não significa que ela está pronta para se comprometer com ele. E isso não significa que ela queira se comprometer com um casamento no momento.

Essa ideia é bem óbvia quando colocada em termos de relacionamento humano; mas, por alguma razão, muitas vezes "pedimos em casamento" (pedimos aos clientes em potencial um grande comprometimento) cedo demais quando fazemos marketing. Seu negócio pode ser B2C (negócio para consumidor) ou B2B (negócio para negócio), mas todo negócio está realmente fazendo marketing H2H (humano para humano).

Como resultado, as ofertas que faz para clientes em potencial e existentes devem progredir da mesma maneira que as pessoas desenvolvem relacionamentos humanos normais e saudáveis. Relacionamentos humanos passam por um processo, e o mesmo é verdadeiro para negócios e seus clientes. Como estruturar as ofertas que faz para clientes em potencial e novos leads de uma maneira que os faça progredir no relacionamento?

Não Querer Pagar por Tráfego

Houve um tempo em que a otimização de mecanismos de busca (SEO) e mídias sociais era fácil, e o tráfego grátis vindo do Google e Facebook era confiável e abundante. Agora, no entanto, embora o marketing de busca e as redes sociais ainda sejam importantes, os dias de tráfego grátis e fácil acabaram.

Hoje, tráfego de site confiável e de alta qualidade é comprado e vendido como arroz ou gasolina. Se deseja uma fonte confiável de gasolina, você vai ao posto e a compra. De modo similar, tráfego de site confiável é um produto, e se quiser comercializar em escala, precisa ir à loja de tráfego e comprá-lo. Não faltam lojas de tráfego na web (Google, Bing, Facebook, Pinterest, YouTube etc.) que estejam mais dispostas a vender tráfego de site de alta qualidade para você a um preço justo. Você descobre mais sobre tráfego pago no Capítulo 10.

Ser Centrado em Produto

Quando a maioria dos negócios está comercializando, foca o produto. Contudo, os negócios que duram não se definem pelo(s) produto(s) que vende(m), mas sim pelo mercado a que servem.

Por exemplo, na década de 1920, uma designer de moda e empresária francesa publicou uma foto de um vestido preto simples na revista *Vogue*. Antes disso, vestir preto era reservado para períodos de luto. Desde sua apresentação, há um século, no entanto, o "vestidinho preto" se tornou uma peça básica duradoura no guarda-roupa de muitas mulheres. A designer de moda francesa que publicou essa imagem na *Vogue* era ninguém menos que Coco Chanel, fundadora da marca Chanel.

Embora a Chanel tenha vendido muitos "vestidinhos pretos" em seu tempo, a empresa não se definiu por esse produto icônico. Em vez disso, a Chanel vende de tudo, de roupas e joias a perfumes e produtos para cuidados da pele, todos para pessoas que gostam de moda sofisticada.

Um produto não forma um negócio. Identifique a quem serve e defenda esse mercado criando os produtos e serviços que seus clientes querem e precisam.

Rastrear as Métricas Erradas

O marketing digital é rastreável, quase até demais. Você pode, por exemplo, usar o Google Analytics (um programa grátis) para determinar as vendas de pessoas visitando seu site do Rio de Janeiro, nas terças-feiras, e usando um iPhone. Embora esses dados sejam absolutamente relevantes para seu negócio, cada um deveria rastrear duas métricas abrangentes: Custo de Aquisição (COA) e Valor Médio do Cliente (ACV).

O Custo de Aquisição é a quantidade de dinheiro que se deve gastar para adquirir um único cliente. Por exemplo, imagine que você venda camisas para homens e adquira novos clientes usando anúncios do Facebook. Digamos que você determine que adquirir cada novo cliente custe R$40 em anúncios. Você, portanto, determinou que o Custo de Aquisição (COA) para essa oferta é de R$40.

Agora, para essa mesma oferta de camisas, você quer calcular o Valor Médio do Cliente, ou ACV. Você pode calcular isso de várias maneiras, mas nossa métrica favorita é calcular o valor imediato de um novo cliente. No exemplo, cada nova venda de camisa gera R$20 em lucro (renda menos despesas) e, em média, um novo cliente compra duas camisas. Então cada novo cliente resulta em R$40 em lucros para o negócio. Isso é bom porque significa que esse negócio gera novos clientes com essa oferta e campanha de marketing em um ponto de equilíbrio. Quaisquer vendas adicionais para esses clientes recém-gerados resultam em lucro adicional para o negócio.

Há hora e lugar para mergulhar nos números, mas lembre-se sempre de que a quantidade de custo para adquirir um cliente e o valor médio que um novo cliente leva ao negócio são as métricas mais importantes a serem rastreadas. Para saber mais sobre análise de dados e otimização de campanhas, veja os Capítulos 12 e 13.

Criar Recursos na Terra dos Outros

Embora redes sociais como Facebook, Twitter e YouTube lhe deem acesso a bilhões de pessoas, concentrar 100% de sua atenção em criar públicos nessas plataformas é perigoso. Elas podem, e irão, mudar suas regras de tempos em tempos, e essas transformações podem não ficar a seu favor.

Em vez disso, foque recursos de mídia que você possui, particularmente sua lista de e-mails. Você com certeza deve criar conexões em grandes redes sociais como Facebook, Twitter e YouTube, claro, mas busque migrar essas conexões para um recurso sobre o qual tenha mais controle. Você descobre mais sobre como criar campanhas de e-mail no Capítulo 11.

Focar a Quantidade do Seu Conteúdo em vez da Qualidade

A verdade é que a internet não precisa de outro post de blog, podcast ou vídeo do YouTube. Muito foi escrito sobre a quantidade de conteúdo adicionada à web todos os dias. É realmente uma quantidade inacreditável. Nossos feeds de redes sociais e caixas de entrada de e-mail estão abarrotados de conteúdo.

Dito isso, a internet sente falta de conteúdo *extraordinário*, e, se puder fornecê-lo, você receberá impulso dele. Em vez de criar dez novos posts de blog no próximo mês, coloque dez vezes mais esforço em criar um único post extraordinário. Então, prepare a bomba para atrair alguns olhos para sua obra de arte ao comprar tráfego para ela, como discutido no Capítulo 10.

Não Alinhar os Objetivos de Marketing com os de Vendas

Se possui ou trabalha para uma organização com um departamento de marketing e vendas, você sabe que essas duas equipes nem sempre concordam uma com a outra. Marketing e vendas brigam porque têm objetivos diferentes. O marketing acha que tudo se trata de "conscientização", enquanto vendas só se preocupa com... bem, vendas. O marketing se irrita com vendas por prometer demais e entregar de menos, e vendas se irrita com marketing porque os leads não estão "prontos para a venda" e não são suficientes.

O segredo para reverter esta situação é colocar marketing e vendas na mesma página.

Ambos os departamentos precisam entender que servem a diferentes propósitos na mesma equipe, e que o objetivo não são conscientização ou vendas, mas sim clientes felizes e bem-sucedidos. Para alcançá-lo, o marketing deve gerar conscientização e leads, e vendas deve fechá-los; mas se a experiência do cliente não for incrível, todo mundo fracassou.

Permitir que "Coisas Brilhantes" o Distraiam

Esse erro, mais do que qualquer outro, é o responsável pelo fim de negócios que comercializam online. Novos canais, ferramentas e táticas surgem diariamente nessa indústria acelerada, e sua melhor aposta é ignorá-los. Como mencionamos no Capítulo 1, o marketing digital trata menos do "digital" e mais do "marketing".

Em vez de se distrair pelo novo, concentre-se no que sempre funcionou. Foque adquirir novos clientes com ótimas ofertas, apoiando esses esforços de aquisição com conteúdo de alta qualidade e uma estratégia de tráfego sólida. Foque melhorar seu acompanhamento por e-mail (Capítulo 11) e a medição (Capítulo 12) e otimização de suas campanhas (Capítulo 13).

O que quer que faça, não atrase. Comece a colocar o básico que aprendeu neste livro em prática e aprenda à medida que progride. A beleza do marketing em um ambiente digital é que quase nada do que você faz é permanente. Praticamente toda campanha que cria pode ser mudada com alguns cliques do mouse. Deixe que sua concorrência foque a "próxima novidade" enquanto você se concentra no fundamental.

> **NESTE CAPÍTULO**
> » As habilidades mais populares no marketing digital hoje
> » Cargos e descrições de trabalho populares no marketing digital
> » Médias salariais no marketing digital

Capítulo **15**

Dez Habilidades Populares de Marketing Digital para Colocar no Currículo

Em um mundo de inovação constante, plataformas em evolução e estratégias de ponta, o marketing digital tem o luxo exclusivo de resistir no mercado de trabalho. Talvez você esteja buscando uma nova carreira que não tem risco de tornar-se obsoleta. Talvez já esteja trabalhando com marketing digital e pensando como seu trabalho resistirá ao tempo ou quais são suas oportunidades de crescimento ao longo de sua carreira.

Pode-se dizer que as carreiras no marketing digital, mais do que em qualquer outro setor, estão mais preocupadas com seu conjunto de habilidades do que com seu cargo. Se tem habilidades (ou, no mínimo, uma grande vontade de aprender), você nunca ficará sem recursos para incluir em seu currículo. Neste capítulo, focamos habilidades de marketing digital e possíveis trabalhos e salários que as acompanham.

Marketing de Conteúdo

Podemos traçar as origens do marketing de conteúdo, em 1895, a uma revista publicada por John Deere, chamada *The Furrow*. A publicação objetivava instruir os fazendeiros sobre como aumentar os lucros e incluía algumas boas fotos das últimas máquinas agrícolas para ilustrar. Ela ainda é publicada hoje, o que corrobora o poder de sobrevivência desse conjunto de habilidades em particular.

Usar conteúdo como estratégia de marketing digital é um bom aprofundamento de desenvolvimento de carreira. As habilidades não são só necessárias para criar e distribuir conteúdo engajador por várias plataformas, porque esse conteúdo deve ser projetado para atrair um público-alvo específico e levar as pessoas a agirem de maneira prática (como comprar um trator, por exemplo). O espaço do marketing digital abriga uma ampla variedade de tipos de conteúdo: posts de blog, que servem para segmentar públicos em potencial; podcasts, que educam e criam conscientização de marca; atualizações de redes sociais; infográficos; e até mesmo e-books, que apresentam as pessoas à sua empresa e ofertas. E não para por aqui. Criadores de conteúdo também produzem recursos educacionais, questionários e webinars, que ajudam os clientes em potencial a avaliar suas escolhas. Eles identificam e transmitem histórias de clientes e juntam folhas de especificações que levam os clientes em potencial além e os ajudam a decidir a comprar.

Agora, imagine todas essas peças diferentes de conteúdo trabalhando juntas para guiar alguém da apresentação à venda. Esses esforços estão todos dentro do reino do marketing de conteúdo, e equivalem a criar recursos incríveis que estrategicamente transformem alguém que nunca ouviu falar de sua empresa ou produtos em um comprador e promotor da marca. Se dominar o marketing de conteúdo como um conjunto de habilidades, terá uma oportunidade crescente de inscrever-se em várias oportunidades no espaço do marketing digital.

Jornalista de marca

Jornalistas de marca, às vezes chamados de repórteres corporativos, especializam-se em produzir uma variedade de mídias que comunicam o valor da marca para os clientes de uma empresa. Pense nisso como uma operação de notícias interna — mas essas notícias são usadas como uma maneira de gerar leads e vendas. Por exemplo, jornalistas de marca muitas vezes buscam histórias de como os clientes usam os produtos de uma empresa e as contam de maneiras envolventes para converter leads em compradores.

Alguns atributos pessoais são específicos para jornalistas de marca de sucesso. Eles, normalmente, são altamente estratégicos em sua abordagem, capitalizando sua habilidade de alinhar conteúdo com a estratégia de conteúdo geral da empresa. Eles também devem ser capazes de contar uma variedade de histórias de maneiras novas e envolventes por várias plataformas: blogs, vídeos, podcasts e similares. Como as atribuições normalmente são movidas por um prazo, os jornalistas de marca tendem a ser altamente organizados.

Editor-chefe

Editor-chefe é outra opção popular de carreira para quem faz marketing de conteúdo. Como os jornalistas de marca, os editores-chefe lidam com o storytelling (capacidade de contar histórias relevantes) diário de uma empresa. Embora editores-chefe não sejam sempre a fonte primária do conteúdo produzido, lidam com agendamento, publicação e consistência geral dos esforços de marketing de conteúdo de uma empresa. Você muitas vezes os encontra caçando escritores para posts de blog ou convidados para entrevistas de podcast.

Isso significa que editores-chefe são altamente organizados. Projetos, pessoas e prazos: um editor-chefe precisa lidar com os três. Editores-chefe também precisam possuir um alto grau de adaptabilidade. Às vezes os escritores perdem seus prazos ou os artigos são cancelados; um bom editor-chefe deve ser capaz de lidar com mudanças de última hora. Quem ocupa essa posição no marketing de conteúdo também lida frequentemente com criadores de conteúdo fora da organização, então comunicar claramente os objetivos do conteúdo da empresa para terceiros é uma necessidade.

Gerente de marketing de conteúdo

Gerentes de marketing de conteúdo são líderes de equipes de conteúdo de uma empresa e garantem que todos os recursos de conteúdo estejam alinhados com a estratégia de marketing geral. São responsáveis por gestão de conteúdo, aprovação de design, recursos de desenvolvimento e desenvolvimento de público.

Eles são muito criativos — não focam apenas a ciência do marketing de conteúdo, mas também colocam suas mentes criativas para trabalhar em preencher lacunas de conteúdo e reutilizar conteúdo de sucesso para novas plataformas. Como líderes, chefiam a equipe de conteúdo da empresa, delegando e priorizando tarefas de vários cargos e posições. Como essas tarefas normalmente incluem uma data de início e fim, uma experiência em gestão de projetos também é necessária para ter sucesso neste cargo.

Compra de Mídia e Aquisição de Tráfego

Comprar tráfego é uma parte vital de uma estratégia de marketing porque o tráfego pago é uma fonte de tráfego confiável e abundante para suas ofertas. Um detalhe muito importante. Se souber como tornar um negócio lucrativo, seu conjunto de habilidades será altamente desejado. Compradores de mídia, resumindo, negociam, compram e monitoram anúncios e, no espaço do marketing digital, isso significa saber como gerar o máximo de leads e vendas com o melhor preço possível.

O comprador de mídia habilidoso entende que o tráfego pago é um sistema que cria relacionamentos antes de vender. A familiaridade com técnicas aprofundadas de pesquisa de marketing garante que compradores de mídia coloquem seus anúncios na plataforma certa para o público desejado. Esses profissionais de marketing também são habilidosos com os seguintes tipos de propaganda: busca, exibição, nativa, mobile, em vídeo e terceirizada. Eles sabem como e quando usar pixels em campanhas de publicidade e são adeptos a pegar uma variedade de dados brutos e transformá-los em métricas valiosas, como Valor Médio do Cliente, Custo por Aquisição e mais. Compradores de mídia também sabem como planejar campanhas de anúncios que funcionam junto aos esforços de marketing de conteúdo da empresa.

Comprar mídia é uma parte importante de qualquer estratégia de tráfego, então as empresas investem muito nessa área de seus negócios. Uma estratégia de anúncios pagos é o segredo para fazer as engrenagens do e-commerce girarem.

O trabalho de adquirir mídia pode ter vários nomes, incluindo comprador de mídia ou planejador de mídia digital, mas sua descrição é a mesma: desenvolver uma estratégia de anúncios pagos e implementá-la com sucesso por uma variedade de canais digitais. Compradores de mídia planejam campanhas do início ao fim e lidam com coisas como orçamento e clientes. Buscam constantemente novas e melhores maneiras de obter o máximo de seus esforços de campanha.

Especialistas de aquisição de tráfego de sucesso entendem as nuances das plataformas de publicidade digital em constante transformação, então estão sempre atualizados sobre os últimos canais de publicidade e termos de serviço. Os dados impulsionam suas decisões — relacionados a orçamento, ROI (retorno sobre investimento), CPC (custo por clique) e PPC (pagamento por clique) —, e um comprador de mídia fica de olho em todos. Há uma estratégia definida por trás da compra de tráfego, e especialistas em aquisição estão intimamente familiarizados com a estrutura e a implementação de campanhas de anúncios que se alinham com objetivos específicos de negócios.

Marketing de Busca

A otimização de mecanismos de busca (SEO) não está morta, mas mudou. Graças às atualizações dos algoritmos Panda e Penguin, do Google, as velhas regras de SEO não se aplicam mais. Hoje, para ser classificado, gestores de sites precisam enfatizar a experiência do usuário com variáveis tradicionais, como links e densidade de palavras-chave.

Quem se especializa em SEO sabe como criar e implementar campanhas de marketing de busca que expandem sua empresa. Entendem que a pesquisa deve ser otimizada para o uso de dispositivos móveis, e sabem como otimizar conteúdo para uma ampla variedade de mecanismos de busca, do Google e Bing ao YouTube e Google Maps. Eles abraçam o lado técnico do marketing e empregam técnicas que seguem os termos de serviço dos mecanismos de busca para aumentar o retorno sobre investimento através de estratégias de busca.

Seu cargo nesta posição pode ser SEO (às vezes também chamado de especialista de SEO). SEOs são responsáveis por dirigir estratégias de busca orgânica global e melhorar a visibilidade de propriedades de rede, aumentando o tráfego do site pelos públicos-alvo e gerando leads qualificados e vendas. Sabem como fazer conteúdos de posts de blog e podcasts a vídeos do YouTube serem vistos, usando métodos consistentes com os termos de serviço (TOS) de grandes mecanismos de busca como Google e Bing. Eles resolvem problemas e rastreiam o desempenho do site, incluindo as áreas de compartilhamento social, velocidade de carregamento de página e outros problemas técnicos relacionados ao marketing de busca.

Pessoas de sucesso neste cargo possuem uma mente orientada por detalhes, e trabalham identificando oportunidades de crescimento de tráfego de busca para conteúdo e produtos com base em análise. Também são pesquisadoras e observam constantemente os últimos acordos e orientações dos mecanismos de busca para que ajustem a estratégia quando necessário. Os dados orientam suas decisões; SEOs também monitoram e relatam métricas de busca e demonstram melhoria contínua da estratégia de SEO.

Marketing de Mídia Social

O marketing de mídia social é um dos conjuntos de habilidades com maior demanda para organizações que buscam implementar estratégias de marketing digital. Desde que disparou em popularidade no início dos anos 2000, a mídia social evoluiu para uma força incontrolável, o que as empresas aproveitaram para direcionar conscientização de marca e tráfego de site, gerar leads e vendas e conectar-se diretamente com seu público e comunidade. Embora as potências das mídias sociais surjam e sumam (sinto muito, Myspace), você deve buscar alguém equilibrado, que não pense que as mídias sociais estão aqui para ficar, no entanto, que saiba que as estratégias de marketing de mídias sociais estão.

Pessoas competentes, que fazem marketing de mídia social, conhecem a melhor maneira de posicionar conteúdo, não importa a plataforma; ou seja, sabem a peça certa para colocar na frente do público certo. Também são normalmente responsáveis por curar listas curtas e usar canais de mídia social para fazer networking com outros líderes do setor que podem expandir a empresa. Como ouvintes habilidosos, os gerentes de mídia social direcionam as necessidades e dificuldades dos clientes para as pessoas que criam conteúdo relevante e produtos que satisfazem essas necessidades. Eles frequentemente criam conscientização de oferta, tomando cuidado para que não sejam intrusivas ou excessivas como uma apresentação promovida de vendas. Trabalhando para criar uma presença forte na rede social, os gerentes de mídia social conectam-se dinamicamente com seu público e criam uma tribo acerca da marca.

O marketing de mídia social trata de escutar, fazer networking, influenciar e, sim, vender. Trata de pegar os recursos de conteúdo de uma empresa e garantir que a mensagem seja acessível, engajadora e adaptada para vários canais diferentes de mídias sociais.

Gerente de mídias sociais é um cargo possível para essa área, e as pessoas que o ocupam são curadoras de conteúdo orientadas por dados, que servem como uma voz da empresa em sites como Facebook, Twitter, LinkedIn ou qualquer outro lugar em que o negócio tenha uma presença online. Elas mantém os canais funcionando com naturalidade ao criar e agendar conteúdo como fotos, vídeos e gráficos. Medem ROI por curtidas e seguidores, alcance, engajamento, leads obtidos e vendas feitas.

Atributos pessoais de bons gerentes de mídia social incluem uma abordagem imaginativa de conteúdo. Eles criam um monte de conteúdo para várias plataformas, então a habilidade de adaptar a mesma informação para diferentes tipos de conteúdo é essencial. A habilidade de escrever de maneira coloquial é igualmente importante. Você não quer que todas as suas mensagens pareçam uma propaganda. Gerentes de mídia social sabem como misturar tudo. Seu lado criativo é equilibrado por uma dose saudável de conhecimento sobre análises. Quem faz marketing de mídia social e tem sucesso observa dados brutos e calcula seu próximo movimento.

Gerente de Comunidade

Muitas empresas abraçam a gestão de comunidades como uma maneira de elevar o relacionamento do cliente além do nível de comprador e vendedor. Comunidades online são lugares em que as pessoas constroem relacionamentos entre si acerca de um interesse forte em comum — ou seja, sua marca, produtos, pessoas ou missão. Graças à internet, você localiza facilmente e conecta-se com outras pessoas que compartilham interesses similares, e a gestão de comunidade é um conjunto em crescimento de habilidades para criar um ambiente saudável para aquelas pessoas apaixonadas em se conectar umas com as outras e facilitar, fortalecer e encorajar esses relacionamentos.

Habilidades de gerência de comunidade têm raízes na psicologia comportamental e social, com ênfase em orientação e influência de comportamento em grupo e iniciação de desenvolvimento de relacionamentos. Profissionais dessa área do marketing digital entendem que criar uma comunidade é um jogo demorado, e o retorno sobre investimento pode levar meses, se não anos, de trabalho árduo e consistente. O nome do jogo aqui é relacionamentos — não só entre cliente e empresa, mas também cliente e cliente. Relacionamentos levam tempo para se desenvolver e precisam de um espaço seguro para isso. Comunidades online servem a muitos propósitos diferentes, desde aumentar as taxas de retenção até reduzir os tíquetes de atendimento a clientes e identificar lacunas de produto e conteúdo; mas o resultado final é o mesmo: aumentar a lealdade e defesa da marca, a satisfação do cliente e ser uma linha direta para experiências dos seus clientes.

Um cargo nesta área é de gerente de comunidade, um trabalho que implica em ligar a lacuna entre empresa e cliente. Enquanto quem faz marketing de mídia social trabalha para tornar a marca atraente e merecedora de engajamento em várias plataformas, gerentes de comunidade criam e nutrem os relacionamentos humanos escondidos nas comunicações em mídias sociais. A escuta social e a moderação de "tribos" online centradas na empresa e nos produtos são responsabilidades comuns para este cargo. Gerentes de comunidade são excelentes em defesas em nome do cliente, enquanto também defendem a marca.

Então, quais atributos pessoais você deveria possuir para ter sucesso neste cargo? O primeiro superpoder de um gerente de comunidade é a empatia. A importância de ser capaz de se comunicar empaticamente com a comunidade da marca não pode ser enfatizada o suficiente. A mídia social também pode ser uma empreitada demorada, então o gerente de comunidade deve administrar eficazmente o tempo e priorizar as tarefas. Ele também precisa estabelecer conexões significativas com membros da comunidade e vários membros da equipe interna da empresa para defender eficazmente os clientes.

Marketing e Produção de Vídeo

O marketing de vídeo é um nicho de estratégia de marketing de conteúdo, mas não se engane — nada conta uma história como um vídeo, e as empresas sabem disso. É por isso que o marketing de vídeo é uma habilidade especializada que nunca sairá de moda, porque nada se compara a *mostrar* uma história. Novos recursos, como o YouTube Cards e o Facebook Video, tornam o vídeo mais envolvente e acessível do que nunca. Entender as estratégias acerca do marketing de vídeo é uma necessidade para esforços de marketing digital.

Quem faz marketing de vídeo sabe como aproveitar entrevistas, depoimentos, demonstrações e outros estilos de storytelling para satisfazer as necessidades do público-alvo. Eles examinam estrategicamente as plataformas e apps disponíveis para garantir que o conteúdo esteja no canal certo. Além disso, sabem como otimizar o vídeo para mecanismos de busca usando descrições ricas em palavras-chave e tags, bem como possuem um conhecimento aprofundado de edição, produção e animação de vídeos que permite que contem histórias da maneira mais envolvente.

O marketing de vídeo é uma das estratégias de marketing digital mais poderosas que existe, e o conhecimento técnico, analítico e criativo tem demanda. Ser capaz de aproveitar o storytelling visual para fortalecer conexões emocionais, níveis de engajamento e entender como todos esses aspectos se encaixam em um funil de marketing de conteúdo é uma habilidade valiosa a que as empresas procuram ativamente.

Especialista em produção de vídeo

Se procura um emprego como especialista de produção de vídeo, espere ficar do lado técnico do marketing de vídeo. Especialistas em produção direcionam, organizam e facilitam as iniciativas de vídeo de uma empresa. As tarefas incluem planejar o conteúdo, filmar, editar, mixar, comprimir e todos os outros aspectos de preparar fisicamente o conteúdo e levá-lo para as massas.

Especialistas em produção devem ser capazes de pegar uma ideia e transformá-la em uma história visual atraente. Trabalham frequentemente com prazos, então ser capaz de gerenciar projetos eficazmente é uma necessidade. Bons especialistas em produção também são amigáveis, porque o jogo de cintura faz maravilhas com clientes nervosos.

Gerente de marketing de vídeo

Similares aos especialistas em produção, gerentes de marketing de vídeo muitas vezes lidam com o lado técnico da criação de conteúdo, com a responsabilidade adicional de comunicar o valor único do conteúdo para o público-alvo. Eles se concentram em coisas como frequência de publicação, análise e exatamente onde o conteúdo de vídeo se encaixa no funil do marketing de conteúdo.

Ótimos gerentes de marketing de vídeo são táticos, orientados por pesquisa e têm conhecimentos de vanguarda. Eles abordam a criação de conteúdo estrategicamente para entender onde no funil esse conteúdo se encaixará. O marketing de vídeo também depende muito de uma pesquisa completa que garanta que a mensagem certa caia em frente ao público certo. Atenção constante às novidades em ferramentas, técnicas, plataformas e recursos garante que os recursos de vídeo sejam sempre exibidos da melhor maneira possível.

Design e Desenvolvimento Web

O site é muitas vezes a primeira impressão que um cliente em potencial tem de um negócio. O site de uma empresa é, cada vez mais, onde ocorre essa primeira impressão de uma marca. Um site projetado profissionalmente e bem construído gera leads e vendas em uma taxa maior do que um site mal projetado. Com o número cada vez maior de pessoas acessando a web de dispositivos móveis e tablets, existe uma necessidade maior de web designers e desenvolvedores profissionais bem treinados que entendam como a tecnologia móvel impactou a navegação web.

Desenvolvedor front-end

Desenvolvedores front-end garantem que os sites e outros recursos digitais próprios funcionem com naturalidade para o usuário final. Eles analisam elementos de design de sites e recomendam soluções técnicas para planos de projeto teorizados. Também analisam código e depuram sistemas quando as coisas dão errado. Resumindo, desenvolvedores front-end criam, mantêm e resolvem problemas em páginas direcionadas a usuários para que seus consumidores e clientes tenham uma ótima experiência com sua marca.

Proezas técnicas são uma necessidade para desenvolvedores front-end. Junto a uma compreensão profunda de editores de linguagem de programação, os desenvolvedores front-end precisam saber os prós e contras de HTML, CSS e JavaScript. A adaptabilidade também é peça-chave aqui; esses desenvolvedores devem ser capazes de assumir novas versões de software e ajustá-las adequadamente. Possuir um bom senso de gestão de projetos também é útil, porque desenvolvedores front-end precisam da capacidade de implementar pedidos e exigências enquanto cumprem o cronograma e os objetivos de qualidade.

Desenvolvedor back-end

Desenvolvedores back-end programam e mantêm a estrutura do site de uma empresa e outros recursos digitais; são os construtores nos bastidores do site de uma empresa. Esses desenvolvedores coordenam páginas, formulários, funções e bases de dados, e garantem que tudo funcione bem.

Desenvolvedores back-end falam fluentemente linguagens de servidores, como PHP, Ruby ou Python. São especialistas em JavaScript e frameworks, como WordPress ou Drupal, e têm conhecimento básico de configuração de servidores web. Como frequentemente são o último elo na corrente do projeto, desenvolvedores back-end devem ter mentes criativas e estar prontos para resolver problemas não previstos anteriormente no desenvolvimento.

E-mail Marketing

O e-mail marketing não é nada novo, o que fala sobre seu poder de permanência. O e-mail ainda é o método mais lucrativo de vender no marketing digital, o que significa que quanto mais habilidoso for o comerciante, mais resistente ao futuro é sua carreira. O conjunto de habilidades de quem faz e-mail marketing inclui entender a estratégia por trás da automação de e-mails em cada estágio do funil, bem como conhecer a importância de títulos e ganchos. Pessoas que têm sucesso fazendo e-mail marketing medem e analisam taxas de cliques, taxas de abertura, conversões, entrega, engajamento, tendências e anomalias. Coordenam cronogramas de e-mails e recursos de campanha, como gráficos e texto.

Produtor de conteúdo de resposta direta

Você consegue escrever conteúdo persuasivo e envolvente que faça com que o leitor realize uma ação imediata? Produtores de conteúdo de resposta direta entendem a metodologia para fazer com que clientes em potencial ajam imediatamente quando leem o e-mail marketing, e sabem como criar o título irresistível que faz o e-mail ser aberto em primeiro lugar.

Eles possuem fortes poderes de persuasão, porque o texto do e-mail marketing é criado para influenciar a ação. Produtores de conteúdo de sucesso são extremamente familiarizados com seu público-alvo; sabem o que o move (e exatamente o que fazer para que ajam). Também são storytellers (contadores de história) talentosos e excelentes em usar peças factuais para criar uma história atraente.

Analista de e-mail marketing

Responsável por campanhas de e-mail marketing do início ao fim, os analistas de marketing (às vezes chamados de especialistas em e-mail marketing) fazem muito da coordenação diária das campanhas, incluindo cronogramas, planejamento e implementação, e resolvem problemas de quaisquer bloqueios que surjam pelo caminho.

Analistas de e-mail marketing devem ser organizados porque precisam ser capazes de gerenciar várias campanhas. A atenção aos detalhes também é uma necessidade. Um olho aguçado ao revisar conteúdo de e-mail é sempre bom. Esses analistas também observam vários números e precisam tomar decisões sistemáticas, informadas e orientadas por dados.

Análise de Dados

Quem faz análise de dados é especializado em tomar decisões orientadas por dados. Não são grandes fãs de tomar decisões baseadas em palpites. A habilidade de determinar as métricas-chave que uma marca precisa rastrear, bem como de coletá-las e analisá-las, é parte desse conjunto indispensável de habilidades em uma indústria que faz mudanças e ajustes com base no que os números indicam.

Muitas pessoas do marketing fogem da análise de dados porque os números podem ser intimidadores; muita informação precisa ser analisada e compreendida. Analistas se especializam não só em mergulhar nas métricas, mas também em saber quais perguntas fazer para interpretar a informação corretamente. Criam relatórios precisos, para que funcionários, investidores e clientes entendam facilmente. Atualmente, só saber onde procurar os números não é necessário; você precisa saber o que significam. Interpretar os dados corretamente aumenta a habilidade da empresa de escalonar, dá panoramas detalhados e garante que você não dependa de seu "melhor palpite".

Analista de dados

Analistas de dados são responsáveis por agregar e interpretar uma variedade de análises para uma empresa. Pesquisam novas maneiras de coletar dados, analisar as informações e tirar conclusões dos dados. Identificam novas fontes de dados e desenvolvem ou melhoram os métodos para sua coleta, análise e relatório. As análises normalmente envolvem identificar relacionamentos e padrões de comportamentos que influenciem as decisões de marketing. Trabalham primariamente com dados e relatórios gerados por programas.

Analistas de dados são tecnicamente habilidosos com programas como Excel, Access, SharePoint e bases de dados SQL, bem como ferramentas de dados específicas da empresa, como CRMs, Google Analytics, plataformas de e-commerce e mais. Analistas de sucesso têm um olho clínico para o detalhe que pode corrigir quedas e picos em métricas para eventos específicos e iniciativas da empresa.

Engenheiro de dados

Engenheiros de dados (às vezes chamados de engenheiros da informação) são especializados em coletar e analisar dados brutos, com a responsabilidade adicionada de criar sistemas para rastrear e exibir os dados. Eles desenvolvem, constroem, testam e mantêm bases de dados e sistemas de processamento de dados, em muitos casos aplicando os próprios algoritmos e modelos preditivos, e filtrando informação para sua análise. Você encontrará engenheiros de dados trabalhando com dados brutos para encontrar informações acionáveis e trabalhando para exibi-las em um formato fácil de entender.

Parece técnico? É porque é! Engenheiros de dados muitas vezes colaboram com a equipe de TI de suas empresas, mas habilidades em linguagens de script, criar software personalizado e adaptar-se a novas tecnologias são atributos altamente desejados para alguém nesse cargo. Um senso forte de ordem também é útil aos engenheiros de dados; eles frequentemente trabalham com conjuntos de dados não estruturados e bases de dados não integradas.

Cientista de dados

Cientistas de dados se especializam em coletar e analisar dados de uma variedade de fontes e conjuntos de dados, bem como em formar hipóteses. Trabalham para garantir que as empresas não tomem decisões com base em dados incompletos e identificam os relacionamentos e padrões de comportamento ao comparar conjuntos de dados de diferentes canais.

Cientistas de dados devem possuir um nível especializado na compreensão da complexidade dos dados e ter uma mente afiada e analítica. Este cargo também requer um alto nível de habilidade técnica, porque eles devem estar confortáveis em navegar por conjuntos muito grandes de dados usando código.

Teste e Otimização

Quem faz marketing é um cientista social. Eles são mestres em tentar algo, observar os resultados, decidir o que significam e, então, fazer mudanças conforme o necessário. Negócios digitais experientes focam obter mais do que já têm, uma disciplina chamada otimização de taxa de conversão (CRO). Este fato explica por que especializar-se em teste e otimização é uma carreira em ascensão para a indústria.

À medida que CRO fica mais popular, existe uma necessidade forte de que quem faz marketing entenda o que testar, como testar e qual é a melhor maneira de analisar os resultados. A otimização é a metodologia para fazer sites e landing pages o mais funcionais e eficazes possível, o que significa otimizá-las (e reotimizar). Você pode perceber, então, por que esta é uma habilidade importante desejada pelas empresas.

Habilidades em teste e otimização incluem a habilidade de pesquisar a melhor e mais nova otimização de um site, bem como saber como implementar testes multivariados e A/B de recursos em landing pages, sites e outros. Especialistas em otimização têm uma compreensão profunda da relação causa e efeito de conversões de sites, e entendem quais métricas rastrear em cada estágio do funil de marketing. Especialistas em teste e otimização garantem que a página converta e que os clientes em potencial realizem a chamada para ação. Os negócios amam quando as conversões acontecem em números mais altos!

A competição é alta no reino do e-commerce, então garantir que um site seja top de linha é uma prioridade alta. Um trabalho nessa área é o de especialista em otimização de sites, que é o responsável por garantir que os tempos de carregamento sejam rápidos, implementar otimização de campanhas e garantir fácil usabilidade por todos os recursos baseados em web de uma empresa.

Especialistas de sucesso têm uma curiosidade inata sobre por que as coisas acontecem do jeito que acontecem e têm um olho aguçado para localizar a causa por trás de qualquer número de ocorrências, para fornecer soluções criativas. Especialistas de otimização também ficam atentos para maneiras novas e criativas de melhorar as taxas de conversão e aumentar a usabilidade do site, então esse especialista precisa ter uma mente inovadora.

> **NESTE CAPÍTULO**
>
> » Entendendo os tipos de ferramentas de que precisa para implementar suas campanhas de marketing digital
>
> » Selecionando a ferramenta certa para o trabalho

Capítulo **16**

Dez Ferramentas Essenciais para o Sucesso no Marketing Digital

Usar a ferramenta certa na hora certa para o trabalho certo faz com que seus esforços de marketing digital sejam um sucesso ou um fracasso. Como muito do que faz no marketing digital acontece online e em um computador, não faltarão softwares e aplicativos para escolher. Contudo, a fartura de ferramentas à sua disposição é uma bênção e uma maldição, porque as opções são muitas.

Na DigitalMarketer, testamos várias ferramentas. Descobrimos o que funciona e as usamos para melhorar nosso negócio. Neste capítulo, mostramos os dez tipos de ferramentas de que precisa para implementar suas campanhas de marketing digital e, especificamente, quais funcionam para cada trabalho.

Criando um Site

No início da internet, você tinha que personalizar códigos de sites do zero. Hoje, mesmo a pessoa menos técnica pode criar e publicar textos, imagens, vídeos e áudios na web com um *sistema de gerenciamento de conteúdo* (CMS), uma aplicação de software usada para gerenciar o conteúdo digital e o design do seu site. A escolha mais importante a ser feita ao criar seu site é qual CMS usar.

Os melhores CMSs são:

» **Intuitivos:** Acima de tudo, o CMS deve ser fácil de usar mesmo para um amador.

» **De fácil acesso para os mecanismos de busca:** O CMS deve estruturar o site de maneira que seja de fácil acesso para os mecanismos de busca.

» **De fácil acesso para dispositivos móveis:** Seus consumidores e clientes em potencial estão cada vez mais acessando a web a partir de dispositivos móveis; seu CMS deve exibir seu site em um design acessível por eles.

» **Modulares:** Seu CMS deve ser capaz de adicionar funcionalidade, como um calendário de eventos ou botões de compartilhamento social.

» **Multiusuários:** Procure um CMS que permita que adicione usuários e controle o nível de permissões que têm para fazer mudanças em seu site.

» **Seguros:** Embora não haja garantias de segurança, seu CMS deve ser tão resistente a hacks e malwares de sites quanto possível.

A seguir estão alguns CRMs que recomendamos.

WordPress.org

www.wordpress.org

Essa plataforma grátis e de fonte aberta começou como uma plataforma de blog e evoluiu totalmente para um CMS. É extremamente modular e amigável a mecanismos de busca, e permite ter vários usuários com níveis variados de permissões. A diferença entre o WordPress.com e o WordPress.org é que o segundo é uma plataforma auto-hospedada, enquanto a primeira é hospedada nos servidores da WordPress. Como um dono de negócios, você deve usar o CMS auto-hospedado WordPress.org para ter a propriedade completa do seu site. Se estiver procurando um CMS flexível e de baixo custo, o WordPress.org é uma ótima escolha.

Shopify

www.shopify.com

Esteja você vendendo produtos físicos inteiramente online ou se for um varejista físico buscando vender sua mercadoria online, vale considerar o Shopify. O Shopify cuida do design e layout de sua loja, mas também gerencia pagamentos, envio, inventário e mais.

Hospedando um Site

Um *hospedeiro web* é uma plataforma que armazena os arquivos do seu site e torna seu site acessível na internet. Embora você possa configurar um servidor web para hospedar você mesmo seu site, a maioria das empresas prefere usar uma empresa de hospedagem.

Os melhores hospedeiros web têm as seguintes características:

- » **Tempo de atividade significante:** Se seu site ficar offline, isso lhe custa dinheiro. Seu hospedeiro deve ter um tempo de atividade de 99% ou superior.
- » **Suporte:** Procure por um hospedeiro que forneça suporte ao cliente 24 horas, tanto por telefone quanto via chat.
- » **Velocidade:** Seus consumidores e clientes em potencial esperam que seu site carregue rapidamente, e as pessoas sairão se demorar demais. Seu hospedeiro é um fator essencial na velocidade de carregamento de sua página.
- » **Segurança:** A última coisa com que quer lidar como dono de negócios ou comerciante é com um site hackeado. Seu hospedeiro deve levar a segurança do seu site tão a sério quanto você.
- » **Redundância:** Procure um hospedeiro que faça backup do seu site diariamente, para que não precise se preocupar em perder tudo no que trabalhou tão arduamente para criar.

Recomendamos os seguintes hospedeiros de sites.

WP Engine

wpengine.com

Se escolher usar o Wordpress como seu CMS, o WP Engine é uma ótima escolha como seu hospedeiro. Essa empresa é conhecida por seu tempo de atividade excepcional, velocidades incríveis de carregamento e segurança sem precedentes.

Rackspace

www.rackspace.com

Não importa o que queira entregar na web, provavelmente o Rackspace pode lidar com isso. O Rackspace é uma empresa com uma reputação excelente no setor e um longo registro de qualidades.

Escolhendo um Software de E-mail Marketing

Como explicamos anteriormente neste livro (veja o Capítulo 11), o e-mail marketing é crucial para o sucesso da maioria das campanhas de marketing. Centenas de ferramentas de e-mail marketing estão disponíveis para sua escolha, mas algumas se destacam na multidão.

As melhores aplicações de e-mail têm as seguintes características:

- » **Entrega:** Se seu e-mail nunca alcança a caixa de entrada dos clientes em potencial, nada mais importa. Procure um provedor de serviço de e-mail com uma reputação excelente para que seu e-mail evite a pasta de Spam.
- » **Automação:** Se quiser que seu e-mail marketing funcione mesmo quando você estiver dormindo ou de férias, procure um provedor de serviço de e-mail com a capacidade de criar campanhas de e-mail automatizadas, que sejam disparadas por um comportamento de consumidor ou cliente em potencial.
- » **Relatórios:** Você pode querer monitorar as taxas de abertura e cliques em seus e-mails, entre outras coisas. Procure um provedor de serviço de e-mail com um conjunto completo de relatórios.
- » **Acessível por dispositivos móveis:** Cada vez mais os e-mails são consumidos em uma tela pequena. Seu provedor de serviço de e-mail deve ser capaz de entregar e-mails legíveis para dispositivos móveis.

Aqui estão alguns provedores de serviço de e-mail que recomendamos.

Maropost

www.maropost.com

Maropost fornece software de e-mail marketing de nível empresarial, com a capacidade de lidar com automações complexas de campanhas de e-mail e segmentação avançada de e-mails.

AWeber

www.aweber.com

Apesar do baixo custo, AWeber tem uma reputação excelente de entrega, e o software se integra sem problemas com outras ferramentas populares, como o WordPress. Se seu orçamento é pequeno, AWeber é uma ótima escolha.

Klaviyo

www.klaviyo.com

Klaviyo oferece software de e-mail marketing sólido para negócios que vendem produtos físicos. O software se integra a seu carrinho de compras, plataforma de pagamento, gestão de relacionamento com o cliente (CRM) e mais.

Considerando um Software de Gestão de Relacionamento com o Cliente (CRM)

À medida que seu negócio cresce, você provavelmente precisará adicionar um software de gestão de relacionamento com o cliente (CRM). Em alguns casos, seu CRM substituirá seu software de e-mail, mas um CRM é muito mais do que um provedor de serviço de e-mail. Na verdade, pode ser difícil de identificar o papel exato de um CRM, porque varia muito de solução para solução. Dito isso, todos os CRMs são projetados para lidar com relacionamentos com seus consumidores e clientes em potencial, bem como com os dados associados a esse relacionamento.

Os melhores CRMs têm as seguintes características:

» **Dados centralizados:** Faça sua pesquisa sobre os CRMs que estiver considerando e certifique-se de que o software colete os dados de que precisa para sua situação específica, e em um local central.

> **Suporte e treinamento:** Quanto mais recursos vêm com seu CRM, de mais treinamento e suporte precisará. Escolha uma empresa que seja conhecida por seu suporte e treinamento.

> **Relatórios:** Você ganha poder ao coletar dados sobre seus consumidores e clientes em potencial apenas se tomar boas decisões baseadas nesses dados. Seu CRM deve ter um conjunto de relatórios robusto e intuitivo.

Nossas recomendações de CRMs são as seguintes.

Infusionsoft

www.infusionsoft.com

Com esse CRM você tem a capacidade de gerenciar produtos, registrar dados de consumidores e clientes em potencial, processar pagamentos, enviar e-mails e mais, tudo com um só sistema.

Salesforce

www.salesforce.com

O Salesforce é um CRM baseado em nuvem que oferece soluções para cada negócio, de pequeno a nível empresarial. O Salesforce é conhecido por sua integração robusta com milhares de aplicações, do QuickBooks ao Evernote.

Adicionando uma Solução de Pagamento

O processador de pagamentos é indiscutivelmente sua ferramenta mais importante, porque, bem, é como você processa pagamentos. O processador de pagamentos lida com transações de vários canais, com os mais cruciais sendo cartões de crédito e débito.

Os melhores processadores de pagamento são:

> **Seguros:** Qualquer um envolvido com processamento de informações de cartão de crédito deve aceitar os padrões de segurança da indústria de cartão de crédito. Certifique-se de que seu processador de pagamento leve a sério as conformidades da indústria de pagamento em cartão (PCI).

- » **Intuitivos:** Procure um processador de pagamentos que permita que faça coisas como estabelecer formulários de pedido ou integrar seu software de faturamento.
- » **Capazes de cobranças recorrentes:** Se recebe pagamentos recorrentes de seus clientes, certifique-se de que seu processador de pagamentos possa lidar com esse tipo de cobrança.

Recomendamos tentar os seguintes processadores de pagamento.

Stripe

`stripe.com`

Oferecendo processamento de pagamento confiável e fácil de configurar, com um conjunto rico de recursos, o Stripe lida com cobranças recorrentes e se integra a aplicações como WordPress, Shopify e FreshBooks.

Square

`squareup.com`

Se quiser que os clientes sejam capazes de passar cartões de crédito ou débito em sua loja ou em qualquer lugar, considere o Square. O app Square transforma seu smartphone ou tablet em uma máquina de processamento de cartão de crédito.

Usando Software de Landing Page

Ferramentas de software de landing page contêm modelos para criar landing pages eficazes, e alguns ainda vêm com capacidades de teste split incorporadas. Veja o Capítulo 7 para saber mais sobre landing pages, e sobre otimização e teste plit no Capítulo 13.

O melhor software de landing page é:

- » **Intuitivo:** Configura a página rapidamente.
- » **Responsivo a dispositivos móveis:** Sua landing page deve ser acessível a dispositivos móveis ou você corre o risco de perder inscrições vindas deles.
- » **Integrador:** Landing pages são projetadas para obter leads e oferecer produtos e serviços para a venda. Procure por um software de landing page que transfira automaticamente novos leads para seu software de e-mail e trabalhe sem problemas com seu processador de pagamentos.

Considere os seguintes criadores de landing pages.

Instapage

`instapage.com`

O Instapage permite que você crie lindas landing pages sem tocar em uma única linha de código. Ele se integra a outras ferramentas, como AWeber (um provedor de serviço de e-mail), Infusionsoft, Salesforce (CRMs), GoToWebinar (uma plataforma de entrega de webinar) e outras.

Unbounce

`unbounce.com`

Uma ferramenta de landing page mais técnica com código limpo, templates lindos e a capacidade de executar testes split A/B dentro da plataforma. A Unbounce definitivamente merece uma chance se você ama um ótimo design.

Obtendo e Editando Imagens

A web parece se tornar mais visual a cada dia que passa. Com a ascensão de plataformas sociais como o Pinterest e o Instagram, mesmo plataformas baseadas em texto, como o Twitter, estão abraçando o poder da imagem. Como comerciante digital, você provavelmente se verá precisando criar imagens para tudo, de um anúncio do Facebook a uma promoção de e-mail. O padrão de excelência das aplicações de criação de imagens é o Adobe Photoshop. Assim, você pode escolher entre várias aplicações de baixo custo e fáceis de usar para produzir lindas imagens que satisfaçam a maioria das necessidades de comercialização.

As melhoresc são:

- » **Baseadas em nuvem:** Procure um software de edição de imagem que possa acessar facilmente online.
- » **Intuitivas:** Para edição básica de imagens, você quer uma aplicação com uma interface simples e fácil de usar.
- » **Baixo custo:** Imagens são cruciais para suas campanhas de marketing digital, mas as ferramentas que usa para criá-las não precisam estourar seu orçamento.

A seguir estão as ferramentas de edição de imagens que recomendamos.

Canva

www.canva.com

Canva é uma aplicação de design baseada em nuvem de arrastar e soltar que vem com milhões de imagens, layouts, ícones, formas e fontes para escolher.

SnagIt

www.techsmith.com/snagit.html

Capture qualquer tipo de imagem na tela do seu computador e use o editor dinâmico do SnagIt para cortar, redimensionar, adicionar chamadas, texto e muito mais.

Pixlr Express

pixlr.com/express/

Essa aplicação lhe permite abrir uma imagem e fazer mudanças nela rodando, cortando ou redimensionando no editor baseado em nuvem. Adicione efeitos, sobreposições, adesivos e mais com esse editor de imagens gratuito.

Gerenciando Mídias Sociais

Milhares de aplicações permitem que você monitore e publique nas redes sociais. Preços variam com base no tamanho de sua organização e nos recursos de que precisa, mas há opções abundantes de baixo custo disponíveis para gerenciar sua presença nas redes sociais.

As melhores aplicações de mídias sociais são:

- » **Baseadas em nuvem:** Procure por uma aplicação de marketing de mídia social que lhe permita gerenciar suas mídias sociais de qualquer dispositivo, incluindo seu smartphone.
- » **Multiusuário:** A maioria das campanhas de marketing de mídias sociais requer participação de mais de uma pessoa do negócio. Procure aplicações que permitam que você adicione membros da equipe facilmente à sua conta.
- » **Relatórios:** Canais de mídias sociais como o Twitter e o Facebook têm as próprias análises e relatórios, mas as aplicações de mídia social certas mostram mais o que funciona e o que não funciona.

Recomendamos as seguintes ferramentas de mídia social.

Hootsuite Pro

`hootsuite.com`

A melhor aplicação de baixo custo e baseada em nuvem para gerenciar o Twitter é o Hootsuite. Essa ferramenta também gerencia o Facebook e o LinkedIn, mas você a achará mais útil para organizar sua atividade no Twitter. Você pode usar a versão gratuita, mas o Hootsuite Pro adiciona relatórios sólidos e a capacidade de anexar parâmetros UTM (Urchin Tracking Module) facilmente aos links. (Você descobre mais informações sobre UTMs no Capítulo 12.)

Edgar

`meetedgar.com`

Usando a aplicação Edgar, você pode publicar atualizações de status no Facebook e Twitter automaticamente. Edgar dá vida nova a seu melhor conteúdo compartilhando-o consistentemente no piloto automático.

Mention

`mention.com`

Encontre conversas sobre suas marcas, pessoas, concorrentes e mais com essa aplicação de escuta social e gestão de reputação de preço razoável.

Medindo Seu Desempenho: Dados e Análises

Vários vendedores afirmam ter a aplicação que pode acabar com todos os seus problemas de dados e análises. Felizmente, a maioria das melhores ferramentas tem soluções gratuitas disponíveis pelo Google. Essas ferramentas são fáceis de usar e fornecem o nível de funcionalidade que satisfaz as necessidades da maioria dos negócios. (Para saber mais sobre analisar seus dados, veja o Capítulo 12.)

As melhores ferramentas de dados são:

» **Fáceis de usar:** O relatório certo na hora certa faz toda a diferença para seu negócio. Procure soluções de análises e dados que permitam que descubra o que precisa em uma interface intuitiva.

- » **Grátis:** Empresas maiores provavelmente precisam desembolsar bastante dinheiro por uma solução de análise, mas a maioria dos negócios pode sobreviver com soluções de baixo ou nenhum custo, como o Google Analytics.
- » **Robustas:** Escolha uma aplicação de análises que contenha uma ampla gama de dados disponíveis. Embora você possa não usar todos hoje, os dados estão sendo colhidos e ficarão disponíveis se precisar deles.

Experimente as seguintes aplicações de análise de dados.

Google Analytics

www.google.com/analytics/

Como descrito no Capítulo 12, o Google Analytics rastreia e reporta o tráfego de um site. Testamos as soluções de análise mais caras e continuamos voltando para o bom e velho Google Analytics.

Google Data Studio

datastudio.google.com/

Use essa aplicação para criar relatórios e gráficos inacreditavelmente bonitos, informativos e interativos que você pode compartilhar com os outros. Pegue dados de fontes como o Google Analytics, Google AdWords e Google Docs.

Google Tag Manager

www.google.com/analytics/tag-manager/

Atualize tags de sites e adicione scripts a seu site mesmo não sendo um programador. O Google Tag Manager tem um pouco de curva de aprendizado; mas, depois que entendê-lo, se perguntará como vivem sem ele.

Otimizando Seu Marketing

Há algumas ferramentas impressionantes no mercado, que o ajudarão a obter mais leads, venda e engajamento do tráfego que já tem. A maioria dessas ferramentas tem um preço razoável e oferece um teste grátis, então você pode testá-las antes de correr qualquer risco. (Para saber mais sobre otimizar suas campanhas de marketing, veja o Capítulo 13.)

As melhores aplicações de otimização são:

- » **Suportadas:** Ferramentas de otimização de conversão são um pouco intimidadoras. Procure uma ferramenta com uma ótima reputação de suporte e muita documentação de treinamento que o ajude a começar.
- » **Multipropósito:** Você quer uma ferramenta que lide com várias atividades diferentes de otimização, desde registrar o comportamento do visitante até pesquisar e fazer testes split.

As aplicações de otimização que recomendamos são as seguintes.

Visual Website Optimizer

vwo.com/

Para estabelecer e configurar testes split e multivariados de site, recomendamos o Visual Website Optimizer. É uma interface de apontar e clicar, e a documentação de suporte facilita a testagem.

TruConversion

truconversion.com

TruConversion é uma ferramenta de otimização multipropósito que oferece mapas de calor, registro de sessões, pesquisa de usuários e mais em uma única ferramenta.

Índice

A

Ad creative, 13
adquirir leads e clientes novos, 26
agentes do marketing de busca
    comerciantes, 148
    mecanismos de busca, 148
    pesquisadores, 148
ajustador, produto ou serviço, 58
alavancando seguidores, 186
Amazon, 56-57, 144-145, 156-157, 165-166
analista de e-mail marketing, 306
aplicações de análise de dados
    Google Analytics, 321
    Google Data Studio, 321
    Google Tag Manager, 321
aplicações de otimização
    TruConversion, 322
    Visual Website Optimizer, 322
assunto
    com benefícios, 242
    com escassez, 242
    sobre curiosidade, 241
atendimento ao cliente
    lidando com problemas, 183
    problemas de, 183
    tratando de problemas de, 183
ativação de clientes, 20
ativando novos leads/clientes, 26
atualização Penguin, 172
aumentando seus seguidores, 185
autoridade de marca
    influenciando e criando, 184
avaliação, 47
avatar do cliente
    declaração de valor, 15
    definição, 8
    desafios e dificuldades, 13
    exemplo de avatar, 10
    informações demográficas, 12
    objeções, 14
    o que incluir
        componentes, 9
    personas compradoras, quatro novos avatares, 10
    processo de criação do, 11

B

Bezos, Jeff (CEO), 179
Bing, 148
black hats e white hats, 150
blog
    agregando conteúdo, 121
    apresente seu tópico, 123
    categorize seus assuntos, 101
    conteúdo colaborativo
        escreva a introdução, 126
        escreva o título, 126
        forneça respostas, 126
    conteúdo do, 97
    conteúdo promocional
        post apresentação, 117
        post atualização de produto, 117
        post atualização sobre a empresa, 117
        post comparação, 116
        post dica de produto, 117
        post "melhor do...", 117
        post mostra de projeto, 116
        post relatório de renda, 116
    criando conteúdo excelente, 121
    criando um público cativo
        post brinde, 120
        post competição, 120
        post desafio, 119
        post mostra do consumidor, 119
        post pergunta, 119
        post resposta, 119
    desperte interesse com seu título, 123
    escreva o corpo, 123
    escrevendo conteúdo útil, 104
    fazendo seu blog crescer
        post citação, 110
        post crowdsourced, 109
        post entrevista, 110
        post escolha da semana, 111
        post link roundup, 110
        post melhor da rede, 111
        post perfil, 109
        post pessoas para seguir, 112
    ideias de posts, 84
    mostrando a personalidade de sua empresa
        post bastidores, 115
        post de feriado, 114
        post discurso inflamado, 116

post guarda baixa, 115
post inspirador, 114
post não relacionado ao assunto, 116
post oportuno
　post enquete, 114
　post notícia, 114
　post questão, 114
　post resenha, 113
　post tendência, 114
post que entretém
　post cartoon, 112
　post história, 112
　post meme, 112
　post paródia, 113
　post sátira, 112
publicação do, 84
reação a conteúdo popular, 123
　escreva sua reação, 125
　incorpore seu conteúdo, 125
sendo controverso
　post ataque, 118
　post discutível, 118
　post "e se", 118
　post previsão, 118
　post reação, 118
　post reação incorporada, 118
Blue Apron, 58
BuzzFeed, 87, 119
BuzzSumo, 85
　pesquisando no, 85

C

calculadora de duração de teste, 277
calendário
　criando calendário de 30 dias, 232
　criando calendário de 90 dias, 233
　rotativo, 233
campanha
　de ascensão, 237
　de engajamento, 33, 236
　de instruções, 234
　de marketing
　　criando uma, 28
　　definindo, 27
　　escolhendo, 25
　　escolhendoa, 25
　　estabelecendo objetivos, 26
　　que cria engajamento, 33
　　que gera leads e clientes novos, 30
　　que geram leads e clientes novos, 30
　　que monetiza leads e clientes existentes, 32
　　tipos de, 30

　de monetização, 32, 35
　de reengajamento, 238
　de segmentação, 237
　promocional, 232
　　objetivos, 232
　　　ativação, 232
　　　monetização, 232
　　　segmentação, 232
　tipos de, 30
campanhas de marketing
　calendário, 35
canais de engajamento, 175
canais populares
　Amazon, 165
　Google, 158
　iTunes, 167
　Pinterest, 163
　sites de avaliações, 168
　YouTube, 161
canais seeker, 174
cancelamento de assinatura, 225–226
　taxas de, 248
canva, 188
　ferramenta, 161
carreiras
　analista de dados, 307
　analista de e-mail marketing, 306
　cientista de dados, 308
　desenvolvedor back-end, 305
　desenvolvedor front-end, 305
　engenheiro de dados, 307
　especialista em produção de vídeo, 304
　gerente de comunidade, 302
　gerente de marketing de vídeo, 304
　marketing de busca
　　especialista de SEO, 301
　marketing de conteúdo, 298
　　editor-chefe, 299
　　Gerente de, 299
　　jornalista de marca, 298
　marketing de mídia social
　　gerente, 301
　produtor de conteúdo de resposta direta, 306
carta de vendas, 9, 133, 145
　escrevendo uma, 135
categoria
　de afinidade, 269–272
　　relatório de, 271
　de pesquisa
　　consultas de marca, 150
　　consultas sem marca, 151
ciclo de vida do conteúdo, 65

cliente
- assinante, 18
- convertendo clientes em consumidores, 157
- criando um avatar, 8
- defensores da marca, 22
- desafios e dificuldades, 14
- em potencial, 16
  - convertendo em consumidores, 157
  - explorando a intenção, 73
- exemplo de avatar, 10
- jornada do, 16
  - estágios, 16
- objetivos e valores, 11
- recorrente, 56
- valor, 14

cobrança recorrente, 58
comerciantes digitais
- valores, 39

comprador de ascensão, 21
congruência
- verificando campanhas, 221

consulta
- usando palavra-chave, 154

consultas
- de marca, 150–152
- de pesquisa, 150–152
  - definindo uma, 152
- sem marca, 151

consumidores
- convertendo clientes em, 157

conteúdo
- adquirindo criadores de, 90
- criadores de, 88
- customizando seu, 77
- distribuindo o, 79
- do blog, 97
- encontrando criadores de, 88
- segmento de, 87
- sucesso com criadores de, 91

conteúdo generoso, 170
- criando, 170

contexto de um pesquisador, 152
convertendo clientes em consumidores, 157
cookies
- configurando, 218

copy, 13
copywriting, 9, 135
correspondência de palavra-chave, 209
- ampla, 210
- de frase, 209
- exata, 209
- modificador de correspondência ampla, 210

criação de produto, 9

criadores de landing pages
- Instapage, 318
- Unbounce, 318

criador influenciador, 88
CRM, 315
- exemplos de, 312

cross-sells, 134
CTA, 27
currículo, 297
- habilidades de marketing digital para colocar no, 297

custo
- de aquisição (COA), 294
- por clique (CPC), 300

customizando seu conteúdo, 77

D

dados
- de interesse, 266
  - aprofundando em, 269
- demográficos, 266
  - aperfeiçoando, 12
- dispositivo, 269
- gênero, 269
- idade, 268
- localização, 269
- qualitativos, 281
  - usando ferramentas qualitativas, 282

declaração de valor, 15
defensores da marca, 22
desconto e clubes de cupons, 47
- oferta de desconto alto, 54

desenvolvedor
- back-end, 305
- front-end, 305

detalhe de produto
- páginas de, 142

DigitalMarketer Lab, 20

E

edição de imagens
- Canva, 319
- Pixlr Express, 319
- SnagIt, 319

e-mail marketing, 8, 80, 224
EmailReach, 249
erros mais comuns de marketing digital, 291
escuta social, 176
- escolhendo uma ferramenta de, 177
- planejando escutar, 178

especialista em produção de vídeo, 304
estágio

de conscientização, 30, 64
de conversão, 32, 79
jornada do cliente, 16
estratégia de marketing digital
objetivos, 26

F

Facebook, 202–205
ferramenta Keyword Planner, 154
ferramentas
    de mídia social
        Edgar, 320
        Hootsuite Pro, 320
        Mention, 320
    utilizadas
        sistema de gerenciamento de conteúdo (CMS), 312
ferramentas essenciais para o marketing digital
    gestão de relacionamento com o cliente (CRM)
        Infusionsoft, 316
        Salesforce, 316
    hospedeiros de sites
        AWeber, 315
        Rackspace, 314
        WP Engine, 313
    provedores de serviço de e-mail
        Klaviyo, 315
        Maropost, 315
    sistema de gerenciamento de conteúdo (CMS)
        Shopify, 313
        WordPress.org, 312
folha de cola, 46
folheto, 46
funil de marketing, 64
    estágios, 65
        fundo do funil (BOFu), 65
        meio do funil (MOFu), 65
        topo do funil (TOFu), 65
    fundo do funil, 71
    meio do funil, 69
    topo do funil, 66

G

gerando leads com
    folha de cola, 46
gerente
    de comunidade, 302
    de marketing de conteúdo, 299
    de marketing de vídeo, 304
gestão de relacionamento com o cliente (CRM)
    Infusionsoft, 316

Salesforce, 316
GoDaddy, 19, 202
Google, 207–211
Google Analytics
    relatório
        de aquisição, 255
        de comportamento, 255
        de conversões, 255
        de público-alvo, 255
        em tempo real, 254
Google Data Studio, 321
Google Search Console, 169
GoPro, 175, 212

H

hashtags, 189
hospedeiros web
    Rackspace, 314
    WP Engine, 313
humano para humano (H2H), 37, 293

I

ideias de posts de blog
    post checklist, 106
    post como fazer, 105
    post cut-up do YouTube, 109
    post definição, 108
    post em série, 107
    post estudo de caso, 105
    post FAQ, 106
    post guia definitivo, 107
    post lista, 104
    post pesquisa, 107
    post problema/solução, 106
    post SAQ, 106
    post stat roundup, 107
IKEA, 19, 45
influência social, 184
Instapage, 318
intenção de um pesquisador, 152
iSpionage (site), 209
iTunes, 167

J

jornada do cliente, 23
    criando um avatar, 8
        adicionando desafios e dificuldades, 13
        dados demográficos, 12
        exemplo de avatar, 10
        objetivos e valores, 11
        o que incluir, 9
        valor, 14

declaração de, 15
estágios, 16, 31
   aumentando as conversões, 19
   criando assinantes, 18
   criando expectativas, 20
   criando promotores da marca, 22
   desenvolvendo defensores da marca, 22
   fazendo a oferta central de venda, 21
   gerando consciência, 16
   impulsionando o engajamento, 17
exemplo de avatar, 10
preparando seu mapa, 23

K

keyword stuffing, 150
Klout (site), 193
Kred (site), 193

L

landing page, 129
   avaliando uma, 145
   categorias, 130
   criando páginas de captura de lead, 132
   criando páginas de vendas, 132
   tipos
      página de captura de lead, 130
      página de vendas, 130
   tipos de, 130-131
LasikPlus, 28-30
lead
   capturando, 80
   com conteúdo educacional, gerando, 43
   com ferramentas, gerando, 46
      avaliação, 47
      desconto e clubes de cupons, 47
      folha de cola, 46
      lista de recursos, 46
      modelo, 46
      questionários e pesquisas, 47
      software, 47
   não qualificado, 45
   página de captura de, 132
      conteúdo, 132
         formulário de lead, 132
         imagem do produto, 132
         prova, 132
         título/subtítulo, 132
         tópicos, 132
         Uma oferta fechada, 132
   qualificado, 45
Lego Club Magazine, 67
link
   cruzado, 101

roundup, 104
LinkedIn, 215-216, 215-217
lista de recursos, 46
loop de feedback, 180-182
lucro
   maximizando o, 56

M

Mail Monitor, 249
manchete, 94
   excepcional, 96
mapa de calor, 281
marca
   influenciando e criando, 184
marketing
   calendário de campanhas de, 35
   criando uma boa campanha, 28
   de busca, 8, 17, 147
      três principais agentes
         comerciantes, 148
         mecanismos de busca, 148
         pesquisadores, 148
   de conteúdo, 8, 62
      carreiras, 298
         editor-chefe, 299
         gerente, 299
         jornalista de marca, 298
      conhecendo a dinâmica, 62
      do fundo do funil (BOFu), 71
      do meio do funil (MOFu), 69
      do topo do funil (TOFu), 66
      o funil de, 64
      perfeito, 63
   de conteúdo perfeito
      o segredo, 73
   definindo uma campanha, 27
   de mídia social, 8, 16, 174
   de vídeo, 303-304
   digital
      campanhas, 27
      erros mais comuns de, 291
      para colocar no currículo, habilidades de, 297
   objetivos de, 26
   por e-mail, 80
MarketingProfs, 90
Maropost, 315
material de vendas, 45
McDonald's, 56
mecanismo de busca
   o que ele quer, 149
melhor post, 111
Mention, ferramenta, 182

meta description, 159
mídia
    de nicho, 192
    de qualidade, 99
    social
        criando uma "seleção" de, 193
modelo, 46
monetizar leads e clientes, 26
Moz, 87

N

necessidades dos pesquisadores, 148
negócio para consumidor (B2C), 37, 103, 293
negócio para negócio (B2B), 37, 44, 103, 215
negócios online, 38
networking, 191
    por assunto, fazendo, 192
    social, 191

O

objeções
    preparando-se para, 14
objetivos e valores, 11
oferta
    aberta, 39
        projetando uma, 39
    ajustador, 58
    central, 55
    com desconto alto, 50
    continuada em círculos, 58
    cross-sell, 56
    de cobrança recorrente, 58
    de ponto de entrada
        tipos de, 38
    descobrindo sua, 55
    fechada, 40–41
        atalho, 43
        preenchendo o checklist, 48
        projetando uma, 40
    pacotes e kits, 57
    projetando, 195
    upsell, 56
otimização
    eficaz de mecanismo de busca (SEO), 101
otimizando
    seus recursos
        para a Amazon, 165
        para o Google, 158
        para o Pinterest, 163
        para o YouTube, 161
        para robôs de mecanismos de busca, 169
        para sites de avaliações, 168

P

pagamento por clique (PPC), 300
PageSpeed, 285
página
    de captura de leads, 132
    de detalhe de produto
        chamada para ação, 143
        cross-sells, 144
        descrição do produto, 142
        imagens do produto, 142
        resenhas, 144
        vídeo de apresentação de terceiros, 143
        vídeo de venda de produto, 143
        zoom de imagem, 142
papel do marketing, 16
Penguin
    mundo pós-penguin, 172
persona compradora, 8–10
    dono de agência de marketing, 10
    empregado, 10
    empresário, 10
    freelancer de marketing, 10
persona do marketing, 8
pesquisa
    consulta de
        definindo uma, 152
    selecionando consultas de, 150
    usando palavra-chave, 154
pesquisadores
    entendendo as necessidades dos, 148
    satisfazendo, 156
pesquisa primária, 44, 171
pin promovido, 213
Pinterest, 213–215
pixel
    configurando, 218
    de rastreamento, 218
Pixlr Express, 319
planejamento promocional, 233
plataformas de tráfego, 201
post
    crowdsourced, 125
    FAQ, 106
    ideias de, 84
    link roundup, 122
    SAQ, 106
    tipos
        apresentação, 117
        ataque, 118
        atualização de produto, 117
        atualização sobre a empresa, 117
        bastidores, 115

brinde, 120
cartoon, 112
checklist, 106
citação, 110
como fazer, 105
comparação, 116
competição, 120
de feriado, 114
definição, 108
desafio, 119
dica de produto, 117
discurso inflamado, 116
discutível, 118
enquete, 114
entrevista, 110
escolha da semana, 111
"e se", 118
estudo de caso, 105
guarda baixa, 115
guia definitivo, 107
história, 112
inspirador, 114
link roundup, 110
lista, 104
melhor da rede, 111
"melhor do...", 117
meme, 112
mostra de projeto, 116
mostra do consumidor, 119
não relacionado ao assunto, 116
notícia, 114
owdsourced, 109
paródia, 113
perfil, 109
pergunta, 119
pesquisa, 107
pessoas para seguir, 112
post FAQ, 106
post SAQ, 106
previsão, 118
problema/solução, 106
questão, 114
reação, 118
reação incorporada, 118
relatório de renda, 116
resenha, 113
resposta, 119
sátira, 112
tendência, 114
processadores de pagamento
    Square, 317
    Stripe, 317
produto

elementos de uma página de detalhe de, 142
projetar o marketing, 17
promessa específica, 42
promotores da marca, 22
propaganda, 16
provedores de serviço de e-mail
    AWeber, 315
    Klaviyo, 315
    Maropost, 315
público
    criando segmentos de, 263
    dados demográficos, 267
    público-alvo, 8
        acrescentando desafios e dificuldades, 13
        dados demográficos, 12
    refinando seu, 266

Q

questionários e pesquisas, 47

R

Radian6, ferramenta, 182
rastreando
    a origem os visitantes do site, 257
redes sociais
    evitando erros de, 196
redirecionamento
    com base em site, 217
    processo, 76
relacionamento de sucesso, 38
relatórios
    brancos, 44
    grátis, 44
Return Path, 249
robôs de mecanismos de busca, 169
ROI (retorno sobre investimento), 275

S

segmentando seu mercado, 75
segmento
    de conteúdo, 87
    definição, 104
seguidores
    alavancando, 186
    aumentando seus, 185
sistema de gerenciamento de conteúdo (CMS), 312
    Shopify, 313
    WordPress.org, 312
slug. *Veja* URL
software, 47

splinter, 187
squeeze page. *Veja* página de captura de leads
sucesso social, 174

T

tag <title>, 158
táticas de marketing de busca
    black-hat, 150
    white-hat, 150
taxas de engajamento de assinantes, 248
tecnologia
    serviços
        Optimizely, 277
        Unbounce, 277
        Visual Website Optimizer, 277
teste split, 276
    objetivos, 283
tráfego
    escolhendo a plataforma certa, 216
    pago, 8
    seis principais plataformas de, 201
    site
        direcionando
            usando mídias sociais, 81
    temperatura do
        frio, 199
        morno, 199
        quente, 200
treinamento em webinar, 44
Twitter, 205-207

U

upsell, 134
    oferta, 56

URL, 160
usando mídias sociais, 81
utm
    conteúdo da campanha (utm_conteúdo), 258
    dissecando um, 259
    meio da campanha (utm_meio), 258
    nome da campanha (utm_campanha), 258
    origem da campanha (utm_origem), 257
    parâmetros principais, 257

V

valor, 14
    começando com, 195
    declaração de, 15
    médio do cliente (ACV), 294
    oferecendo, 38
venda
    criando uma página de, 132
        formas
            carta de vendas, 133
            página de detalhe do produto, 133
    escrevendo uma carta de, 135
    partes da carta de, 135
vídeo
    de endosso, 143
    de imprensa, 143
    de venda do produto, 143

W

white papers. *Veja* relatórios brancos

Y

YouTube, 211-213

CONHEÇA OUTROS LIVROS DA PARA LEIGOS!

Negócios - Nacionais - Comunicação - Guias de Viagem - Interesse Geral - Informática - Idiomas

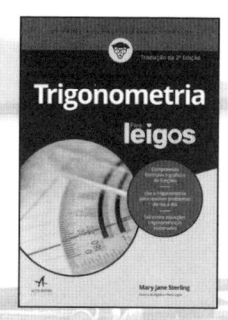

Todas as imagens são meramente ilustrativas.

SEJA AUTOR DA ALTA BOOKS!

Envie a sua proposta para: autoria@altabooks.com.br

Visite também nosso site e nossas redes sociais para conhecer lançamentos e futuras publicações!

www.altabooks.com.br

/altabooks ▪ /altabooks ▪ /alta_books

ALTA BOOKS
EDITORA

ROTAPLAN
GRÁFICA E EDITORA LTDA
Rua Álvaro Seixas, 165
Engenho Novo - Rio de Janeiro
Tels.: (21) 2201-2089 / 8898
E-mail: rotaplanrio@gmail.com